이렇게
쉬운데
왜 부동산

KB161209

이렇게 쉬운데 왜 부동산 투자를 하지 않았을까

이 쉬운 시리즈 01

내집 마련부터 수익률을 높이는 투자법까지 한 권에 담은 부동산 투자 가이드

마인츠 지음

한스미디어

프롤로그

부동산 투자,
처음부터 다시 시작해봅시다

내집 마련은 아직인 분들께

우리가 내집 마련을 포기하면 안 되는 이유는 무엇일까요?

그것은 집이 있는 사람의 자산 형성 속도를, 집 없는 사람의 노동 소득만으로 따라잡는 것은 불가능하기 때문입니다. 비단 우리나라만의 문제는 아닙니다. 전 세계 모든 국가에서 이미 자산 소득의 규모가 노동 소득의 그것을 한참 압도하는 것이 현실입니다.

아직 내집을 마련하지 못한 사람들에게 현실은 점점 힘들어지고 있습니다. 가고 싶었던 아파트 실거래가는 쳐다도 보기 싫고, 그냥 이쪽으로 관심 자체를 끄고 싶을 수도 있습니다. 하지만 뉴스를 봐도 부동산 이야기만 나오고, 사람들도 모였다 하면 부동산 이야기만 하니 가슴이 답답하고 일도 손에 잡히지 않습니다.

도대체 어디서부터 잘못됐을까, 생각해봐도 뾰족한 답은 없습니다. 굳이 잘못을 찾자면 가끔씩 곁눈질하며 한눈도 팔았으면 좋았을 걸 먹고 살자고 평생 성실히 회사만 다니며 앞만 보고 달려온 게 죄라면 죄겠지요.

항상 합리적인 판단만 하는 사람은 없습니다. 누구나 살다 보면 실수도 하고, 일순간 잘못된 판단을 내리기도 하죠. 그런데 그 잘못된 판단이 하필이면 내집 마련이었던 것이고, 잘못의 대가치고는 우리가 감당해야 하는 현실은 가혹합니다. 우리 자산의 수준이 전혀 달라지기 때문입니다.

특히 요즘 속절없이 오르는 집값을 바라보면 많이 무기력하실 겁니다. 서울의 강남 같은 1급지는 바라지도 않고 2급지나 3급지 혹은 그 이하라도 내 몸 하나 편히 누울 공간만 있다면 얼마나 좋을까 생각하지만, 이제는 공시가 1억 원 이하의 주택 가격까지 폭등하고 있습니다. 우리가 현실 앞에 차라리 눈을 감아버리고 싶은 순간입니다.

고통에는 두 가지 종류가 있다고 합니다

하나는 아프기만 한 고통이고, 다른 하나는 우리를 발전으로 이끄는 고통입니다. 그러나 그 두 가지 사이에 본질적인 차이는 없습니다. 당사자가 어떻게 받아들이느냐에 따라서 전화위복이 될 수도 있고, 그저 상처만 남길 수도 있겠지요.

아픔을 딛고 발전한다는 것은 너무나 괴롭고 힘든 일입니다. 본인의 상처를 곱씹으며 무엇이 문제였는지 직시하는 건 누구에게도 쉽지 않기 때문이죠. 그래서 많은 사람들은 상황이 더 나아지지 않을 것을 알면서도 후자를 선택합니다.

문이 많이 좁아진 것처럼 보입니다

이제는 더 이상 희망이 없다고 생각하시는 분들도 많습니다. 하지만 저는 아직도 기회가 많이 남아 있다고 생각하는 쪽입니다.

'내가 어떻게?' '나는 안 될 거야'라는 목소리부터 머릿속에서 떨쳐내야 합니다. 이번 생은 망했다는 생각도 쫓아내야 하고요. 먹고사는 일 때문에 시간이 없고 피곤하다는 말도 합당한 이유가 될 수는 없습니다. 우리가 일상에서 의미 없이 흘려보낼 시간조차 없어야 정말로 시간이 부족한 것이 아닐까요? 그리고 그렇게 아낀 시간을 어떻게 써야 할지 더 고민해야 하지 않을까요?

새벽 4시에 일어나서 미라클 모닝을 실천하는 것보다 깨어 있는 시간을 확보하고 그 시간을 어떻게 활용할지 계획을 세우면서 전략적으로 접근해야 합니다. 그런 과정 없이 무작정 노력만 하면 말 그대로 그냥 고생만 하게 될 것입니다.

금수저를 물고 태어나지도 못했고, 남들보다 능력이 뛰어나거나 더욱 성실하게 살지도 못했다면, 이제는 남들보다 두 배 세 배 더 알차게 삶을 꾸리면서 자본을 형성하는 일에 매진할 수밖에 없습니다.

처음부터 다시 시작해봅시다

지금 시장은 혼란입니다. 누군가는 가격이 위로 향한다고 말하고, 또 다른 누군가는 가격이 하락할 것이라고 합니다. 가격이 올라서 어차피 살 수도 없는데, 또는 가격이 하락할 건데 이제 와서 무슨 부동산 공부냐고요? 그런 분들에게 묻고 싶습니다. 우리는 왜 상승장에서 올라타지 못했을까요?

여러분은 내집을 갖기 위해 지금까지 어떤 준비를 하셨습니까? 부동산 사무실 문턱을 한 번이라도 넘어봤는지, 규제지역에서 가능한 대출에 대해 알아봤는지, 그게 아니면 본인의 능력으로는 도저히 매수할 수도 없는 강남의 실거래가만 보면서 시간을 흘려보낸 건 아닌지요.

상승장이 있었다면 조정장도 반드시 찾아옵니다. 많은 분들이 바라는 하락장이 시작된다고 해도 하락 중인 부동산을 매수하는 일, 소위 떨어지는 칼날을 잡는 일은 제아무리 투자의 고수라도 쉽지 않습니다. 그래서 기회를 붙잡기 위해서는 늘 준비가 되어 있어야 합니다. 기초부터 다시 공부해야 하는 이유가 그래서입니다.

지역과 시장을 볼 수 있는 안목과 개별 단지와 세대를 판단하면서 부동산 뉴스를 들어도 이해할 수 있는 기본기와 금융 상식은 평소에 기르는 것입니다. 그래야만 기회가 와도 그것을 붙잡고 놓치지 않을 수 있습니다.

이 책이 여러분들의 위대한 여정에 작은 밑거름이 되기를 바라며, 오늘도 각자의 자리에서 발버둥치는 모든 이들에게 이 책을 바칩니다.

2021년 초가을, 마인츠

차 례

2장 헷갈리는 부동산 용어

3장 또 다른 변수, 부동산 정책

4장 한국인이라면 제발 내집 마련

5장 알아야 지킨다! 부동산 사고 피하기

6장 내집 마련을 넘어 투자로!

7장 깊고도 넓은 부동산 투자의 세계

이 책의 구성

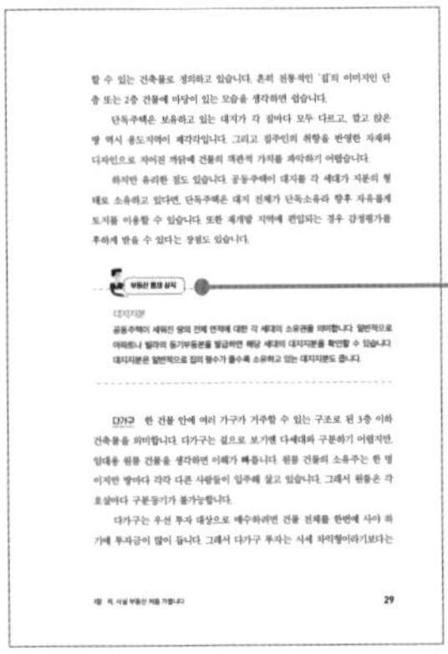

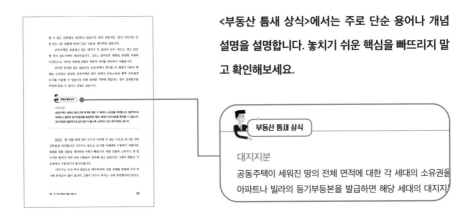

<부동산 틈새 상식>에서는 주로 단순 용어나 개념 설명을 설명합니다. 놓치기 쉬운 핵심을 빠뜨리지 말고 확인해보세요.

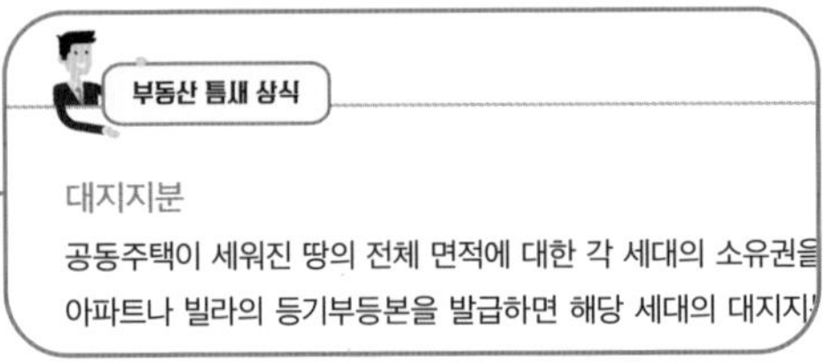

다소 복잡하지만 마인츠가 꼭 알려주고 싶은 유용한 부동산 이야기는 <한 꼭지 더!>에서 풀어놓고 있으니 꼼꼼하게 살펴보세요!

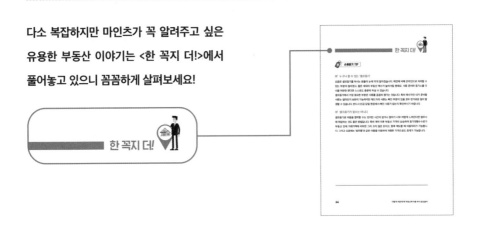

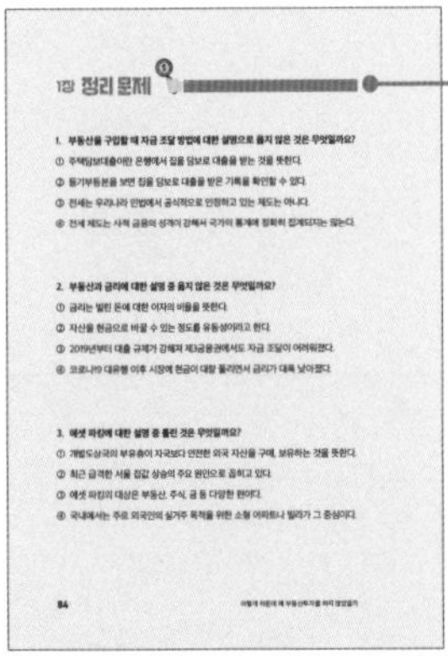

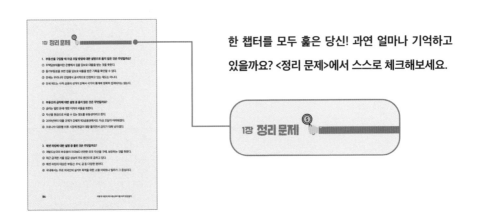

한 챕터를 모두 훑은 당신! 과연 얼마나 기억하고 있을까요? <정리 문제>에서 스스로 체크해보세요.

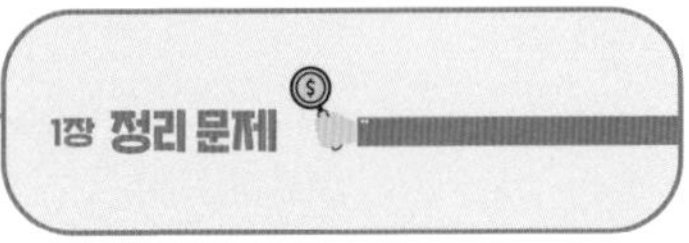

이렇게 쉬운데 왜 부동산 투자를 하지 않았을까

1장

저, 사실 부동산 처음 가봅니다

나도 부동산 투자를 할 수 있을까?

부동산은 언제부터 이렇게 비싸졌을까?

서울의 집값 추이를 살펴보면 2012년까지 횡보하던 시세가 2013년부터 서서히 상승하기 시작했습니다. 당시의 기억을 더듬어 보면 서울 외곽 지역에서 3억 원이던 집값이 3억 5000만 원으로 오르는 일은 흔했습니다. 1년에 20% 정도 오른 집값에 대해 당시 사람들의 반응은 "집값이 미쳤다." "꼭지다." 라는 냉소적인 반응이 대부분이었습니다.

하지만 이미 참여정부 시절 비슷한 경험을 한 투자자들은 이것이 상승장의 초입이라는 것을 직감적으로 알아차렸습니다. 이들은 과감하게 웃돈을 주고 부동산을 매수하기 시작했습니다. 기존 1주택자들 중에서도 눈치가 빠른 사람은 주택을 추가로 매수하며 부동산 상승장에 탑승을 했습니다.

이날 이후로 우리들의 자산은 크게 두 갈래로 나뉘게 되었습니다. 유주택자와 무주택자가 첫 번째 갈래이고, 두 번째는 유주택자 중에서도 다시 1주택자와 다주택자로 나뉘게 되었습니다. 전국에 상승장이 시작되고 집을 가지고 있는지 여부에 따라 자산 규모가 따라잡을 수 없을 정도로 차이가 벌어진 것입니다.

작은 생각의 차이가 가져온 큰 변화

2021년이 되어 주변을 돌아보니, 우리 각자의 자산에 너무나 큰 간극이 생겼습니다. 예전에도 강남과 비강남의 집값은 두 배 차이였지만 절대 가격의 차이는 수억 원에 불과했습니다. 투잡을 뛰고 허리띠를 졸라매면, 그래도 아직은 강남 변두리의 집은 살 수 있는 시대였습니다.

물론 상승장을 지나며 강남과 비강남 모두 동일하게 두 배씩 올랐습니다. 그러나 실제 가격을 따져보면 10억~15억 원 이상 벌어져 있습니다. 더 이상 일반 회사원의 월급으로는 따라잡을 수 없는 수준의 격차가 생긴 것입니다.

과거엔 얼마나 급여를 많이 받고 좋은 직업을 가졌는지가 부를 가늠하는 척도였습니다. 하지만 지금은 집이 있는지 없는지, 있다면 어디에 갖고 있는지가 새로운 부의 기준으로 등장했습니다. 이른바 사회적(경제적) 신분의 상징이 어떤 직장을 다니는지보다 어떤 자산을 소유하고 있는지로 전환된 것입니다. 개인의 자산을 늘리는 주된 수단이 근로소득이 아니라 자산소득이라고 여기게 된 사회적 인식의 변화를 여실히 보여줍니다.

우리는 모두 대한민국에서 경제 활동을 하며 살아가는 주체입니다. 그러니 씁쓸해도 마냥 외면할 수는 없습니다. 그렇다면 현재 이렇게 격차가 크게 벌어진 원인을 짚어볼 필요가 있습니다.

물론 '노동'과 '절약'도 필요한 덕목입니다만, 더욱 큰 요인은 부동산 상승장 초입에서 '우리의 관심사가 어디에 놓여 있었는가'입니다. 내가 세 들어 사는 집이 몇 억이 오를 동안에도 아무 관심이 없었을 수 있고, 반대로 갑자기 뛰어오른 전셋값에 이른바 '영끌매수'를 한 사람도 있을 겁니다. 부동산에 대한 관심과 내집 마련 필요성에 대한 작은 인식이 몇 년 후 이렇게 큰 간극을 만들어 낸 것입니다.

내집 없는 부자는 없다

우리는 살아가면서 다양한 경제 활동을 합니다. 기본적으로는 직장에 나가 노동력을 제공한 대가로 급여를 받습니다. 또는 직접 사업을 운영해 사업 소득을 얻거나 배달업체에 한시적으로 근로를 제공하는 플랫폼 노동자가 되기도 합니다.

● 부자와 대중 부유층의 부동산 자산 비중

보유자산	10억 원 미만	10억 원 이상 30억 원 미만	30억 원 이상 50억 원 미만	50억 원 이상 100억 원 미만	100억 원 이상
부자	10%	47%	21%	13%	8%
대중 부유층	55%	35%	6%	3%	1%

* 부자: 가구 기준 금융 자산 10억 원 이상 보유
대중 부유층: 가구 기준 금융 자산 1억 원 이상 10억 원 미만 보유

출처:하나은행 2021 부자보고서

사람들은 이렇게 다양한 방식으로 돈을 법니다. 그런데 이것을 지키고 불리는 방법은 선택지가 많지 않습니다. 반대로 말하면 그만큼 방법이 정형화되어있어서 전통적인 방식을 따르고 공부하는 것이 가장 빠르고 효과적인 방법이라는 뜻입니다.

그중에서도 부동산은 가장 고전적이면서도 안전한 투자처였고, 많은 사람들이 부동산으로 부자가 되었습니다. 또한 부동산은 그 어떤 자산보다 사용 가치가 높습니다. 은행이나 금고에 넣지 않고 내가 직접 들어가서 살기도 하고 전세를 주고 목돈을 마련하거나, 월세를 받아 노후 자금을 마련할 수도 있습니다.

공부만 하면 누구나 투자할 수 있다

문재인 정부는 출범 당시 부동산 투기와의 전쟁을 선포하고, 행정규제와 세제개편으로 부동산 시장을 관리해 왔습니다. 부동산 안정화는 민심과 직결됩니다. 그래서 어떤 정권도 부동산 문제에 있어서 자유로울 수 없었습니다. 하지만 계속되는 부동산 규제와 규제지역 지정 및 해제, 누적되고 중복된 세제 개편으로 세무사들까지도 양도소득세 업무에 어려움을 호소하고 있습니다. 결국 과거엔 숨 쉬듯 자연스러웠던 부동산 거래가 이제는 각자의 자산 상황에 맞게 공부하지 않으면 안 되는 어려운 시대가 왔습니다.

하지만 오히려 어려워진 시장인 만큼 꼼꼼하게 준비하고 공부한다면 여전히 매력적인 기회가 많은 것도 사실입니다. 겹겹이 쌓인 규제로 투자 매수세가 위축되어 있지만 반대로 실수요장으로 완전히 재편되어 실수요 매수세가 강한 곳은 규제와 무관하게 기록적인 상승률이 나오기도 합니다. 따라서

● 수도권 규제지역 지정 현황

출처:호갱노노

너무 위축되지 말고 내집 마련부터 시작해 차근차근 미래를 준비한다는 마음으로 공부를 한다면 누구나 큰 탈 없이 안전하게 자산을 불려나갈 수 있는 방법이 부동산 투자입니다.

종잣돈을 모아야 하는 이유

욜로하다 골로간다

몇 년 전 우리 사회를 강타한 한 가지 키워드가 있었습니다. 인생은 한 번뿐이라는 의미의 'You Only Live Once'의 앞 글자를 딴 'YOLO(욜로)'현상입니다. 처음엔 인스타그램 해시태그로 쓰이던 용어가 어느새 우리 사회를 대변하는 키워드가 되었습니다.

욜로의 핵심 가치는 미래를 위해 희생하기보다는 현재를 충실히 즐기자는 것으로, 이는 자연스레 '현재의 나를 위한 소비'와도 연결됩니다. 욜로는 내집 마련 보다는 멋진 자가용을 사고, 노후준비 보다는 지금의 젊음을 만끽할 수 있는 여행과 명품 소비, 고가의 취미 활동이 더 가치 있다는 주장으로 사람들의 이목을 끌었습니다. 그리고 그 기저에는 연일 급등하는 집값과 높은 실업률처럼 살기 팍팍해진 청년들의 박탈감이 깔려 있습니다.

● 욜로족의 주 소비품목

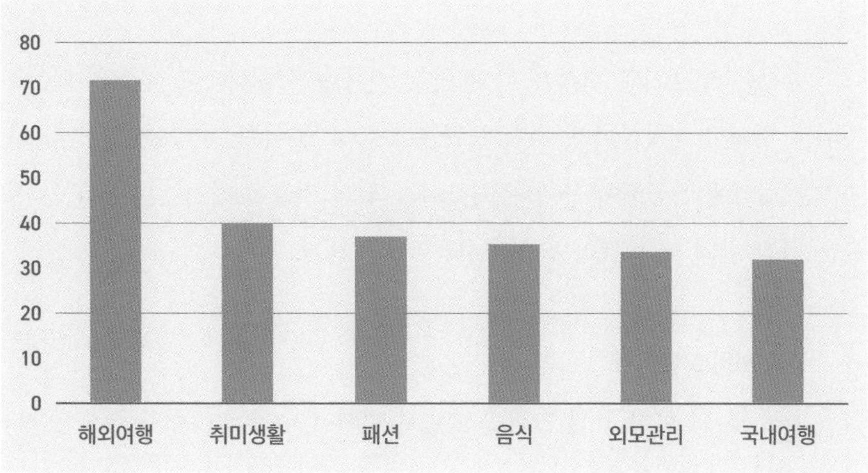

출처: 엠브레인 트렌드모니터, 하나금융투자

하지만 맛있는 음식을 먹고 옷도 사고 취미 생활을 즐겨도 밤이 되면 들어가서 몸을 누일 곳은 필요한 법입니다. 자가용은 있는 사람도 없는 사람도 있지만, 모든 사람이 월세든 전세든 아니면 본인 소유의 집이든 각자의 사적인 공간을 가지고 있습니다. 내 소유의 부동산을 마련해야 하는 당위성은 그래서 견고합니다. 이는 가장 사적인 공간을 빌리는 것 자체가 경제적, 심리적 불안함과 직결되기 때문입니다. 집은 가장 편안하고 익숙한 안식처여야 하는데 정을 붙일 새도 없이 임대인의 사정에 따라 2년 혹은 4년마다 옮겨야 하는 것은 당연히 불안하고 불편합니다. 그래서 우리는 잠시 화려한 꿈보다는 지금 근로 소득을 모아 자본소득으로 전환하는 작업을 시작해야 합니다.

푼돈이 무섭다!

종잣돈 모으기의 시작은 나의 근로 소득을 극대화하고 지출은 되도록 줄이는 것에서 시작합니다. 하지만 근로 소득을 높이는 것엔 한계가 있으니, 우리는 절약에 집중해야 합니다. 최소화를 넘어 지출을 하지 않아도 되는 부분은 과감히 쳐 내는 것이 필요합니다.

구독 서비스 줄이기

최근 몇 년 사이 무선 인터넷 발달로 미디어 구독 서비스가 급증했습니다. 과거엔 미디어 선택권을 방송사가 쥐고 우리는 수동적으로 보기만 하는 입장이었다면, 지금은 내가 원하는 취향의 드라마나 음악만을 골라 보고 들을 수 있습니다. 그 대가로 우리는 매달 요금을 지불합니다.

구독 서비스는 한 달에 만 원 남짓한 부담 없는 가격으로 우리를 유혹합니다. 하지만 구독하는 서비스가 하나둘씩 쌓이게 되면 이 또한 무시할 수 없는 금액이 되어 종잣돈을 모으는 데 영향을 미칩니다.

배달 음식 멀리하기

굳이 멀리 유명한 음식점을 찾아 나서지 않더라도 요새는 스마트폰 어플을 이용하면 몇 번의 터치로 집 앞에 맛있는 음식이 배달됩니다. 특히나 음식 조리부터 설거지 등 뒤처리까지 단번에 해결되는 까닭에 매 끼니마다 배달 음식의 유혹에 빠집니다. 특히 최근에는 간편결제 시스템과 결합되어 고민하는 과정이 짧아졌습니다. 충동적인 주문도 가능해진 것입니다.

하지만 배달 음식을 먹으려면 통상 직접 요리해 먹는 비용의 약 4배 정도를 지불하게 됩니다. 충분한 자산이 모이기 전까지는 이러한 배달음식은 가급적 줄이려고 노력하여 보시기 바랍니다.

남과 비교하지 않기

자본주의를 굴러가게 하는 거대한 축 중 하나는 '비교'입니다. 이 비교라는 잣대에서 우위를 차지하기 위해 '차별화'가 파생되기도 했죠. 우리는 항상 남과 나를 비교합니다. 내가 사는 곳, 먹는 음식, 입는 옷까지 매 순간 다른 사람과의 상대적 비교를 통해 현재 내 위치를 파악합니다.

비교는 자본주의를 살아가는 우리에겐 너무나 자연스러운 행동이지만, 이를 억제해야 남들보다 조금 더 앞서나갈 수 있습니다. 비교는 결핍으로 연결되고, 이 결핍을 채우기 위해 소비를 하게 됩니다. 소비를 참기는 어려워도 그 전 단계인 '비교'는 의도적인 무관심이나 또는 다른 생산적인 활동으로 관심사를 돌리면 극복할 수 있습니다.

적절한 종잣돈 규모 설정하기

우리가 얼마를 모으면 부동산을 살 수 있을까요? 반대로 제가 여러분에게 물어보고 싶습니다. 여러분의 연봉은 얼마이며 지금까지 얼마를 모았고, 기대하는 최종 자산의 규모는 얼마입니까?

여기에 대한 대답은 각자가 처한 상황만큼 다양합니다. 그래서 우선 자신에 대해 잘 파악해야 하는데, 내가 감당할 수 있는 원리금 수준과 리스크의 범위를 고려해야 합니다. 일반적으로는 처음 투자를 시작할 때 대출을 받든 전세를 끼든 매매가의 절반 정도는 자기 자본이 마련되어야 합니다.

내가 매수하려는 부동산의 평균적인 매매호가를 고려한 후 대출과 전

- 서울 아파트 가구당 평균 매매 가격 추이

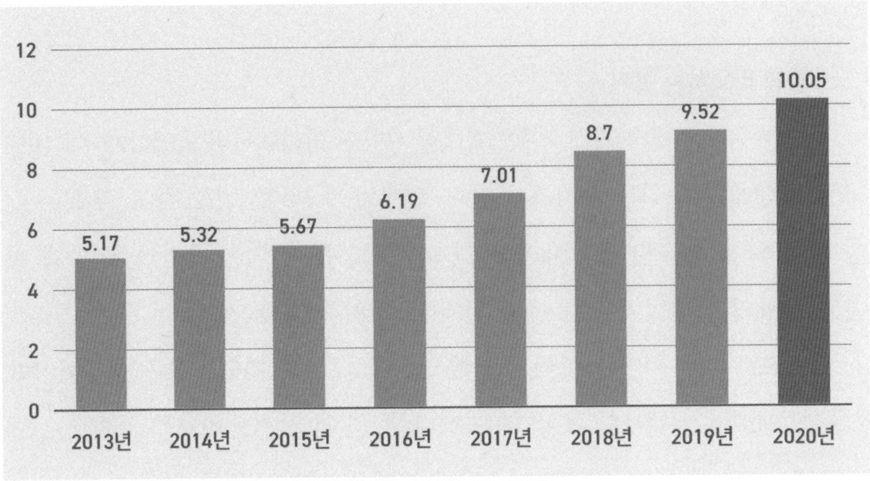

출처: 부동산114 REPS

- 투자 유형별 고려할 요소

	내부 상황	외부 상황
대출 투자	▪ 내 월급이 원리금을 감당할 수 있는가? ▪ 내 신용으로 받을 수 있는 담보대출의 한도는 얼마인가?	▪ 주택담보대출이 가능한 매물인가? ▪ 질권/유치권 등 대출 실행에 장애요소가 없는가?
전세 갭 투자	▪ 전세가가 하락 할 경우 하락분을 감당할 수 있는가?	▪ 전세가율이 50% 이상인가? ▪ 전세 수요가 지속적으로 증가하는 지역인가?

세 중 어떤 레버리지를 사용할지 결정해야 합니다. 그리고 그에 따라 내/외부 리스크를 나의 소득이나 신용도로 감당할 수 있는지 판단한 후 움직여야 합니다.

부동산 투자의 종류

나에게 맞는 투자 대상

주식만큼은 아니지만 부동산도 다양한 종목이 존재합니다. 하지만 각자 가지고 있는 종잣돈과 처한 상황이 다르기에 나에게 맞는 투자 대상이 무엇인지부터 고민해야 합니다.

부동산 투자 대상(건축물)은 아래와 같이 구분할 수 있습니다. 하지만 건축물의 용도를 명확히 법으로 규정하기는 쉽지 않습니다. 다변화하는 생활 양식과 그에 따라 지속적으로 전통적인 주거 개념에서 파생된 다양한 주거 공간에 대한 수요가 증가하고 있기 때문입니다.

다음 페이지의 표에서 정리한 것처럼 투자 대상은 토지부터 상업용 부동산 그리고 주거용 부동산까지 다양하고, 투자자들은 각자의 분야에 집중해서 투자하는 경향이 있습니다.

● 부동산 투자 대상의 종류

		정의	특징
단독주택	단독주택	한 건물 안에 하나의 세대가 거주할 수 있는 구조로 된 건축물	시세 파악이 어렵고 투자금이 많이 필요함
	다가구	한 건물 안에 여러 가구가 거주할 수 있는 구조로 된 3층 이하 건축물	수익형 부동산(임대용)으로서 투자금이 많이 필요함
공동주택	다세대	한 건물 안에 여러 세대가 거주할 수 있는 구조로 된 4층 이하 건축물	통상 '빌라'로 명명되며 시장 하락기엔 현금화가 어려움
	아파트	한 건물 안에 여러 세대가 거주할 수 있는 5층 이상 공동주택	시세 파악이 쉽고 시장 변화와 무관하게 현금화가 용이함
상가		영업용(영리 목적)으로 사용하는 건물	수익형 부동산(임대용)으로서 투자금이 많이 필요함
토지		생존과 삶의 터전으로 사용되는 땅 자체	지목과 용도지역에 따라 행위 제한을 받으며 시세파악이 어려움

그중에서도 주거용 부동산(단독/공동주택)에 대한 투자가 가장 활발하게 이루어집니다. 아무래도 가장 익숙하므로 주거용 부동산으로 투자를 시작하는 경우가 많습니다.

주거용 부동산의 종류별 특징

단독주택 건축법에서는 단독주택을 한 건물 안에 하나의 세대가 거주할 수 있는 건축물로 정의하고 있습니다. 흔히 전통적인 '집'의 이미지인 단층 또는 2층 건물에 마당이 있는 모습을 생각하면 쉽습니다.

단독주택은 보유하고 있는 대지가 각 집마다 모두 다르고, 깔고 앉은 땅 역시 용도지역이 제각각입니다. 그리고 집주인의 취향을 반영한 자재와 디자인으로 지어진 까닭에 건물의 객관적 가치를 파악하기 어렵습니다.

하지만 유리한 점도 있습니다. 공동주택이 대지를 각 세대가 지분의 형태로 소유하고 있다면, 단독주택은 대지 전체가 단독소유라 향후 자유롭게 토지를 이용할 수 있습니다. 또한 재개발 지역에 편입되는 경우 감정평가를 후하게 받을 수 있다는 장점도 있습니다.

부동산 틈새 상식

대지지분

공동주택이 세워진 땅의 전체 면적에 대한 각 세대의 소유권을 의미합니다. 일반적으로 아파트나 빌라의 등기부등본을 발급하면 해당 세대의 대지지분을 확인할 수 있습니다. 대지지분은 일반적으로 집의 평수가 클수록 소유하고 있는 대지지분도 큽니다.

다가구 한 건물 안에 여러 가구가 거주할 수 있는 구조로 된 3층 이하 건축물을 의미합니다. 다가구는 겉으로 보기엔 다세대와 구분하기 어렵지만, 임대용 원룸 건물을 생각하면 이해가 빠릅니다. 원룸 건물의 소유주는 한 명이지만 방마다 각각 다른 사람들이 입주해 살고 있습니다. 그래서 원룸은 각 호실마다 구분등기가 불가능합니다.

다가구는 우선 투자 대상으로 매수하려면 건물 전체를 한번에 사야 하기에 투자금이 많이 듭니다. 그래서 다가구 투자는 시세 차익형이라기보다는

부동산 틈새 상식

시세 차익형 투자

부동산의 시세 상승분을 목적으로 하는 투자입니다. 일반적으로 우리가 생각하는 매매 과정에서 발생하는 차익이 목적입니다. 시세 차익형 투자를 할 때는 사고-보유하고-파는 과정에서 발생하는 세금과 제반 비용을 잘 따져 봐야 합니다.

수익형 투자

상가를 구매 후 장사할 사람에게 임대를 주거나, 다가구 원룸 건물을 매입 후 각 호실마다 월세를 받는 등 일정한 현금 흐름을 발생시킬 목적의 투자입니다. 일반적으로 은퇴 후 노후 자금을 목적으로 취득하는 경우가 많습니다. 수익형 투자는 공실 리스크를 최소화해야 합니다. 공실이 있거나 임대료가 낮은 경우 건물의 가치도 함께 떨어지기 때문이죠.

수익형이라 할 수 있습니다.

다세대 한 건물 안에 여러 세대가 거주할 수 있는 구조로 된 건축물을 의미합니다. 다세대는 구분등기가 가능하다는 점에서 위의 다가구와 큰 차이점이 있습니다. 그래서 흔히 우리가 아는 빌라 건물은 각자 집주인이 다른 다세대 건축물입니다.

여기서 '가구'와 '세대'의 개념이 교차하며 계속 등장하여 헷갈릴 수 있습니다. 일반적으로 '가구(家口)'란 취사와 취침 등 생계를 같이하는 생활 단위의 개념으로, 가족이 아니더라도 한 가구를 이룰 수 있습니다. 반면 '세대(世帶)'는 주민등록상의 개념으로 혈연, 혼인, 입양 등을 통해 함께 등록된 구성원 단위입니다. 따라서 같이 살지 않아도 혈연관계라면 동일 세대로 인정할 수 있습니다.

다세대는 신축이어도 가격이 저렴해서 젊은 신혼부부나 직장인 들이 선호합니다. 하지만 아파트에 비해 세대 수가 적어 청소나 유지 보수가 어렵습니다. 또한 주차 공간이 마땅치 않고 단지와 같은 마당이 없어서 주거 쾌적성이 떨어진다는 평가를 받습니다.

하지만 재개발 구역에 지정이 될 경우 단독주택이나 다가구와 동일하게 한 개의 입주권이 부여되므로 가성비가 좋은 재개발 투자 대상물이기도 합니다. 특히 최근 서울에서는 민간정비사업이 활성화되는 추세여서 다세대 빌라의 인기는 계속 상승하고 있습니다.

아파트 부동산 투자에 입문하거나 내집을 마련할 때 우리는 가장 먼저 아파트부터 고려합니다. 도시가 과밀해지고 더 이상 수평 확장이 어려워지자 주거 공간은 수직으로 확장되기 시작했습니다. 거기서 나온 최적의 주거 모델이 1,000세대 전후의 아파트 단지인데, 현재 한국인이 가장 선호하는 주거 형태입니다.

아파트는 선호하는 사람들이 많아서 상승장에서는 가파르게 오르고 하락장에서는 떨어지는 폭이 비교적 안정적입니다. 또한 시세 파악이 용이하여 객관적 기준에 따른 분석이 가능합니다. 그래서 아파트 시세를 공부하면 정형화된 패턴을 발견할 수 있고, 여기에서 저평가된 단지를 찾아 투자를 하는 것이 일반적인 방법입니다.

하지만 통상 요즘 지어지는 아파트의 용적률은 250~300%정도로, 법정 상한을 모두 채우고 있어 대지 지분이 그리 높지 않습니다. 또한 구축 아파트 같은 경우, 입지 조건이 좋지 않다면 신축 아파트에 밀려 시세가 하락하는 경우도 있으니 주의해야 합니다.

● 용적률

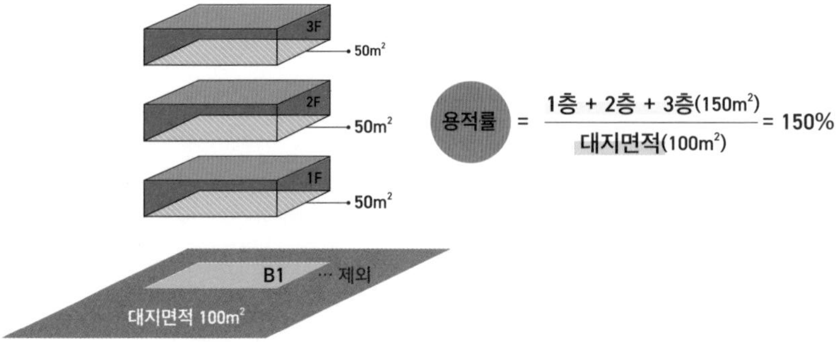

대지면적에 대한 건축물 연면적의 비율을 뜻합니다. 쉽게 말해 아파트를 위로 쌓지 않고 단층으로 펴놓았을 때 건물 전체 면적이 대지의 몇 배인지를 뜻하는 말입니다. 100㎡ 땅이 있고 건물 연면적이 150㎡라면 건물 연면적은 대지의 1.5배입니다. 즉 용적률은 150%가 됩니다.

출처: 국토교통부 토지이용 용어사전

부동산 투자의 도움닫기, 대출

가구 부채에 대하여

우리가 경제 생활을 영위하는 최소 단위인 가구가 어떠한 빚을 지고 있는지 보겠습니다. 크게는 생활비 융통을 위한 신용대출, 주택 구입을 위한 주택담보대출로 나눌 수 있습니다. 그외에도 보험 약관대출이나 카드론 같은 소액대출이 있습니다. 이와 같이 일반적으로 금융기관에서 차용한 돈을 우리는 '부채'라 일컫습니다.

반면 국가에서 보는 시각은 조금 다릅니다. 통계청은 가구 부채에 대해 '각 가구가 보유하고 있는 부채의 평균액'이라 정의하고 이를 금융기관 부채와 임대보증금으로 나눠서 집계합니다.

임대보증금은 흔히 전세금으로 이해하면 쉽습니다. 지금은 처음부터 전세를 끼고 집을 사는 경우가 많기 때문에 전세를 주는 것이 부채라는 개념

● 연간 가구 부채 증감

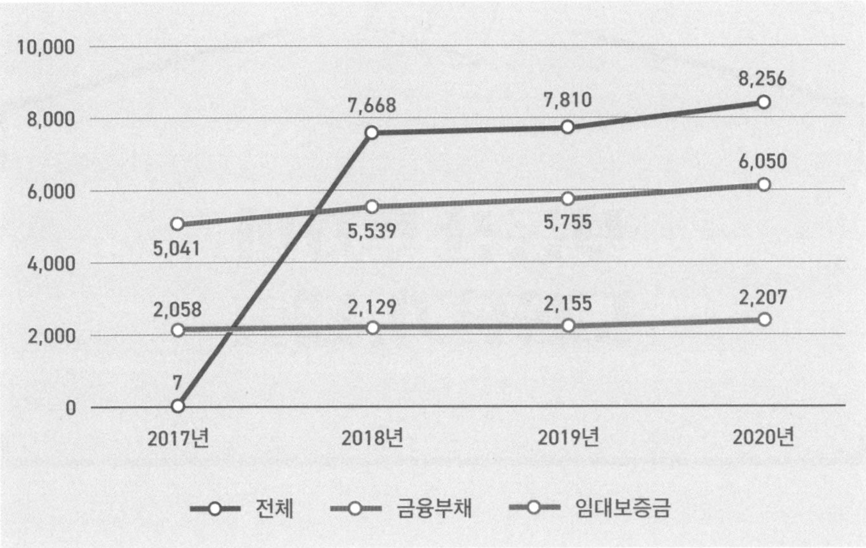

출처: 통계청(KOSIS)

보다는 집주인이 부담하는 자금 부담을 줄여주는 요인으로 인식하는 경우가 많습니다. 하지만 이 역시 전세 계약 만기가 다가오면 전세입자에게 돌려줘야 하는 '부채'입니다. 따라서 금융부채만큼이나 동일한 비중으로 나라에서 관리하고 있는 것입니다.

그리고 이를 반대로 생각하면, 집을 사면서 부채를 일으킬 때 은행 부채뿐 아니라 임대보증금도 주택 구매 전략의 한 축이 될 수 있다는 의미도 됩니다. 이번 장에서는 집을 사기 위한 자금 조달 방법으로 금융기관 대출과 전세의 특징에 대해 알아보겠습니다.

자금 조달 방법 1: 주택담보대출

전당포에서 돈을 빌리려면 명품 시계 같은 값비싼 물건을 맡겨야 합니다. 그리고 원리금(원금과 이자)을 모두 상환해야 물건을 되찾을 수 있습니다. 만약 상환이 불가능해지면 전당포 주인은 시계를 팔아 채무자의 원리금 손실을 충당합니다. 전당포 주인 입장에서는 채무자의 채무불이행에 대비한 일종의 안전망을 설치하는 겁니다.

같은 원리로 은행도 집을 구매할 때 돈을 빌려줍니다. 그리고 이와 동시에 구매하는 주택을 담보로 설정해 채무불이행에 대비합니다. 전당포와 다른 점은 시계는 맡기는 기간 동안 사용할 수 없지만, 집은 은행에 담보로 제공해도 내가 들어가 살 수 있다는 것입니다. 왜 은행은 집을 담보로 제공받고 따로 감시를 하지 않을까요?

시계와 같은 동산(動産)은 국가에서 소유권을 인정해 줄 만한 공적 장부가 없습니다. 채무자가 들고 도망가서 제3자에게 팔아버리면 그만입니다. 하지만 부동산은 '등기부등본'이라는 공적 장부에 담보의 실행이 기록됩니다.

이렇게 등기부등본에 표시가 되면 채무자는 담보로 제공한 집을 몰래

● 등기부등본 근저당권 설정

[을 구] (소유권 이외의 권리에 관한 사항)				
순위	등기목적	접수	등기원인	권리자 및 기타사항
1	근저당권 설정	2021년 1월 1일제 123456호	2021년 1월 1일 설정계약	채권최고액 금 200,000,000원 채무자 김철수 서울특별시 강남구 ○○동 1-1 근저당권자 주식회사○○은행 서울특별시 중구 ○○동 1-1

처분할 수도 없고, 다른 은행에서 추가 대출을 받을 수도 없습니다. 얼핏 보면 채무자의 자유가 제한되는 것 같지만 등기부등본 덕분에 집주인은 은행에 담보로 제공을 해도 은행의 감시 없이 자유롭게 들어가 살 수가 있습니다.

자금 조달 방법 2: 전세금

전세제도는 전 세계에서 한국에만 있는 특이한 제도입니다. 일부 개발도상국에서 임대보증금이 확대된 형태의 유사 전세제도가 발견되긴 하지만 우리나라처럼 민법에서 공식적으로 인정하고 있는 경우는 거의 없습니다.

전세제도는 사적 금융의 성격이 강해서 정작 국가의 통계에는 집계가 잘 되지 않았습니다. 그러나 2021년 6월부터 보증금 6000만 원 이상의 전세 계약은 신고가 의무화되었습니다. 전세입자는 집주인에게 돈을 빌려주고 집주인은 이자 대신 집을 사용할 수 있게 됩니다.

전세시장의 수급은 앞으로 집값이 오르지 않을 것이라는 사람들의 전세 수요와, 향후 집값이 상승할 것이라는 사람들의 매매 수요가 일치하면서 돌아가게 됩니다.

● 집주인과 전세입자의 관계

	집주인	전세입자
채권채무 관계	채무자	채권자
제공 가치	집에 대한 사용권	사적 대출

정부에서 은행권의 주택담보대출을 적극적으로 통제하면서 사적 금융과 비슷한 전세금을 이용한 부동산 투자 유형, 일명 '갭투자'가 늘고 있습니다. 특히 국가에서 제공하지 못하는 임대주택의 공급을 이러한 투자자들이 대신하는 기능도 가지고 있습니다.

대출 관리

은행권 대출은 국가가 항상 예의주시하며 적극적으로 관리를 하고 있습니다. 대출의 총량을 규제하고 매매가격에 대한 담보대출 비율을 조정하며, 원리금 상환을 정부가 대신 독려하기도 합니다. 이러한 노력 덕분에 가구 금융대출은 적정 수준에서 건전하게 관리되어 왔습니다.

부동산 틈새 상식

대출 받기 전에 따져볼 점

소득수준 과거엔 주택담보대출의 원금은 거치가 가능했습니다. 쉽게 말해 이자만 지불하고 원금은 갚지 않아도 되는 구조였습니다. 하지만 최근엔 대출과 관련된 각종 규제로 원리금을 함께 상환해야 하는 경우가 많습니다. 이 경우 매월 상환해야 하는 금액이 2~3배가량 더 늘어납니다. 따라서 본인의 소득을 생각했을 때 감당할 수 있는 빚인지 따져봐야 합니다.

전세가율 최근 전세난이 심해지면서 전세가율(전세가 / 매매가 × 100)이 높아졌습니다. 이는 집을 살 때 투자금이 적게 든다는 의미도 되지만, 반대로 그만큼 부채도 늘어난다는 뜻입니다. 따라서 무리한 금액의 전세금을 끼고 집을 구매하는 것도 피해야 합니다.

반면 전세금에 대해서는 부채로서 무겁게 받아들이지 않는 것 같습니다. 하지만 전세금 역시 임차인과 집주인 간의 사적 대출로서, 계약 기간이 끝나면 돌려줘야 하는 돈입니다. 그러므로 금융대출과 동일한 수준으로 관리를 해야합니다.

금리와 부동산

대출과 부동산 정책

대출이 실행되면 은행은 돈을 빌려준 것에 대한 대가를 받고, 이 돈을 빌린 사람은 약속한 기간 동안 대출한 돈을 생활비로 사용하거나 재투자를 합니다. 이때 빌린 돈에 대한 요금을 이자라 하고, 이자의 가격을 비율로 표시한 것을 금리(이자율)라 합니다. 금리는 부동산 시장 움직임과 밀접하게 연결되어 있습니다. 따라서 부동산뿐 아니라 주식, 채권, 심지어 가상화폐 투자자 모두는 금리의 움직임을 항상 예의 주시합니다. 또한 정부에서 부동산 규제 대책을 발표할 때도 세금 정책과 더불어 금리와 관련된 내용을 항상 중요하게 다룹니다.

그런데 여기서 한 가지 의문점이 발생합니다. 연일 뉴스에선 나라에서 대출과 금리에 대해 규제를 한다는데, 왜 우리에게는 하루에도 몇 번씩 돈을

● 금융권의 종류

	1금융권	2금융권	3금융권
은행법 적용여부	○	×	×
장점	금리가 낮음 신용등급 영향 낮음	대출 한도가 높음	대출 한도가 높음 자격조건 느슨함
단점	자격조건 까다로움 정부 규제가 많음	신용등급 영향 가능성 있음	신용등급 영향 미침
금리	낮음	중간	높음
대표기관	시중은행 정부 특수은행 인터넷은행	은행이 아닌 금융기관 (보험, 증권, 카드, 저축은행, 새마을금고)	금융기관이 아닌 사금융 업체
정부규제	○	△ (상황마다 다름)	×

빌려주겠다는 전화가 오는 것일까요? 이는 금융기관의 종류별로 정부가 개입하는 정도가 다르기 때문입니다.

지금까지 대부분 대출에 대한 규제는 1금융권을 겨냥했습니다. 하지만 2019년부터 2금융권에도 대출 상한액에 대한 규제가 시작되면서 점점 더 부동산을 매수할 때 자금 조달이 어려워지고 있습니다. 반면 3금융권은 사금융의 일종이기에 정부가 깊이 개입하지 않아 비교적 자유롭게 자금을 조달할 수 있습니다. 하지만 신용등급이 하락할 우려가 있고 이자 부담도 크다는 단점이 있습니다.

코로나19 팬데믹과 금리 인하

코로나19와 자산시장 불안감 2020년 2월, 신종코로나바이러스(코로나19)가 전 세계를 휩쓸었습니다. 가장 먼저 반응한 곳은 주식 시장이었습니다. 부동산에 비해 주식은 거래 비용이 낮고 매매 절차가 간단해 경기에 예민하게 반응합니다. 반면 부동산 시장은 일시적으로 거래가 위축되긴 했지만, 시장의 불안감 같은 심리적 변화를 제외하면 지표상의 변화는 미미했습니다.

적극적 금리 인하 팬데믹이 잦아들 기미가 보이지 않자 2020년 3월부터는 세계 각국이 적극적으로 기준금리를 인하했습니다. 기준금리란 중앙은행이 금융회사와 거래를 할 때 기준이 되는 이자율을 의미합니다. 금융회사 입장에서 보면 사업의 재료가 되는 돈을 저렴하게 조달할 수 있게 되고, 이는 금융거래 전반의 금리를 낮추는 효과가 있습니다.

금리가 낮아지면 우리가 은행에서 돈을 빌릴 때 내야하는 이자가 줄어들지만 반대로 은행에 적금을 들어도 이자를 조금만 줍니다. 기업들도 적극

• 한국은행 기준금리 추이 [단위: %]

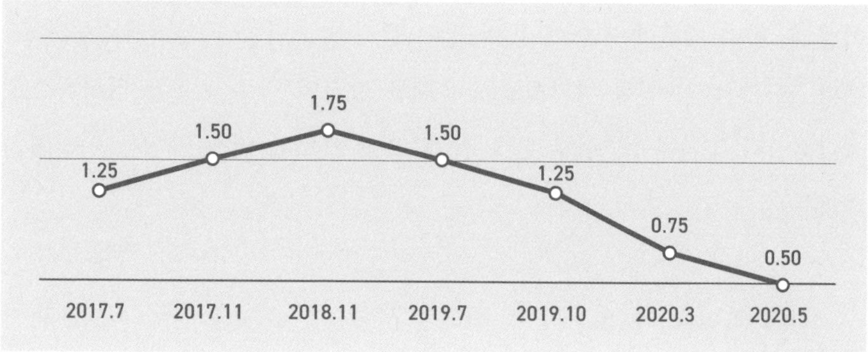

출처: 한국은행

적으로 돈을 빌려 지금까지 미루어 왔던 설비와 장비를 구입하거나 공장을 증설해 생산량을 늘릴 것입니다. 그리고 더 많은 직원을 고용해 공장을 가동하며, 공장에서 월급을 받은 직원들은 외식도 하고 옷도 사 입는 등 소비를 늘리게 됩니다.

우리나라도 코로나19로 인해 외식이나 여행 같은 외부 활동이 줄어들며 경기가 위축될 기미가 보이자 중앙은행은 적극적으로 금리를 인하했습니다. 시중에 돈을 풀어 이 돈이 순환하면서 기업이나 가계의 도산을 막도록 한 것입니다. 또한 정부는 금리를 내리는 것에 그치지 않고 적극적으로 돈을 찍어내 재난지원금으로 지급했습니다. 갑자기 돈이 넘쳐나기 시작한 겁니다.

풍부한 유동성과 돈의 가치 하락 앞에서 금리가 낮아지면 이자비용 또한 낮아져 돈이 시중에 풀리는 이유에 대해 이야기했습니다. 이런 상태를 유동성이 풍부하다고 말합니다. 한국은행에서는 유동성을 '자산을 현금으로 전환할 수 있는 정도'라고 정의합니다. 일반적으로 유동성이 풍부하다는 의미는 현금 및 현금으로 쉽게 바꿀 수 있는 자산(예금과 적금, 채권 등)이 많다는 의미로 이해하면 됩니다.

희소성이 절대적인 금과 달리, 돈은 정부가 마음만 먹으면 얼마든지 찍어낼 수 있기 때문에 시중에 돈이 많이 풀리면 그만큼 돈의 가치는 떨어집니다. 코로나19로 인한 경기침체를 우려한 각국의 정부는 돈을 적극적으로 찍어내면서 동시에 더 쉽게 돈을 쓸 환경을 만들기 위해 금리를 인하했습니다.

자산가격 상승 돈은 시중에 풀리고 사람들은 소비를 늘렸습니다. 돈이 넘쳐나기 시작하자 돈의 가치가 예전보다 떨어지기 시작했습니다. 조금 과장하면 누구나 돈을 많이 가지고 있어서, 귀한 물건을 사려면 예전보다 더 많은 돈을 지불해야 소유할 수 있게 된 겁니다. 이렇게 돈의 가치가 계속 떨어지면 사람들은 '공급이 한정된 자산'을 가지고 싶어 합니다. 위에서 언급한 금, 비트코인, 주식, 부동산으로 돈이 몰리기 시작한 이유가 그 때문입니다. 정확히 말해 돈을 자산으로 바꾸는 것입니다.

자꾸만 오르는 부동산

2020년은 전반적으로 부동산에 대한 비관론이 우세했습니다. 2013년부터 쉬지 않고 부동산 가격은 우상향을 이어왔고 스무 차례가 넘는 규제책 발표로 투자자뿐만 아니라 실수요자까지 집을 사기 어려운 상황이 이어졌습니다.

실제로 2020년 3월부터 5월까지는 서울의 고가 부동산 중심으로 호가

● 서울의 주택 중위 매매 가격 [단위: 억 원]

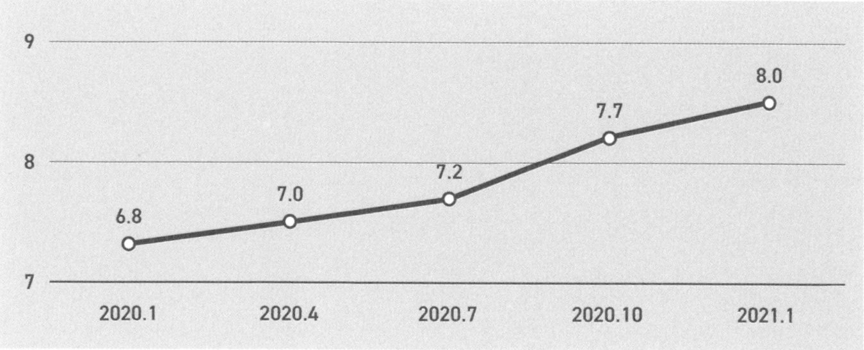

출처: 통계청

가 낮아지는 모습까지 보이기 시작하며 이른바 '심약자 매물'이 나타나기 시작했습니다.

하지만 돈을 시중에 풀기란 쉬워도 다시 회수하기는 매우 어렵습니다. 이미 코로나19에 대한 대응 방안으로 정부가 유동성을 잔뜩 끌어올린 이후 돈은 여러 사람의 손을 거쳐서 눈덩이처럼 불어나 정부의 통제를 벗어났습니다. 인플레이션이 일어나면 정부가 제대로 손을 쓸 수 없는 이유도 비슷합니다.

2020년 하반기부터 금, 주식, 가상화폐, 부동산까지 모든 자산가격이 동시에 상승하는 양상이 보이기 시작했습니다. 게다가 집값 하락 기대가 낮아진 청약 대기자들은 기축 아파트를 사들이기 시작했습니다.

이때 많은 사람들이 주식이나 가상화폐를 팔아 부동산 구입 자금으로 충당했습니다. 현금을 각종 자산으로 바꿔 재미를 본 사람들이 다시 한 번 이들을 팔아서 부동산으로 바꾸는 현상이 일어나면서 2020년 12월 마지막 날까지 전국 부동산은 신고가를 경신하며 한 해를 마무리했습니다.

인구는 준다는데, 왜 집값은 오를까?

산업구조 변화와 인구 감소

현재 한국 사회의 경제 전반을 이야기할 때 인구 감소와 고령화에 대한 논의는 빼놓을 수 없습니다. 물론 집값을 이야기할 때도 마찬가지이고요. 우리나라는 과거부터 전통적인 가족 중심의 경제공동체를 꾸리고 있었습니다. 농사에 필요한 노동력을 외부에서 조달하기 힘드니, 가족이 힘을 합쳐 농사를 지었던 겁니다.

1945년 광복 이후 산업화 시대를 지나 IT기술 중심의 4차 산업혁명 시대인 지금까지 오면서 산업 구조 또한 노동집약적 구조에서 개인의 부가가치 창출이 중요한 쪽으로 변화했습니다. 이로 인해 고등교육이 중요해졌고, 이는 자녀에게 투자하는 대한 양육비 즉 교육비 증가로 이어졌습니다. 따라서 자연스럽게 한두 명의 아이만 출산하는 핵가족화가 이뤄졌는데, 이는 우리와 비슷한 수준의 경제력을 가진 국가라면 모두 겪고 있는 일입니다.

인구 감소와 집값의 상관관계

인구가 정말 감소할까? 우선 집값 하락론의 주요 줄기는 인구가 줄고 주택에 대한 수요도 줄어들어 집값이 하락하게 될 것이라는 논리입니다. 하지만 그 전제인 인구가 실제로 감소할 것인지에 대해서는 현재의 추세를 기준으로 말하는 것이지, 실제로 어떻게 될지는 누구도 알 수 없습니다.

유럽의 사례를 보면 우리나라처럼 출생률은 줄어들고 있지만, 평균 수명 증가와 이민 정책 덕분에 인구는 적정 수준을 유지하거나 약간 감소하는 정도에 그친 경우가 많습니다.

● 인구 대비 이주배경인구 구성비 [단위: %]

	2017	2020	2025	2030	2035	2040
총인구	100.0	100.0	100.0	100.0	100.0	100.0
이주배경인구	3.5	4.3	5.1	5.8	6.3	6.9
내국인 (귀화)	0.3	0.4	0.6	0.7	0.9	1.1
내국민 (이민자 2세)	0.4	0.5	0.7	1.0	1.2	1.4
외국인	2.8	3.3	3.8	4.1	4.3	4.5

주) 이주배경인구 = 내국인(귀화) + 내국인(이민자2세) + 외국인

출처: 통계청

우리나라 역시 인구 감소가 시작되면 본격화하면 더 적극적으로 이민을 수용할 것입니다. 국가 입장에서는 지금의 산업구조를 유지하기 위해 20년 후에 효과를 볼 수 있는 출산장려정책보다는 효과가 즉시 보이는 이민정책에 집중할 것입니다. 이러한 맥락에서 본다면 인구가 감소하는 게 아니라 오히려 출생률이 증가할 수도 있다는 뜻도 됩니다. 우리나라 역시 불과 1980년대 후반까지만 해도 산아제한정책을 추진하고 있었습니다. 당시만 해도 그러한 정책을 시행하지 않으면 당장 빈곤과 기근으로 굶어 죽을 것처럼 걱정했을 정도로 지금과는 분위기가 완전히 반대지요.

인구가 감소하면 집값이 떨어질까? 만일 출생률이 감소해서 인구가 실제로 줄어든다면 어떻게 될까요? 이에 대한 답은 서울과 전국의 주택보급률을 비교해 보면 힌트를 찾을 수 있습니다.

● 서울과 전국의 주택보급률 [단위: %]

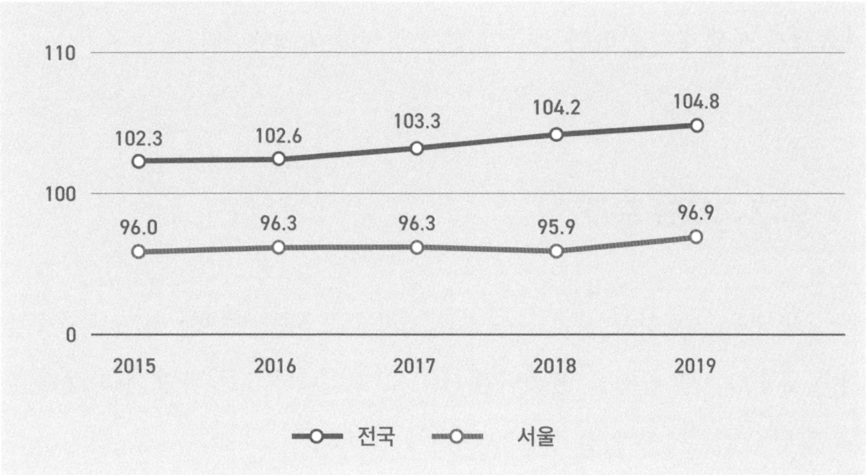

출처: 통계청

전국 주택보급률은 이미 100%를 넘어선 지 오래입니다. 우리나라의 가구 수 보다 주택의 숫자가 많다는 뜻입니다. 빈 집도 전체 주택 수에 포함이 된 통계이니 실제로 지방이나 농어촌 지역에 그렇게 주인이 없는 집이 널렸다는 뜻도 됩니다. 반면 서울은 여전히 가구 수만큼 주택 보급이 이루어지지 않고 있습니다.

이를 미래의 인구 감소라는 상황에 대입해 보면 전국적으로 인구가 계속 감소해도 지방에서 서울로 이주하려는 수요는 점점 더 늘어날 것으로 예측할 수 있습니다. 대한민국 전체 인구는 감소하더라도 지방 소도시의 인구 이탈은 시간이 지나면서 기하급수적으로 증가하고, 서울과 그 위성도시의 인구는 증가할 가능성이 높습니다.

지금도 이런 일들은 이미 일어나고 있습니다. 지방 소도시에는 빈집이 넘쳐나는데도 서울과 수도권 그리고 지방 대도시의 집값은 매일 신고가를 경신하는 중입니다. 결국 사람들이 원하는 것은 단순한 집 한 채가 아니라 까다로운 요건을 충족시키는 '똑똑한' 한 채라는 결론에 다다르게 됩니다. 따라서 앞으로 빈 집은 점점 더 늘어나도 살기 좋은 요건을 갖춘 좋은 집은 계속해서 시세가 상승하는 양극화 현상이 심화될 것입니다.

인구 구조와 투자

위 내용을 종합해 보면, 수도권과 지방 대도시는 주변의 소도시 인구를 계속 흡수하면서 몸집을 불려나갈 것으로 보입니다. 그렇다면 우리가 집을 살 때 인구 측면에서 어떤 점을 살펴봐야 할까요?

• 2020년 전국 인구순위 [단위: 명]

순위	지역명	인구	순위	지역명	인구	순위	지역명	인구
1	서울시	9,741,383	13	청주시	840,047	25	시흥시	475,396
2	부산시	3,416,918	14	부천시	828,947	26	파주시	453,961
3	인천시	2,925,967	15	화성시	818,760	27	의정부시	451,876
4	대구시	2,453,041	16	남양주시	702,545	28	김포시	437,789
5	대전시	1,525,849	17	전주시	654,963	29	구미시	419,761
6	광주시	1,496,172	18	천안시	652,845	30	경기광주	373,274
7	수원시	1,193,894	19	안산시	650,599	31	양산시	351,168
8	울산시	1,147,037	20	안양시	565,392	32	원주시	350,252
9	고양시	1,068,641	21	김해시	542,713	33	진주시	347,489
10	용인시	1,061,440	22	평택시	514,876	34	세종시	342,328
11	창원시	1,044,579	23	포항시	506,494	35	광명시	328,253
12	성남시	942,649	24	제주시	489,202	36	아산시	314,238

출처: 행정안전부

인구가 최소 30만 명 이상인 곳 기본적으로 투자를 하기 위한 지역을 선정할 때 최소 인구가 30만 명 이상 되는 곳을 목표로 삼는 것이 안전합니다. 이 30만 명 이라는 하한선은 서울의 구 한 개 정도의 인구와 비슷한 수준입니다. 즉, 그 정도 크기는 되어야 내부에서 의료와 교육 그리고 문화 등에 대한 충분한 수요가 발생하고 그에 대응하는 인프라가 들어올 수 있다는 뜻입니다. 이 기준선을 넘지 못하면 주변 도시에 의존해야 하는 위성도시가 될 가능성이 큽니다. 반면 수도권의 경우는 서울로의 출퇴근 수요가 충분하여 그보다 낮아도 무관합니다.

출생률이 높은 곳 세종시는 인구 35만 명 남짓 되는 적당한 크기의 중소 도시입니다. 하지만 출생률은 2019년 기준 전국 1위를 기록했습니다. 정부기관이나 공공기관 등 안정적인 일자리의 공급으로 실제로 세종에 가보면 젊은 신혼부부와 아이들이 많은 것을 볼 수 있습니다. 이러한 안정적인 생활 조건이 세종시가 높은 출생률을 기록할 수 있도록 도와주었고, 덕분에 도시도 계속 안정적으로 성장해 나가고 있습니다.

서울 집값 상승률은 왜 이렇게 가파를까?

서울 인구의 성장

서울의 인구는 1950년대 160만 명에서 시작했으나, 농경사회에서 산업사회로 변화하는 1960~1980년대 사이에 급성장하여 지금은 인구 1000만 명에 가까운 메가시티가 되었습니다.

산업화 시대의 서울에는 농촌의 고된 노동과 낮은 소득에서 벗어나려던 젊은이들이 빠른 속도로 모여들었습니다. 1960년대엔 동대문 평화시장으로, 1980년대엔 구로공단으로 젊은이들이 몰려들었습니다. 이 지역들은 노동운동의 메카가 되기도 했죠. 그리고 서울은 점점 커지게 됩니다.

그런데 이러한 서울로의 인구 집중 현상은 많은 문제를 일으켰습니다. 그중 주거 문제가 가장 크게 부각 되었습니다. 질 좋은 주택을 소유할 수 없는 서민들은 당시엔 고급 주택이던 아파트는 생각도 할 수도 없었습니다.

● 서울시 인구 변화 추이 [단위: 만 명]

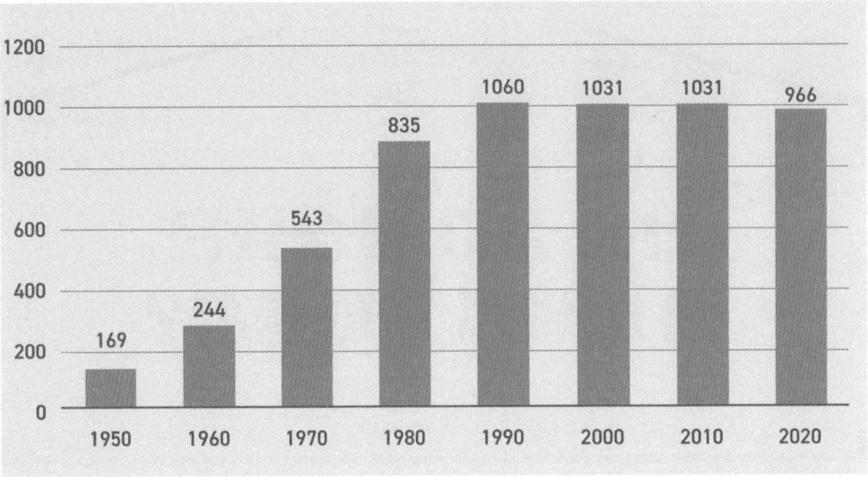

출처: 서울시청

결국 그들은 과거엔 주거지가 아니었던 현재의 성북구 성북동이나 동작구 본동과 같이 비탈진 곳에 무허가로 판잣집을 짓고 살기 시작했습니다. 당시만 해도 경기도에서 통근할 정도로 교통망이 정비되어 있지 않아서 서울에 직장이 있다면 반드시 서울에 살아야 했습니다. 결국은 서울 시내 산 위로 올라가는 방법 밖에는 없었던 것입니다. 이런 열악한 상황에도 불구하고 서울의 인구는 계속 증가했습니다.

서울이 비싼 이유

서울뿐 아니라 우리나라 전체 부동산 가격은 꾸준히 우상향 했습니다. 다만 서울의 상승률이 다른 지역보다 월등히 높아서 서울만 오르는 것처럼 보일 뿐입니다. 그렇다면 서울은 왜 다른 지역보다 집값이 더 빨리 오르고 더 비쌀까요? 이를 알기 위해서는 부동산 가격이 오르는 조건을 알아야 합니다.

일자리가 모인 곳 집값을 올리는 요소는 무수히 많습니다. 하지만 산업화 시대에는 다른 무엇보다도 당장 먹고 사는 일이 가장 급했기 때문에, 일자리야말로 서울의 집값을 끌어올리는 일등공신이었습니다.

서울 인구 증가 초기인 1960년대 당시 우리나라는 신발 공장이나 봉제 공장처럼 저임금, 저부가가치 산업으로 출발했습니다. 이들 제조업은 지금의 IT 시대와는 다르게 제조 시설을 한 지역에 집중시켜야 했습니다. 한쪽에서 재료를 만들면 누군가가 운송을 하고, 이를 다시 가공하여 완제품을 바로 시장에서 유통할 수 있는 유기적 구조가 필요했던 것입니다.

따라서 산업 규모가 계속 성장해도 일자리는 한 곳에만 계속 집중될 수밖에 없었고, 이러한 까닭에 서울 집값은 더욱 상승하였습니다.

교통의 발달 2000년대 초반, KTX가 우리나라에서 처음 개통되었을 때 사람들은 서울과 지방의 격차가 해소되기를 기대했습니다. 전국이 반나절 생활권에 들면 자연스럽게 수도권과 지방의 교류가 잦아지며 지방도 서울과 동등한 수준의 인프라를 갖출 것으로 생각했습니다.

하지만 반나절 생활권이 되자 서울 사람은 지방 발령이 나도 더 이상 이사를 하지 않았습니다. 반대로 지방 사람은 쇼핑할 일이 있거나 병원을 갈 일이 있으면 도리어 서울로 가는 현상이 일어났습니다. 지방의 대형 병원들은 서서히 문을 닫고 대형 백화점이나 쇼핑몰 같이 고정 비용이 큰 인프라들도 속속 폐업하게 됩니다. 기대했던 바와는 반대로 서울의 빨대 효과가 더 커진 것입니다..

학군의 중요성 증대 산업화 초기에는 당장 먹고 사는 일이 중요해 돈을 버는 것이 교육보다 먼저였습니다. 하지만 경제 수준이 발달하고 직업에서 요구하는 전문성이 점점 커지면서 인적자본의 중요성이 대두되었고, 사람들은 점점 자녀에게 높은 수준의 교육을 제공할 수 있는 동네로 몰려들었습니다.

특히 입시전형의 다양해지면서 관련 사교육이 필요해졌습니다. 이런 수업이 개설되기 위해서는 충분한 수요가 있어야 합니다. 서울은 많은 인구로 충분한 수요가 존재했고 모든 전형에 대한 공급이 가능합니다. 이는 지방에 거주하는 학생들도 주말마다 서울을 오가야 하는 구조를 만들었습니다.

또한 공교육인 학군 측면에서도 이젠 대학을 넘어 유년기에 어떤 동네에서 자랐는지가 암묵적인 스펙처럼 여겨지고 있습니다. 일반적으로 스무 살 이전 유년기의 인맥은 보다 덜 계산적이고 오래 유지되기 때문에 인생을 살아가는 데 있어 큰 무기가 될 수 있습니다. 이런 환경을 만들어 주고 싶은 부모들의 욕망 또한 서울, 특히나 그중에서도 주요 학군지에 대한 수요를 증대시키고 있습니다.

전국이 수요층 서울 아파트에는 크게 세 가지 수요가 있습니다. 서울 시내에서 갈아타기를 하려는 사람과, 수도권에서 서울로 진입하려는 사람, 그리고 지방에서 서울을 매수하고 싶어하는 사람으로 구분할 수 있습니다.

서울의 주택 수요는 지방 도시와는 양상이 조금 다릅니다. 주로 해당 도시에 거주하는 주민에게만 수요가 한정되는 지방에 비해 서울 아파트에 대한 외지인들의 매입 추세를 보면 알 수 있습니다. 이런 현상은 부동산 상승기일수록 더욱 심해지지요.

● 서울 아파트 외지인 매입 건수 [단위: 건]

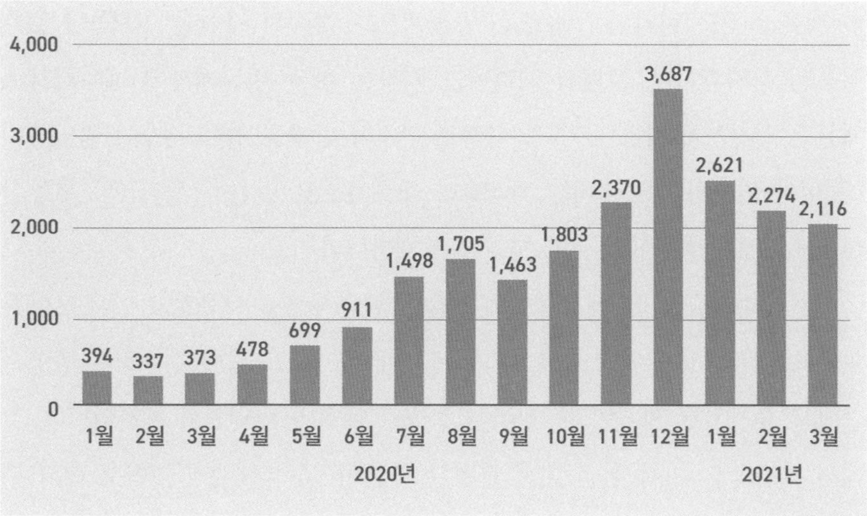

출처: 한국부동산원

상승장이 오래 지속되면 서울과 지방 모두 오르지만 상승률은 확연히 차이가 납니다. 이에 불안감을 느낀 지방 투자자들은 서울에서 집중적으로 매입 활동을 벌이면서 서울의 집값을 더욱 끌어올립니다. 한국인들의 의식 깊숙이 서울 아파트는 안전자산이고, 최소한 물가상승률만큼은 오른다는 확신이 있기 때문입니다.

또한 아파트 구입은 대지 지분을 함께 구입한다는 의미도 있어서 사람들이 선호하는 지역은 건물이 낡아도 언젠가는 재건축이 된다는 기대감도 깔려 있습니다. 앞으로도 서울뿐 아니라 지방 광역시에는 자산방어를 위한 외지인의 핵심지 아파트 구입이 점점 더 심해질 것입니다.

에셋파킹(Asset Parking) 자산(Asset)과 주차(Parking)의 합성어로 개발도상국의 국민이 자신의 재산을 자국보다 안전한 나라의 부동산 등을 매입하는 방식으로 보유하는 것을 뜻합니다. 전쟁이 발발한 국가 또는 내전이나 자연 재해가 잦은 나라의 부유층은 공통적으로 자신의 자산을 지키는데 많은 비용을 투자합니다. 그래서 과거에는 외화를 해외 비밀계좌에 예치하거나, 재산을 안전하게 지킬 수 있는 나라로 경제적 망명을 하는 경우가 많았습니다. 이와 비슷하게 요즘에는 자국보다 상대적으로 안전한 선진국의 부동산(자산)을 보유하는 방식으로 자산을 보호합니다.

에셋파킹을 하는 개도국의 부자들은 현금자산을 보유하고 있어도 다른 현물자산의 가치가 워낙 빠르게 상승하기에 한계를 느낍니다. 현금은 중앙은행에서 윤전기로 찍어낼 수 있어서 한정된 재화가 아니었기 때문입니다. 그래서 부자들은 이제 현금 대신 한정된 자산인 금이나 주식 그리고 해외 부동산을 사들이는 것입니다.

캐나다 밴쿠버가 대표적인 사례입니다. 밴쿠버는 중국의 부호들이 집

● 외국인의 국내 부동산 매수 추이

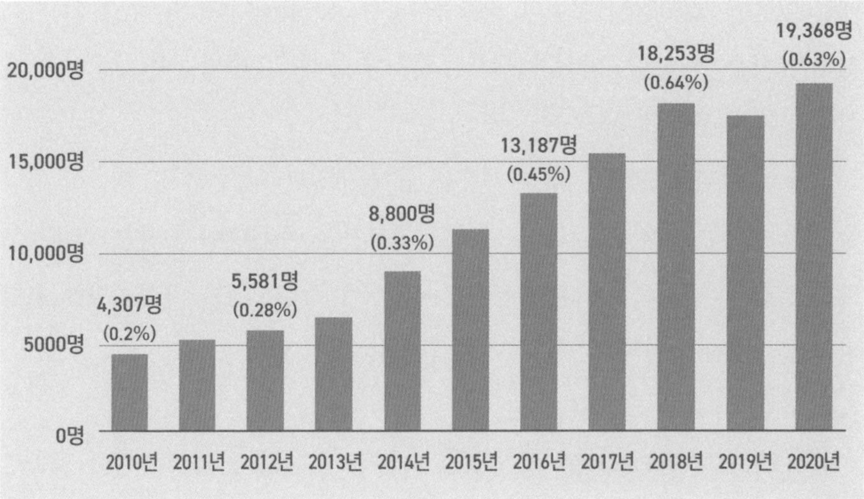

자료: 직방

중적으로 부동산을 매입하면서 지가가 급등했습니다. 우리나라도 마찬가지입니다. 2020년 한 해 동안 중국인이 국내 부동산을 매입한 수만 해도 1만 3,000건이 넘습니다. 그 뒤는 미국인들이 따르고 있지요.

예전에는 외국인들이 실거주 목적으로 외국인 거주 지역에 있는 저렴한 빌라나 소형 아파트를 주로 매입했습니다. 하지만 최근 들어서는 본인은 자국에 거주하면서 에셋파킹의 목적으로 서울 핵심지인 강남이나 용산으로 그 수요가 몰려들고 있습니다.

이러한 현상은 외국인의 눈에 우리나라 부동산 시장이 아직 경제 수준에 비해 저렴한 편으로 느껴지고 또한 안전한 자산으로 보인다는 뜻이 됩니다. 해외 자본이 지금처럼 계속 들어온다면 서울 집값은 향후에는 글로벌 대도시들과 비슷한 수준까지 올라갈 것입니다.

부동산은 어떻게 사는 건가요?

주식과는 다른 부동산 매수

IT 기술의 발달과 4차 산업혁명은 오프라인에서 이루어지던 많은 활동을 온라인으로 옮겨 놓았습니다. 예전엔 직접 마트에 가서 카트를 끌면서 장을 봐야 했는데 지금은 인터넷 클릭 몇 번으로 끝이 나고, 전화로 하던 배달 주문은 스마트폰 터치 몇 번으로 가능해졌습니다. 주식 또한 20년 전만 해도 신문을 보고 전화 주문을 하던 것이 PC로 옮겨갔고, 지금은 더 나아가 스마트폰을 사용해 거래합니다.

그러나 부동산의 경우는 조금 다릅니다. 20년 전이나 지금이나 크게 달라진 것이 없습니다. 매수인과 매도인이 직접 공인중개사 사무소에서 만나 계약서를 살펴보고 도장을 찍어야 거래가 완료됩니다. 왜 유독 부동산 거래만큼은 다른 자산과 달리 오프라인으로 이루어질까요? 가장 큰 이유는 바

부동산 틈새 상식

부동산의 개별성

부동산은 완전히 동일한 물건이 있을 수 없음을 뜻합니다. 이는 토지뿐만 아니라 건물도 포함됩니다. 같은 말로는 비동질성이라고도 합니다.

로 부동산의 '개별성' 때문입니다. 아무리 같은 단지의 같은 평형의 아파트라도 집의 방향과 동, 층이 조금씩 차이가 날 수밖에 없기에 완벽히 똑같은 물건은 없습니다. 그래서 매수인은 발품을 팔아 직접 가서 확인해야 합니다.

또 다른 이유는 복잡한 법률 문제입니다. 계약부터 등기까지 과정 가운데 매물의 위치, 현재 나의 상황 등에 따라 적용 받는 법과 조항이 다릅니다. 그래서 여러 가지 관련 법률 내용을 숙지하고 스스로 확인해야 합니다. 그래서 부동산 거래는 다른 자산 거래와는 달리 매 단계 직접 시간을 들여 신경을 쓰시면서 처리해야 합니다.

부동산 구매 절차

그렇다면 부동산 구매는 어떤 순서로 이루어지는 걸까요? 아래의 표를 머릿속에 대략적으로 넣고 과정을 따라 오시기 바랍니다.

매물 탐색 단계

예산 짜기 예산은 자신이 '영끌'했을 때, 매달 원리금 상환이 가능한지를 기준으로 최대한 높게 잡으시기를 바랍니다. 주택담보대출뿐만 아니라 회

예산 짜기	매물 탐색 단계
지역 및 단지 선정	
매물 탐색 단계	
부동산 방문 매물 확정	매매 계약 단계
조건 확인 및 서류 확인	
계약서 작성	
대출 신청	계약 이후 단계
중도금 지불	
잔금 및 등기	

사지원금, 신용대출도 포함하시면 됩니다. 신용대출에 대한 규제가 강화되고 있으나, 1억 원 미만은 주택 구입 자금으로 활용해도 크게 문제가 되지 않습니다.

지역 및 단지 선정 자녀가 있다면 이른바 '초품아' 즉 '초등학교를 품은 아파트'를 우선순위에 둘 수도 있고 바쁜 직장인이라면 출퇴근을 고려하여 교통이 편리한 역세권을 선호할 수도 있습니다. 우선순위는 제각기 다르겠지만 비슷한 조건이라면 당연히 향후 가격 상승 가능성이 높은 단지를 선정해야 합니다.

매물 탐색 부동산 매물 소개 플랫폼은 다양하지만, 네이버부동산을 위주로 매물을 보시면 됩니다. 허위 매물이 가장 적고 가장 많은 중개인들이 사용하기 때문에 그만큼 물건도 많습니다. 매물을 확인하고 궁금한 점은 해당 부동산에 전화를 걸어 확인하면 됩니다.

매매 계약 단계

부동산 방문 관심 있는 물건이 있다면 해당 부동산에 미리 약속을 잡는 것이 바람직합니다. 하지만 약속이 되어 있지 않더라도 볼 수 있는 매물이 있으므로 최대한 많은 부동산을 방문하여 여러 매물을 둘러보고 꼼꼼히 비교해야 합니다.

서류 확인 및 매물 확정 급하게 결정하면 반드시 후회하게 됩니다. 가령 마음에 드는 매물이 있다고 해도 가계약금부터 먼저 이체하면 안 됩니다. 우선 부동산등기부등본부터 확인하고, 대출가능여부, 입주가능일, 잔금일까지 차근차근 확인하며 진행해야 합니다.

계약하기 계약서에 도장을 찍고 계약금을 입금하기 전에 모든 부분을 다시 확인합니다. 가장 좋은 방법은 계약 하루나 이틀 전 중개사에게 계약서 사진을 찍어서 문자로 먼저 보내 달라고 하는 겁니다. 특약, 잔금일 같은 중요한 내용을 확인해서 잘못된 부분은 미리 수정을 해야 계약 당일 현장에서 당황하는 일이 없습니다.

매매 계약 이후 단계

대출신청 계약서를 받는 즉시 대출부터 신청해야 합니다. 대출 심사 과정에서 시간이 걸리기 때문입니다. 그러므로 대출이 나오는 기간을 미리 파악하여 계약 단계에서부터 잔금일을 넉넉하게 설정해야 합니다.

중도금 중도금 일정은 최대한 빨리 잡는 것이 좋습니다. 예를 들어 토요일에 계약서를 쓴다면 중도금은 월요일에 넣는 게 좋습니다. 이는 계약 파기를 막기 위해서입니다. 계약금만 입금된 상태에서는 거래 상대방이 계약을 해지할 수 있지만, 중도금이 입금된 후에는 민법에 따라 계약해지가 불가능합니다.

잔금 및 등기 잔금을 치르고 난 뒤 등기는 '법무통' 등의 플랫폼을 활용하여 법무사를 통해 처리하거나, 법무사 없이 셀프등기를 하는 등 본인의 여건에 맞게 선택하시면 됩니다.

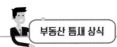

부동산 틈새 상식

등기권리증만 보관하면 될까요?

등기권리증뿐만 아니라 전세 계약서와 부동산 매수과정에서 발급받은 중개수수료, 법무사비 등의 영수증은 반드시 보관하고 있어야 합니다. 나중에 매도할 때 비용처리로 양도세를 감면 받을 수도 있고, 향후 세무조사 등을 받게 된다면 증거자료로도 활용이 가능하기 때문입니다.

부동산 틈새 상식

매수할 때 꼭 챙겨야 하는 돈: 장기수선충당금

전세나 월세를 안고 주택을 매수할 때, 매도인이 매수인에게 '장기수선충당금'이라는 명목으로 돈을 지급합니다. 적게는 몇십만 원에서 많게는 100만 원이 넘기도 합니다. 매수자 입장에서는 공돈이 생긴 것 같은 기분도 들지만, 이 돈은 계약기간이 끝난 후 세입자가 이사를 나갈 때 집주인이 세입자에게 돌려줘야 하는 돈입니다.

장기수선충당금이란 아파트 낡아서 공사에 쓸 돈을 집 소유주들로부터 걷어 적립해 두는 금액입니다. 공사가 필요하면 공사 시점에 돈을 받아도 될텐데 왜 이렇게 미리 받을까요? 도색이나 엘리베이터 교체와 같이 돈이 많이 드는 공사는 한 번에 돈을 마련하기가 어려운 경우가 많기 때문입니다.

이러한 장기수선충당금은 주택의 소유주가 내는 게 원칙입니다. 하지만 관리비에 포함되어 청구되기 때문에 우선은 세입자가 관리비를 낼 때 함께 내고, 계약 기간이 끝나고 세입자가 퇴실할 때, 한 번에 돌려주게 됩니다. 매달 내는 관리비를 세입자가 내는 부분과 주택 소유자가 낼 부분을 분리하여 납부하면 너무 번거롭겠죠. 세입자가 거주하는 동안 쌓인 충당금은 관리사무소에 문의하면 내역을 확인할 수 있으므로 놓치지 않고 주고 받아야 합니다.

한 꼭지 더!

누구나 할 수 있는 '셀프등기'

요즘은 셀프등기를 하시는 분들이 눈에 띄게 많아졌습니다. 예전에 비해 온라인으로 처리할 수 있는 부분이 많아졌고, 젊은 세대의 부동산 매수가 늘어서일 텐데요. 서류 준비와 등기소를 다녀올 여유만 된다면 스스로도 충분히 하실 수 있습니다.

셀프등기에서 가장 중요한 부분은 서류를 꼼꼼히 챙기는 것입니다. 특히 매수자인 내가 준비할 서류는 얼마든지 보완이 가능하지만 매도자의 서류는 빠진 부분이 있을 경우 번거로운 일이 발생할 수 있습니다. 반드시 잔금 당일 현장에서 빠진 서류가 없는지 확인하시기 바랍니다.

☑ 셀프등기가 필수는 아니다

셀프등기로 비용을 절약할 수는 있지만 시간이 없거나 절차가 너무 어렵게 느껴진다면 법무사에 위임하는 것도 좋은 방법입니다. 특히 계약 이후 부동산 가격이 상승하여 등기대행수수료가 부동산 전체 거래가액에 비하면 그리 크지 않은 돈이고, 향후 매도할 때 비용처리가 가능합니다. 그리고 요즘에는 '법무통'과 같은 어플을 이용하여 저렴한 가격으로도 중개가 가능합니다.

● 매수자 필요서류

필요 서류	발급처
부동산 매매 계약서 원본 및 사본	부동산 공인중개사
주민등록등본 및 초본	민원24(www.gov.kr)
가족관계증명서	대법원전자가족관계등록시스템(efamily.scourt.go.kr)
등기부등본	인터넷등기소(www.iros.go.kr)
부동산거래계약신고필증	부동산 공인중개사 or 부동산거래관리시스템(rtms.molit.go.kr)
토지대장(대지권등록부 명시)	민원24(www.gov.kr)
(집합)건축물대장	민원24(www.gov.kr)
(매도자의) 위임장	인터넷등기소(www.iros.go.kr) 자료센터에서 양식 다운
건물소유권이전등기신청서	인터넷등기소(www.iros.go.kr) 자료센터에서 양식 다운
취득세영수필확인서	위택스(www.wetax.go.kr) or 구청
국민주택채권매입영수증	은행 인터넷뱅킹 사이트 출력 or 은행
취득세 납부 확인서	위택스(www.wetax.go.kr) or 구청
전자수입인지	전자수입인지(e-revenuestamp.or.kr) or 은행
소유권이전등기 신청수수료 납부영수증	인터넷등기소(www.iros.go.kr) or 등기소 or 은행
인감도장 및 신분증	개인 준비

● 매도자 필요서류

필요서류	발급처
부동산 매도용 인감증명서	주민센터
주민등록등본 및 초본	민원24(www.gov.kr)
등기권리증 원본	법무사 or 등기소
인감증명서	주민센터
인감 도장 및 신분증	개인 준비

부동산 방문 첫발 떼기

멀고도 가까운 부동산중개사무소

2020년 기준 우리나라의 개업공인중개사는 11만 명에 달합니다. 하지만 그 숫자에 비해 중개사무소, 즉 부동산을 실제로 방문을 해보신 분들은 생각보다 그리 많지 않은 것 같습니다.

부동산 방문을 망설이는 가장 큰 이유 중의 하나는 막연한 불안감입니다. '가진 돈이 부족한데 비싼 물건만 권하면 어떡하지?'라거나 '안 좋은 물건만 소개해줘서 사기를 당하는 게 아닐까?' 하는 걱정 때문입니다. 물론 50만 원짜리 세탁기를 보러 가는 것과 5억 원짜리 집을 보러 가는 것은 부담감이 확연히 다릅니다. 하지만 방문하기 전에 준비만 철저히 한다면 부동산도 어려울 게 없는 곳입니다.

방문하기 전에 할 일

부동산을 방문하기 전에 가장 먼저 본인의 현재 상황에 대한 정리가 필요합니다. 거래에 있어서 필수적인 부분만 정리가 된다면 중개사와 대화가 통하면서 멀게만 느껴지던 부동산이 조금은 가깝게 느껴질 것입니다.

자본금 매수에 쓸 자본금을 확인하고 부동산을 방문해야 합니다. 자신이 가용할 수 있는 돈이 얼마인지 파악하지도 못한 채 무작정 매물만 보여달라고 한다면, 중개인 입장에서도 매수 의사가 없는 사람으로 판단할 수밖에 없습니다. 그렇다면 제대로 된 매물을 소개받기도 어렵겠지요.

매수 목적을 정하자: 실거주냐, 투자냐! 매수 목적이 실거주인지 투자인지 정해야 합니다. 물건마다 조건이 천차만별이라 실거주를 원한다면 내가 원하는 입주 시기에 맞는 물건을 매수해야 해고, 투자일 경우 전세나 월세를 승계받거나 새롭게 맞춰야 하기 때문입니다.

나의 우선순위 정하기 같은 단지에, 가격대도 비슷한 매물이어도 세대마다 차이점이 조금씩 있습니다. 같은 5억 원짜리 아파트라도 어떤 물건은 남향이지만 저층이고, 다른 물건은 고층이지만 남서향인 식입니다. 그래서 본인만의 우선순위가 있어야 한결 수월하게 매물을 고를 수 있습니다.

기초적인 용어는 알아두기 부동산에 대해서 단시간에 해박한 지식을 갖기는 어렵습니다. 하지만 기초적인 용어나 개념에 대한 이해는 반드시 필요합니다. 분양권을 매수하러 가서 중도금 대출이 무엇인지도 모른다거나, 입주권을 매수하러 가서 사업 진행 단계에 대한 기본적인 지식이 부족하다면 서로가 답답함을 느끼게 됩니다. 그러므로 기초적인 부동산 상식은 알고 있어야 일이 한결 수월해집니다.

부동산 방문하기

기본적인 내용이 정리되었다면 이제는 정말 부동산을 방문할 차례입니다. 관심 단지에 도착하면 그 앞에 늘어선 수많은 부동산을 만나게 됩니다. 여기에서 어떤 부동산을, 언제 가는 게 가장 좋을까요?

관심 단지와 가까운 부동산부터 관심 단지 바로 앞에 있는 목 좋은 부동산부터 방문하시기 바랍니다. 이런 부동산은 주민들의 주 이동 경로에 있어서 보통 다양한 물건을 갖고 있습니다. 또한 목이 좋은 곳일수록 높은 임대료를 감당할 수 있다는 뜻이어서 그만큼 영업력이 좋다는 방증입니다.

한 단지에서도 여러 부동산을 방문하자 한 단지당 적어도 세 군데 이상의 부동산을 둘러보시기 바랍니다. 집주인이 물건을 한 군데에만 내놓거나, 중개인이 공동 중개를 하지 않는 경우가 있기 때문입니다. 최대한 많은 매물을 봐야 하는 매수인 입장에서는 여러 부동산을 둘러보는 것이 유리합니다.

초보일수록 평일에 방문하자 일주일 중 사람들이 가장 많이 부동산을 찾는 날은 토요일입니다. 즉, 토요일은 경쟁이 가장 치열한 날입니다. 그래서 중개인 입장에서도 바쁘고 정신이 없지요. 몰려드는 손님들을 응대하느라 '부린이'들에게까지 신경 쓸 여유가 부족할 수 있습니다.

그래서 초보자는 목요일 혹은 금요일에 방문하는 것이 가장 좋습니다. 한 주 동안 쌓인 매물이 가장 많은 날인 데다가, 중개인 입장에서도 토요일에 비해서 상대적으로 여유가 있어 자세하게 매물을 소개할 수 있습니다. 궁금한 것도 자세히 물을 수 있지요.

주변 단지도 둘러보자 관심 단지의 부동산을 둘러봤다면, 조건이 비슷한 주변 단지의 부동산도 방문해봐야 합니다. 옆 단지 부동산에 들어가서 관심 있는 단지의 부동산에 대해 물어보는 것도 큰 공부가 됩니다. 같은 시장을 두고도 중개인들의 생각이 다르기 때문에 다양한 의견을 접할 수 있습니다. 그러다 보면 그곳에서 우연히 더 나은 물건을 발견할 수도 있고, 주변 단지의 단점을 발견하게 되면 애초에 계획했던 단지를 매수하자는 마음이 확실히 서는 경우도 있습니다.

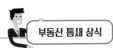

부동산 틈새 상식

단독중개 vs 공동중개

단독중개: 매도인 - 중개사 - 매수인

중개사 한 명이 매도인과 매수인을 바로 이어주는 일반적인 경우입니다. 중개사는 양쪽에서 모두 수수료를 받을 수 있어서 더 선호하는 형태입니다.

공동중개: 매도인 - 매도측 공인중개사 - 매수측 공인중개사 - 매수인

매도인 측 공인중개사와 매수인 측 공인중개사가 각각 다른 경우로, 중개사는 한쪽에서만 수수료를 받을 수 있습니다.

부동산에 다녀온 후 해야 할 일

원하는 매물을 부탁하자 관심 단지에 원하는 타입의 매물이 없거나, 마음에는 들지만 가격이 생각보다 조금 비싼 경우가 있습니다. 이럴 때는 중개인에게 매수 의사를 확실하게 밝히고 연락처를 남기면 됩니다. 중개인이 매물을 부탁받으면, 중개인도 더 의지를 가지고 매도인과 매도 조건에 대해 협의를 해서 보다 좋은 조건을 이끌어 낼 유인이 생기기 때문입니다. 그리고 수시로 전화해 매물에 대해 관심을 보이며 진행 상황을 체크를 해야 합니다.

연락을 피하지 말자 부동산 방문 후에는 중개인과 전화를 주고받을 수 있습니다. 전화가 자꾸 오는데 매수할 마음이 없으면, 거절하기가 부담스러워 전화를 피하는 경우가 있습니다. 하지만 거래 과정에서 의사가 없는 경우에는 당연히 거절을 할 수 있습니다. 그러니 당당히 의사를 밝히시기 바랍니다.

언제나 최종 결정은 내가 사실 중개인이 물건을 소개하고 매수인과 매도인 사이에서 협의를 진행하는 일은 중개인 입장에서도 쉽지 않은 일입니다. 그래서 매수인 입장에서 어느 정도의 부담감을 느끼고 고마운 것도 당연합니다.

하지만 그런 것들이 정확한 판단에 영향을 주면 안 됩니다. 거래 과정에서 본인에게 배려를 해주고 신경을 써줬다면, 그 부분에 대해서만 고마움을 느끼면 되는 것이지 매물이 마음에 들지도 않으면서 부담감을 느껴서 매수를 하는 등 그릇된 판단을 내리면 안 됩니다.

임장을 다니기 전 준비해야 할 것들

정말 현장에 답이 있을까?

'백문이 불여일견'이라는 말이 있습니다. 부동산 거래에서도 마찬가지입니다. 다른 사람의 눈과 입을 빌리기보다는 직접 현장에 가서 분위기를 파악하는 것이 중요합니다. 사람마다 느끼는 생각과 감정은 주관적이기 마련이고, 인터넷 등의 매체를 통해 접할 수 있는 정보는 제한적이므로 부동산 투자에 있어 발품은 예나 지금이나 가장 중요합니다.

하지만 무작정 임장을 가는 것은 너무나 비효율적입니다. 먼 길을 갈 때 지도가 필요한 것처럼, 우리도 사전 준비를 통해 작전과 동선을 짜서 가야 합니다.

부동산 틈새 상식

손품과 발품

손품 손으로 품을 판다는 뜻으로 관심있는 단지를 방문하기 전에 사전에 입지, 시세, 매물 등을 조사하는 것을 뜻합니다.

발품 발로 품을 판다는 뜻으로 관심이 있는 지역을 방문하여 실제 입지나 분위기 등을 확인하고 부동산을 방문하는 일을 말합니다.

내 손으로 정리를 해보자

임장을 가기 전에는 반드시 손품을 팔아 직접 지역 분석을 해봐야 합니다. 인터넷을 보면 이미 정리된 자료가 많이 있습니다. 하지만 시간을 들여 지역을 조사하고 분석하는 과정 자체가 공부가 되기 때문에 아무리 좋은 자료도 내가 직접 고민해서 만든 엉성한 자료보다 못합니다.

지역 분석이라고 하면 너무 거창하고 어렵게 생각될 수도 있습니다. 그러나 관심 지역의 정보를 한눈에 볼 수 있게 정리만 해도 됩니다. 임장 예정지의 지도를 캡처하고 본인이 필요한 정보를 적어보는 겁니다. 파워포인트나 그림판을 이용해도 되고, 지도를 출력해서 손으로 정리해도 좋습니다. 다음 페이지의 그림은 경기도 안산 지역의 신안산선을 분석한 예시입니다.

단지별 시세, 연차, 세대 수 등의 정보가 들어가는데, 투자 대상에 따라 들어가는 내용은 차이가 있습니다. 이를테면 재건축의 경우는 용적률이나 대지지분이 들어가야겠지만, 분양권의 경우에는 매물 개수를 파악해서 증감 추이를 보기도 합니다.

• 임장 예정지 정리

출처: 저자 제공

정리를 하다 보면 특별히 관심이 가는 단지가 생깁니다. 그런 단지는 따로 빼서 상세히 작성을 해보기를 권합니다. 중개인과 통화하면서 들은 얘기, 인터넷에서 얻은 정보, 현장에서 확인할 부분, 개인적 분석 등을 종합하여 정리하면 됩니다.

결국은 현장이다!

지역 분석이 끝났다면 이제는 실제로 임장을 다닐 차례입니다. 제대로 지역 분석을 했다면 처음 가는 지역이어도 마치 예전부터 알던 곳처럼 지리가 눈에 훤히 들어올 겁니다.

우선은 손품을 팔면서 생각했던 부분과 어떤 점이 같고 어떤 점이 다른지 현장에서 확인해봐야 합니다. 그 과정에서 눈에 들어오지 않았던 생각했던 단지가 더 나은 경우도 있고, 좋다고 생각했던 단지가 생각보다 실망스러울 수도 있습니다. 아무리 그곳이 좋아 보이고, 추천하는 사람이 많아도 마지막에는 반드시 임장을 통해 자신의 생각과 일치하는지 아닌지 확인해야 하는 이유입니다.

그리고 손품으로는 파악할 수 없었던 부분을 확인합니다. 아무리 손품을 많이 팔고 전화와 인터넷을 통해 다양한 정보를 습득했다고 해도 알기 어려운 부분이 있습니다. 이 부분을 채워줄 수 있는 것이 바로 임장입니다.

예를 들어 지역 분석을 하다 보면 브랜드, 연식, 세대 수가 비슷한 블록임에도 주변 시세에 비해 유독 가격이 낮은 단지가 있습니다. 막상 가보면 그 가격이 형성된 이유가 많이 있습니다. 중간에 건설사의 부도로 공사가 중단된 적이 있다거나 원래는 주공아파트였는데 입주민들이 아파트 이름을 변경한 이력이 있기도 합니다. 그런데 이렇게 특별한 이유가 없는 경우를 저평가 되었다고 합니다.

한 꼭지 더!

손품팔기 TIP

☑ 전국 흐름 파악: 주간KB주택시장동향

매주 금요일 KB부동산에 업데이트 되는 '주간KB주택시장동향'을 활용하면 전국 부동산의 흐름을 가장 빠르게 파악할 수 있습니다. 부동산에 관심이 있다면 반드시 매주 체크해야 합니다.

☑ KB시세는 무엇일까?

KB시세는 국민은행에서 부동산담보대출을 산정하기 위해 매주 조사하여 발표하는 지수로, 많은 투자자가 이를 지표로 삼고 있습니다.

☑ 단지별 시세/매물파악: 네이버부동산

시세(時勢)란 무엇일까요? 국어사전의 뜻풀이를 보면 시세란 '일정한 시기의 물건값'을 뜻합니다. 이러한 시세를 파악하기 위해서 흔히 실거래가를 많이 확인합니다. 하지만 실거래가만 보고 임장을 가면 현장에서 당황하는 경우가 많습니다. 실거래가는 1개월 이전의 자료이기 때문에 시세가 급변하는 상승기에는 현재의 시세와 차이가 많이 나기 때문입니다. 이 때문에 실거래가 뿐만이 아니라 네이버부동산을 통해 현재 호가도 반드시 확인해야 합니다. 실거래가와 호가의 차이를 확인하는 것만으로도 현재의 시장 분위기를 가늠할 수 있습니다.

☑ 학군 확인: 호갱노노

2019년 기준, 전국의 맞벌이 가구 비율은 46%에 달합니다. 절반에 가까운 가구가 맞벌이인 것입니다. 이렇다 보니 학교와 학원을 끼고 있는 단지가 갈수록 부각됩니다. 특히 초등학생 자녀를 둔 부모들은 학교가 단지 내에 있어 찻길을 전혀 건너지 않아도 되는 '초품아'를 선호합니다. 그리고 이러한 단지가 시세를 이끌게 됩니다.

☑ 청약경쟁률 파악: 청약홈

청약경쟁률은 그 지역의 분위기를 반영합니다. 무주택자들이 내집마련을 생각할 때 가장 쉽게 떠올리는 것이 청약입니다. 때문에 청약경쟁률이 높을수록 그 지역의 잠재 수요가 높다는 것을 의미합니다. 하지만 분양 물량은 한정되어있는 데다가 시간이 갈수록 줄어들어 수요자들은 조급해집니다. 그리고 분양이 마무리될 때쯤 수요자들이 청약을 포기하고 매수자로 돌아서면 매물의 가격은 더욱 상승합니다.

☑ 호재 파악: 개발, 교통 호재 파악

호재를 파악하는 방법은 도시기본계획이나 광역교통망 등을 직접 열람해보는 것도 있지만, 이 단계에서는 네이버 부동산의 '개발' 탭 정도만 확인해도 좋습니다. 개발 정보를 통해서 도시개발구역, 교통 호재 등 기본적인 개발계획 파악이 가능합니다.

☑ 호재 파악에 도움을 주는 사이트들

- UPIS(upis.go.kr): 도시계발계획 열람
- 씨리얼(seereal.lh.or.kr): LH에서 운영하는 부동산 종합정보 포털
- 시군구 홈페이지: 지자체 도시개발계획, 회의록(건설교통위원회) 열람

좋은 파트너가 좋은 매물을 부른다

부동산 전세 사기

부동산 중개인을 잘못 만나 전세 사기를 당하는 경우가 빈번합니다. 뉴스에서도 종종 접하는 이야기입니다. 특히 중개보조원이 공인중개사인 것처

부동산 틈새 상식

공인중개사와 중개보조원은 뭐가 다를까?

공인중개사 자격증을 취득한 공인중개사로, 명함에 공인중개사로 표시됩니다.

중개보조원 공인중개사무소에 소속되어 단순 업무를 보조하며 자격증은 없습니다. 따라서 원칙적으로 중개 행위를 할 수 없으며 명함에 실장 등의 직위로 표시된 경우가 많습니다.

럼 행세하며 사기를 치는 경우가 많은데, 대개는 임차인과는 전세 계약을 맺어 전세금을 받고, 임대인에게는 월세 계약을 맺은 것으로 속여 전세금을 빼돌리는 수법입니다. 사실 조금만 신경을 쓴다면 막을수 있는 피해지만, 피해자 대부분이 부동산 거래 경험이 부족한 사회초년생이나 신혼부부였던 탓에 제대로된 지식이 없는 경우가 많아 쉽게 당하곤 합니다. 그래서 애초에 제대로 된 공인중개사를 통해서 거래를 하는 것이 필요하지요. 그렇다면 좋은 중개인은 어떻게 만날 수 있을까요?

정식 공인중개사인지부터 확인하자!

안전한 거래를 위해서는 정식 공인중개사와 거래를 하는 것이 가장 우선입니다. 정식 공인중개사를 통하지 않은 거래는 사고가 발생해도 보험이나 공제 등을 통해 손해배상을 받을 수 없습니다.

● 국가공간정보포털의 부동산중개업조회 화면

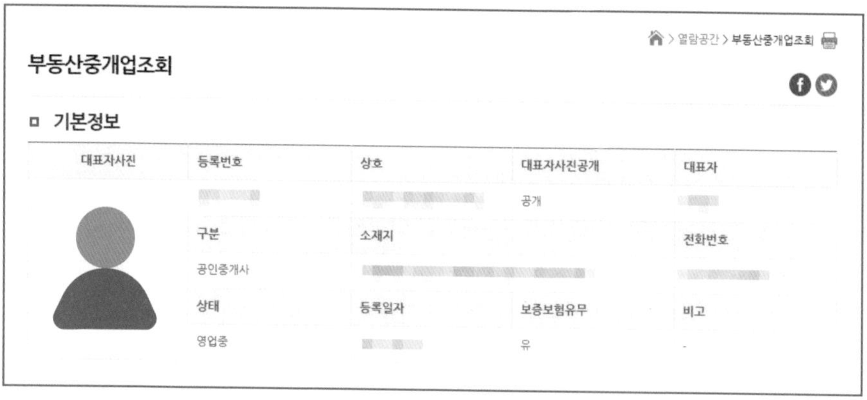

출처: 국가공간정보포털

중개보조인이 계약서를 쓰거나 타인의 자격증을 대여하여 영업을 하는 경우 혹은 무허가인 중개업소의 경우는 모두 정식 공인중개사와의 거래라고 볼 수 없습니다.

가장 간편하게 확인하는 방법은 공인중개사 사무실을 방문할 때 벽에 게시되어 있는 공인중개사자격증 및 중개사무소등록증을 확인하는 겁니다. 만일 확인이 어렵다면 국토교통부에서 제공하는 '국가공간정보포털(http://www.nsdi.go.kr)'을 통해 등록된 정식공인중개업소인지 확인할 수 있습니다.

능력있는 중개인은 뭐가 다를까?

정식 공인중개사임을 확인했다면 이제 좋은 중개인을 고를 차례입니다. 우리는 어떤 점을 보고 중개인을 선택해야 할까요?

오랜 경력을 가진 중개인 한 단지에서 오랫동안 영업한 부동산일수록 신뢰도가 높습니다. 치열한 부동산중개업 시장에서 오랜 세월 살아남았다는 것은 단지 주민들이 그만큼 믿고 많이 이용했다는 것입니다. 보통 이런 부동산이 매물도 다양하고, 지역 사정에도 밝아 매물을 결정할 때 도움을 받을 수 있습니다. 이 부분 역시 마찬가지로 중개사무소에 게시된 등록증 혹은 '국가공간정보포털'의 등록일을 확인하면 알 수 있습니다.

협상 능력이 좋은 중개인 부동산 거래는 많은 부분이 협상으로 이루어집니다. 특약, 잔금일, 이사 날짜뿐만 아니라 가격을 두고도 협상을 할 수가 있습니다. 이러한 지속적인 협상의 과정에서 함께 일하는 중개인의 능력이 탁

월하다면 거래를 나에게 유리한 조건으로 이끌 수가 있습니다.

원칙을 지키는 중개인 불법적인 거래를 권유하거나 무리수를 두려는 중개인은 피해야 합니다. 중개인 중에서는 다운 거래나 전매 제한 중인 매물을 추천하는 사람도 있는데, 거래 과정에서 문제가 생기면 마치 모든 부분을 본인이 책임질 것처럼 말합니다. 대개 이런 매물은 시세에 비해 가격이 저렴하여 매력적으로 보이지만, 거래가 생각대로 흘러가지 않는다면 정신적 그리고 금전적으로 큰 피해를 입을 수 있습니다. 따라서 이런 유혹을 하는 중개인과는 거래를 해선 안 됩니다.

중개인과의 관계 형성: 중개인은 파트너다

부동산을 거래할 때 중개인과 대립하는 사람들을 종종 보게 됩니다. 특히 부동산 거래 경험이 적은 초보자들은 인터넷에서 본 사기 사례가 떠올라서 중개인을 무조건 경계하기도 합니다.

하지만 중개인은 매도자와 매수자 사이의 중재자 역할을 하는 사람입니다. 그래서 좋은 관계를 형성하여 내 편으로 만들면 도움을 받을 수 있습니다. 계약에서부터 잔금까지는 물론이고 향후 전세를 놓는다거나 매도를 할 때에도 계속해서 인연을 이어나갈 수가 있습니다. 좋은 중개인을 만나는 것도 중요하지만, 더 나아가 좋은 중개인과 지속적으로 교류하는 것이 더욱 중요합니다.

한 꼭지 더!

어떤 중개인이 좋은 중개인?

☑ 만점 중개인은 매물 소개부터 다르다

부동산을 처음 방문하는 '부린이'가 좋은 중개인을 알아보는 가장 쉬운 기준은 중개인이 어떻게 매물을 브리핑하는지 확인하는 것입니다.

1. 매물 정리가 허술하다

매물 소개를 부탁했을 때, 그제서야 사장님이 수첩과 전산망을 뒤지면서 매물을 찾고 있다면 인사를 드리고 조용히 나오는 것을 추천합니다. 매물 정리가 되어있지 않다는 것은 기본적 관리조차 소홀하다는 뜻입니다. 어찌 매물을 구해서 계약까지 이어진다 해도 다른 부분에서 머리 아픈 일이 생길 확률이 큽니다.

2. 매물 정리가 잘 되어 있다

가장 일반적인 경우입니다. 사장님이 매일은 아니더라도 주기적으로 매물을 확인하여 매도된 물건이 있는지, 바뀐 조건은 없는지 꾸준히 업데이트를 해놓은 경우입니다. 급등기에는 이미 계약이 된 매물이 종종 섞여 있기도 하나 가장 무난하게 계약을 이어나갈 수 있는 경우입니다.

3. 매물을 외우고 있다

가장 이상적인 경우입니다. 사장님이 매물을 외우고 있어서 빈 종이에 매물을 써주면서 수리 상태, 세입자 성향, 매도 이유와 같은 모든 부분을 파악하고 있습니다. 아마 향후 일 처리도 빈틈없이 깔끔하게 흘러갈 것입니다. 원하는 매물이 있다면 망설이지 말고 해당 중개인을 통해 매수하시기 바랍니다.

1장 정리 문제

1. 부동산을 구입할 때 자금 조달 방법에 대한 설명으로 옳지 않은 것은 무엇일까요?

① 주택담보대출이란 은행에서 집을 담보로 대출을 받는 것을 뜻한다.

② 등기부등본을 보면 집을 담보로 대출을 받은 기록을 확인할 수 있다.

③ 전세는 우리나라 민법에서 공식적으로 인정하고 있는 제도는 아니다.

④ 전세 제도는 사적 금융의 성격이 강해서 국가의 통계에 정확히 집계되지는 않는다.

2. 부동산과 금리에 대한 설명 중 옳지 않은 것은 무엇일까요?

① 금리는 빌린 돈에 대한 이자의 비율을 뜻한다.

② 자산을 현금으로 바꿀 수 있는 정도를 유동성이라고 한다.

③ 2019년부터 대출 규제가 강해져 제3금융권에서도 자금 조달이 어려워졌다.

④ 코로나19 대유행 이후 시장에 현금이 대량 풀리면서 금리가 대폭 낮아졌다.

3. 에셋 파킹에 대한 설명 중 틀린 것은 무엇일까요?

① 개발도상국의 부유층이 자국보다 안전한 외국 자산을 구매, 보유하는 것을 뜻한다.

② 최근 급격한 서울 집값 상승의 주요 원인으로 꼽히고 있다.

③ 에셋 파킹의 대상은 부동산, 주식, 금 등 다양한 편이다.

④ 국내에서는 주로 외국인의 실거주 목적을 위한 소형 아파트나 빌라가 그 중심이다.

4. ______________은/는 부동산에는 완전히 동일한 물건이 있을 수 없다는 것을 나타내는 말로, 주택과 토지 모두에 해당하는 개념입니다. 주식 투자와는 다르게 오프라인으로 거래하는 주된 요인으로 꼽히기도 합니다.

5. 부동산 구매 절차와 부동산 방문 요령과 관련해 틀린 것은 무엇일까요?

① 중도금 일정은 최대한 여유 있게 잡는 것이 좋다.

② 거래가 다 끝난 뒤에도 등기권리증과 중개수수료 영수증 등의 서류는 보관해야 한다.

③ 초보일수록 평일에 방문하는 게 유리하다.

④ 원했던 단지 이외에도 주변 단지를 둘러보는 게 좋다.

정답: 1.③ 2.③ 3.④ 4.부동산의 개별성 5.①

2장

헷갈리는 부동산 용어

갭투자란 무엇일까?

갭투자: 부동산 투자 입문하기

부동산은 다른 자산과는 달리 현재 가진 현금만을 이용해 사는 경우가 흔치 않습니다. 은행에서 주택담보대출을 받기도 하고, 세입자를 구해 전세를 안고 사기도 합니다. 소위 '레버리지(leverage)'를 이용하는 것입니다. 이 때 전세를 안고 부동산을 살 때 매매가와 전세가의 차이가 갭(gap)입니다. 이 갭을 이용해 주택을 매수하는 투자 방식을 흔히 '갭투자'라고 합니다. 매수자는 목돈 없이 매수가와 전세가의 차액만 있어도 집을 매수할 수 있는 것이죠.

갭투자는 다른 부동산 투자에 비해 진입하기가 쉽습니다. 비교적 적은 액수의 돈만 있으면 되고, 지역만 잘 선정하면 빠르게 수익을 실현할 수 있습니다. 뿐만 아니라 입주권·분양권과 같은 권리가 아닌 실물을 대상으로 하기 때문에 위험 부담도 덜합니다. 이러한 갭투자는 꾸준한 전세 수요와 매매 가격의 상승 및 높은 전세가율이 유지된다면 매우 유용합니다.

• 8억 원짜리 집을 매수할 때

갭투자	주택담보대출 활용
매수가: 8억 원 전세가: 5억 6000만 원(전세가율 70%) 실투자금: 2억 4000만 원	매수가: 8억 원 주택담보대출: 3억 2000만 원(LTV 40%) 실투자금: 4억 8000만 원

1000만 원으로도 가능한 갭투자

갭투자의 장점은 앞서 말했듯 소액으로도 투자가 가능하고 수익 실현 또한 빠르다는 특징입니다. 하지만 지역마다 가격도 다르고 오르는 시기도 다르지요. 그래서 투자자들은 전국을 투자처로 삼아 전세가율(매매가 대비 전세가의 비율)이 높고 실수요가 많은 지역을 찾아 다닙니다.

대도시는 일반적으로 전세가율이 매매가의 약 70% 수준입니다. 하지만 지방을 보면 전세가율이 높아 매매가와 전세가의 차이가 거의 나지 않는 곳도 있습니다. 그래서 실제로 투자자들은 1000만~2000만 원의 소액만 갖고도 투자를 시작하는 경우도 많습니다.

최근의 세제 개편은 갭투자에도 영향을 끼쳤습니다. 취득세율이 최대 12%까지 오른 것에 이어 2021년 6월 1일 이후 부동산 단기양도세율은 최대 77%까지 높아졌습니다. 이로 인해 갭투자자들은 취득세가 중과되지 않는 1억 원 미만의 매물과 양도세가 중과되지 않는 지방 비규제 지역으로 투자처를 옮기기 시작했습니다.

● 갭투자의 수익률은 어떨까?

투자의 수익률을 높이려면 많은 시세 차익을 남기는 방법도 있지만, 투자금을 적게 투입하여 수익률을 높이는 방법도 있습니다. 그러므로 투자자들은 투자금을 줄이는데도 많은 노력을 기울입니다. 얼마나 적은 투자금을 들였느냐에 따라 수익률이 판가름 나기 때문이죠. 어떤 집을 1억 원에 매수하여 시세가 1억 5000만 원이 되었을 때의 수익률을 비교해보면 아래와 같습니다. (이자 등은 생략합니다.)

1. 100% 자기자본으로 매수

투자금 1억 원 → 수익률 50%

2. 주택담보대출 활용

투자금 5000만 원 + 주택담보대출 5000만 원(LTV 50%) → 수익률 100%

3. 전세금을 이용해 매수

투자금 2000만 원 + 전세 8000만 원 → 수익률 250%

갭투자는 어떻게 해야할까?

투자 대상 찾기

갭투자를 하려면 전세가율이 높은 단지를 찾아야 합니다. 전세가율은 최소한 70% 이상이면 좋겠죠. 매물을 찾을 때는 여러 플랫폼에서 제공하는 필터 기능을 이용하면 좋습니다. 필터를 이용하여 전세가율, 갭 가격 등을 확인하고 대략적인 지역과 단지를 추린 다음 꼭 실제로 현장에서 매물을 확인해야 합니다.

전세입자 구하기

임대보증금을 승계하여 매수 기존에 세입자가 거주하고 있는 집을 매수하면서 임대보증금도 그대로 승계하는 방법입니다. 이 방법은 따로 세입자를 구할 필요 없이 모든 권리를 그대로 넘겨받을 수 있어 세입자를 구하는데 드는 시간과 비용을 줄일 수 있습니다. 반면 아파트 시세가 급등한 지역이라면 시세가 예전 수준에 머물러 있어 매매가와 전세가의 갭이 크기 때문에 투자금이 많이 들 수 있습니다.

매수 후 전세 구하기 기존의 임차인이 계약 기간이 끝나 이사를 나갈 예정이거나 집주인이 살고 있을 경우입니다. 드물지만 빈 집인 경우도 있습니다. 이럴 때에는 매수 계약 후 잔금을 치르기 전에 전세입자를 구해 그 전세금으로 잔금을 치러야 합니다.

이 방법은 현 시세에 맞는 전세입자를 앉힐 수 있다는 장점이 있지만, 해당 지역이나 단지에 전세매물이 많다면 세입자를 구하기 어려울 수도 있습니다. 현 시세보다 낮은 가격에 전세를 구해야 할 수도 있습니다. 최악의 경우에는 세입자를 구하지 못해 계약을 파기하는 경우도 있습니다.

기존 집주인이 전세로 들어오는 경우 집주인에게 개인적인 사정이 생겨 매도를 하는 동시에 자신이 전세입자로 들어올 수도 있습니다. 집주인이 그대로 전세입자로 살게 되므로 따로 전세입자를 구하거나 잔금을 맞추는 등 복잡한 절차가 필요 없습니다. 그리고 집주인은 계약에 따라 정해진 기간에 퇴거를 하는 것이 일반적입니다.

부동산 틈새 상식

갭투자를 할 때 집수리는 언제 하나요?

갭투자를 하고 싶은 집이 있는데 리모델링이 필요한 경우가 있습니다. 이 경우에는 원칙적으로 잔금을 치르고 난 후 집주인에게 권리를 완전히 넘겨받아 수리를 하는 것이 원칙입니다. 그러나 그렇게 된다면 세입자가 좋아하지 않겠죠. 그렇기 때문에 중도금까지 치르고 난 후 잔금 전에 미리 수리를 하는 특약을 넣어두시면 됩니다. 다만 수리를 시작하는 시점부터 관리비는 직접 내야 합니다.

매도 타이밍

모든 투자자는 높은 세금을 피하고 싶어 합니다. 취득세는 공시가 1억 원 미만 물건을 매수하여 중과를 피할 수 있지만, 양도세의 경우에는 단기 보유에 대한 세율이 너무 높아졌습니다. 그래서 이제는 매수 단계에서부터 최소 2년 이상은 보유하여 일반과세율로 양도세를 낸다는 계획을 세워야 합니다. 그러기 위해서는 너무 단기간에 급등하거나 투자자들만 매수한 지역, 실수요가 받쳐주지 못하는 곳은 가려서 투자할 필요가 있습니다.

실거주에도 통하는 갭투자

갭투자는 향후에 들어가 살 집을 미리 구매하는 데도 유용한 방법입니다. 매수와 동시에 실거주를 하는 게 가장 좋지만, 요즘 같이 시세가 높고 대출받기가 어려울 때는 그게 여의치 않을 수 있습니다. 그럴 때는 높은 전세가율을 이용하여 향후에 거주를 희망하는 집을 미리 갭투자를 해두는 것도 하나의 방법입니다. 특히 매수하려는 단지가 신축이고 그 지역이 학군지나 환경이 좋기로 유명해지면 전세가율도 덩달아 높은 경우가 많습니다. 예를 들어 전세가율이 70%라면, 9억 원에서 10억 원 정도 하는 아파트를 3억 원만 갖고도 매수할 수 있습니다. 그리고 당분간은 빌라나 소형 주택에서 월세로 거주하다 몇 년 후 자금이 어느 정도 모이면 이사하는 전략을 사용하셔도 좋습니다.

대출 삼형제: LTV, DTI, DSR

LTV? DTI? DSR?

뉴스를 보면 정부에서 LTV를 축소한다고 하는 동시에 실수요자에 한해서는 요건을 완화하겠다고도 합니다. DTI나 DSR도 마찬가지입니다. LTV, DTI, DSR는 자주 접하지만 그만큼 헷갈리고 생소한 용어들이니 이번 기회에 확실하게 정리하고 넘어가시기 바랍니다.

대출의 맏형 LTV

LTV(Loan To Value Ratio)는 '주택담보대출비율'입니다. 쉽게 말해 내가 구매하려는 주택 가격에 대해서 은행이 돈을 얼마나 빌려줄지에 대한 것입니다. 예를 들어 LTV가 70%라고 한다면, 5억 원의 집을 매수할 때 은행에서는 3억 5000만 원까지 대출받을 수 있습니다. 실수요자는 1억 5000만 원만 있으면 내집을 마련할 수가 있는 것이지요.

대출 가능 금액 = 주택 가격 × LTV 비율

하지만 이런 LTV는 고정되어 있지 않고 계속 변합니다. 최근에는 조정대상지역의 경우 LTV가 50%까지 하향 조정되었습니다. 이렇게 되면 5억 원의 주택을 구매할 때 2억 5000만 원까지만 대출이 가능하므로 해당 지역의 주택을 매수하기 위해서는 필요한 돈이 2억 5000만 원으로 늘어납니다. 이

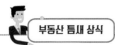

부동산 틈새 상식

LTV는 언제부터 규제하게 되었나요?

LTV 규제는 은행권에서 자율적으로 시행해 오다가 가계 부채의 증가를 억제하고 부동산 경기를 조절하기 위해 김대중 정부 시절인 2002년에 처음 도입되었습니다.

당시 부동산 가격 상승하자 정부는 LTV를 60% 수준으로 축소하였습니다. 그런데도 집값이 진정되지 않자 차기 정권인 노무현 정부에서는 2003년 투기 지역에서의 LTV를 50%, 그리고 이어서 40% 두 번에 걸쳐서 하향 조정하였습니다. 하지만 이런 강력한 규제 조치에도 시장은 안정되지 않았고 2005년부터 다시금 상승하였습니다.

이후 이명박 정부 당시에는 글로벌금융위기로 부동산 경기가 나빠지자 2008년 지방 미분양 아파트의 LTV를 60%에서 70%로 상향 조정하였습니다. 이후 박근혜 정부는 2014년 9월 부동산 시장 활성화 명목으로 LTV를 기존 50~60%에서 70%로 완화하였습니다.

이렇듯 각 정권에서는 LTV 규제를 부동산 시장을 진정시키기 위한 수단으로 활용해왔습니다. 그래서 정권이 바뀔 때마다 투자자들은 LTV에 촉각을 곤두세우기도 하죠.

로 인해 사회초년생과 같이 자본금이 부족한 사람들은 내집 마련이 더욱 힘들어진다는 비판도 있습니다. 그래서 무주택자를 위해 LTV를 완화해주는 정책이 시행되기도 합니다.

LTV와 늘 함께하는 DTI

DTI(Debt-to-Income)는 '총부채상환비율'을 말합니다. 앞서 설명한 LTV는 담보 자산 즉 주택의 가치에 비례해 얼마를 빌려줄 것인지를 결정했던 것이라면, DTI는 대출을 빌리는 사람의 소득을 기준으로 대출의 규모를 결정해주는 것입니다. 대출을 신청하러 은행에 가면 흔히 원천징수영수증 등 소득증빙서류를 요청하는 이유는 바로 대출자의 소득을 확인하여 채무상환능력을 가늠하기 위함입니다.

DTI를 계산하는 방법은 다음과 같습니다. 예를 들어 주택을 매수하려는 지역의 DTI 한도가 60% 라면 연봉이 5000만 원인 사람은 매년 빚을 갚기 위해 지출하는 금액이 해당 주택담보대출 연간 원리금상환액과 다른 대출의 연간 이자상환액을 합산하여 3000만 원(5000만 원의 60%)을 넘길 수 없다는 뜻입니다.

DTI = (주택담보대출 연간 원리금상환액 +
다른 대출의 연간 이자상환액) ÷ 연소득 × 100

DTI의 도입 목적은 대출자의 소득에 따라 부채의 한도를 설정해서 당사자의 능력에 맞게 대출을 이용하도록 하려는 것입니다. LTV 규제만으로는 부동산 시장의 과열을 막을 수 없게 되자 나온 규제입니다. 그래서 LTV 규제가 강화될 때는 DTI 규제도 함께 강화되는 경우가 많습니다.

부동산 틈새 상식

DTI 때문에 대출이 안 된다고 한 적은 없습니다만?

DTI를 규제한다고는 하지만 DTI 때문에 대출이 안 된다고 말하는 경우는 보기 드뭅니다. 왜 그런 것일까요?

DTI 한도가 60%라는 말은 1년 동안 갚아야 하는 주택담보대출의 원금과 이자의 합계가 연봉의 60%를 넘지 말아야 한다는 뜻입니다. 즉, 보금자리론과 같이 30년에 걸쳐 상환하는 주택담보대출일 때는 3억 원을 대출하더라도 현재와 같은 대출 금리(2.84%)를 적용하게 되면 연간 원리금 상환액은 1500만 원 정도에 불과합니다.

DTI와 닮은꼴, DSR

DSR(Debt Service Ratio)은 '총부채원리금상환비율'입니다. 대출을 받으려는 사람의 소득에 대비해서 전체 금융 부채의 원리금상환비율을 의미합니다. 언뜻봐서는 DTI와 비슷해 보이지만 차이점이 있습니다. 여기서 말하는 전체 금융 부채에는 주택담보대출 원리금뿐만 아니라 다른 대출 원리금의 총 대출상환액이 포함되어 있습니다. DTI 규제가 다른 대출의 이자만 포함했던 것과는 차이점이 있습니다.

예를 들어 해당 지역의 DSR 규제가 60%라면, 연 소득이 5000만 원인 사람의 경우 해당 주택담보대출뿐만 아니라 기존 신용대출의 원리금을 합산하여 연간 원리금 상환액이 3000만 원을 초과할 수가 없게 됩니다.

DSR = 전체 부채의 원리금 ÷ 연소득 × 100

따라서 DSR은 DTI에 비해 더 강력한 규제가 가능합니다. 마이너스통장과 같은 신용대출을 받았다면 한도가 크게 줄어들 수 있는 만큼 주택을 매수하기 전에 반드시 체크해봐야 하는 내용입니다.

부동산 틈새 상식

DSR을 선정할 때, 신용대출은?

연 소득이 5000만 원인 사람이 신용대출 1억 원을 받을 경우, 기존에는 만기 기준을 10년으로 가정해 연 상환액을 1000만 원으로 계산했습니다. 하지만 2022년 7월까지 만기기준이 5년으로 줄어들게 되어 연 상환액은 2000만 원으로 늘게 됩니다.

이렇게 만기기준이 반으로 줄면 개인이 매년 상환해야 하는 대출금 부담도 커지기 때문에 DSR을 산정할 때 대출 한도도 반으로 줄어듭니다. 그에 따라 그 동안 주택담보대출뿐만 아니라 신용대출까지 이용하는 '영끌' 투자는 점점 어려워질 것입니다.

한 꼭지 더!

규제지역에 대해 알고 싶어요!

2020년 12월 18일, 정부는 천정부지로 오르는 집값을 안정화하기 위해 부동산 대책을 발표하며 전국에 규제지역을 추가로 지정했습니다. 한 지역이 규제지역으로 지정되면 해당 지역에서는 주택담보대출과 분양권 전매 등이 제한되어 집을 매수하는 것이 더 어려워집니다. 과연 규제지역은 어떤 기준으로 지정되고, 규제지역으로 지정되면 대출과 세금 등에 어떤 영향을 미칠까요? 아래의 표를 참고하면 도움이 될 것입니다.

구분		투기과열지구	조정대상지역
법령		주택법 제63조 주택법시행규칙 제25조	주택법 제63조의2 주택법시행규칙 제25조의3
지정 기준		정량적 요건: 공통 요건 + 선택 요건 1개 이상 충족	
	공통 요건	주택가격상승률이 물가상승률보다 현저히 높은 지역	직전월부터 소급하여 3개월 동안 해당 지역 주택가격상승률이 소비자물가상승률의 1.3배를 초과한 지역
	선택 요건	① 직전 2개월 월 평균 청약 경쟁률이 모두 5:1을 초과(국민주택규모10:1) ② 주택분양계획이 전월 대비 30% 이상 감소 ③ 주택건설사업계획승인이나 주택건축허가 실적이 지난해보다 급격하게 감소 ④ 주택보급률 또는 자기주택비율이 전국 평균 이하이거나, 주택공급물량이 청약1순위자에 비해 현저히 적은 경우	① 직전월부터 소급하여 주택 공급이 있었던 2개월간 청약 경쟁률이 5:1을 초과(국민주택규모10:1) ② 직전월부터 소급하여 3개월간 분양권 전매거래량이 전년 동기 대비 30%이상 증가 ③ 주택보급률 또는 자기주택비율이 전국 평균 이하인 경우

	정성 요건	지역의 주택청약경쟁률·주택 가격·주택 보급률 및 주택공급계획 등과 지역 주택시장 여건 등을 고려하였을 때 주택에 대한 투기가 성행하고 있거나 성행할 우려가 있는 지역	주택 가격, 청약 경쟁률, 분양권 전매량 및 주택 보급률 등을 고려하여 주택 분양 등이 과열되어 있거나 과열될 우려가 있는 지역
금융	가계 대출	- 2주택 이상 보유 세대는 주택 신규 구입을 위한 주택담보대출 금지(LTV 0%) - 주택 구입시 실거주 목적 제외 주택담보대출 금지 (예외) 무주택 세대가 구입 후 6개월 내 전입, 1주택 세대가 기존주택 6개월 내 처분 및 전입 시	
		▪ LTV: 9억 원 이하 40%, 9억 원 초과 20%, 15억 초과 0% - (서민·실수요자) 10%p 우대 ▪ DTI 40% - (서민·실수요자) 10%p 우대	▪ LTV: 9억 원 이하 50%, 9억 원 초과 30% - (서민·실수요자) 10%p 우대 ▪ DTI 50% - (서민·실수요자) 10%p 우대
	사업자 대출	주택매매업·임대업 이외 업종 사업자의 주택구입목적의 주택담보 기업자금대출 신규 취급 금지	
		-	민간임대매입(신규) 기금융자 중단
세제· 정비 사업		▪ 다주택자 양도세 중과·장특공 배제 -2주택 + 20%p, 3주택 + 30%p('21.6.1 이후 시행) * 분양권도 주택 수에 포함 ▪ 2주택이상 보유자 종부세 추가과세 - + 0.6~2.8%p 추가과세 ▪ 2주택이상 보유자 보유세 세부담 상한 상향 - 2주택자(300%), 3주택자(300%) ▪ 일시적 2주택자의 종전주택 양도기간 - 1년 이내 신규주택 전입 및 1년 이내 양도 ▪ 분양권 전매 시 양도세율 50% ▪ 1주택 이상자 신규 취·등록 임대주택 세제혜택축소 - 양도세 중과, 종부세 합산과세	▪ 재건축 조합원 지위 양도 제한 - 조합설립인가~소유권이전등기 ▪ 재개발 조합원 분양권 전매제한 - 관리처분계획인가~ 소유권이전등기 ▪ 정비사업 분양 재당첨 제한 ▪ 거주요건을 갖춘 경우에만 조합원 분양권 분양 신청 허용(수도권 재건축 적용)

전매제한	▪ 분양권 전매제한 - (1지역) 소유권이전등기(2지역) 1년 6개월(3지역) 공공택지 1년, 민간택지 6개월	▪ 주택·분양권 전매제한 - 소유권이전등기(최대 5년) - 분양가상한제 적용주택 전매제한기간 강화
기타	▪ 주택 취득 시 자금조달계획서 신고 의무화 - 기존 주택 보유 현황, 현금 증여 등 * 투기과열지구는 증빙 자료 제출	
지정 지역	▪ 서울 전 지역 ▪ 경기(과천, 성남 분당, 광명, 하남, 수원, 성남 수정, 안양, 안산 단원구, 구리, 군포, 의왕, 용인 수지·기흥, 동탄2) ▪ 인천(연수구, 남동구, 서구) ▪ 대구(수성구) ▪ 대전(동구, 중구, 서구, 유성구) ▪ 세종 ▪ 창원 의창구	▪ 서울 전 지역 ▪ 경기(과천, 성남, 하남, 동탄2, 광명, 구리, 안양 동안, 광교지구, 수원 팔달, 용인 수지·기흥, 수원영통·권선·장안, 안양 만안, 의왕, 고양, 남양주, 화성, 군포, 부천, 안산, 시흥, 용인 처인, 오산, 안성, 평택, 광주, 양주, 의정부, 김포, 파주, 동두천) ▪ 인천(중구, 동구, 미추홀구, 연수구, 남동구, 부평구, 계양구, 서구) ▪ 부산(해운대, 수영, 동래, 남, 연제 서구, 동구, 영도구, 부산진구, 금정구, 북구, 강서구, 사상구, 사하구) ▪ 대구(수성구, 중구, 동구, 서구, 남구, 북구, 달서구, 달성군) ▪ 대전(동, 중, 서, 유성, 대덕) ▪ 광주(동구, 서구, 남구, 북구, 광산구) ▪ 울산(중구, 남구) ▪ 세종 ▪ 충북(청주) ▪ 충남(천안 동남·서북구, 논산, 공주) ▪ 전북(전주 완산구, 덕진구) ▪ 전남(여주, 순천, 광양) ▪ 경북(포항 남, 경주) ▪ 경남(창원 성산구)

분양권이란?

날로 높아지는 분양권의 인기

청약 경쟁률이 날이 갈수록 뜨거워지고 있습니다. 지역이 어디든 100:1은 기본이고 서울에서는 600:1의 경쟁률이 나오기도 합니다. 당첨만 되면 순식간에 억대의 프리미엄이 붙기도 해서 최근에는 '로또 청약'이라는 말도 생겼지요. 그뿐만이 아니라 분양권 '줍줍'이 뜨면 밤을 새워 순서를 기다리기도 합니다.

사람들이 분양권을 선호하는 이유는 신축 아파트를 상대적으로 저렴한 가격에 공급받을 수 있을 뿐만 아니라, 소액으로도 투자가 가능하기 때문입니다. 아파트가 지어지기까지는 약 2년에서 3년 가량 시간이 소요됩니다. 완공되기 전까지 분양가의 10% 정도 현금만 있으면 분양권을 보유할 수 있기 때문에 상당히 매력적인 소액 투자 방법입니다. 분양가가 5억 원인 아파트라면 5000만 원의 현금으로 5억원의 자산을 2년 이상 투자하는 셈입니다. 갭 투자보다 더 큰 레버리지를 쓰는 것입니다.

청약과 분양권

계약 단계 청약에 당첨됐다면 처음 할 일은 계약입니다. 일반적으로는 공급 금액(분양가)의 10%가 계약금입니다. 빌트인 가전, 시스템에어컨 등 옵션 계약은 별도로 진행하는 경우가 많습니다. 옵션은 중도금 납부 이후에도 몇 차례 선택 기회가 주어지기도 합니다.

중도금 단계 중도금은 보통 60%인데, 여섯 번에 나눠서 납부합니다. 이런 중도금 대출은 시행사와 협약된 은행에서 집단대출을 통해 처리하게 되며, 대단지의 경우에는 여러 은행과 나눠서 진행합니다. 중도금 대출은 대체로 계약일로부터 6개월 뒤 실행합니다.

부동산 틈새 상식

옵션은 무엇을 선택하는 게 좋을까요?

예전에는 특별히 선택할만한 옵션도 없었고, 옵션에 대해서 거품이라는 인식이 있어 발코니 확장 외에는 선택을 하지 않는 경우가 많았습니다. 특히 실거주가 아닌 투자의 경우에는 더더욱 다른 옵션을 선택하지 않았습니다.

하지만 최근에는 공간의 효율적인 사용을 지향하는 추세입니다. 따라서 원하는 옵션을 다양하게 선택합니다. 특히 시스템에어컨 같은 경우에는 효율적인 공간 활용과 향후 별도 공사의 어려움으로 미리 선택하는 경우가 많아졌습니다. 투자를 위한 매수를 할 때도 향후 전세 시장에서 우위를 차지하기 위해 옵션을 선택하기도 합니다.

부동산 틈새 상식

중도금은 1인당 몇 개까지 받을 수 있나요?

대출한도: 최대 5억 원(분양가 9억 원 이하 주택만 가능)

보증 건수: 세대 당 최대 2건

- 규제지역은 세대 당 1건
- 조정지역 1건 후 비조정지역 1건(가능)
- 비조정지역 1건 후 조정지역 1건(불가능)

잔금 단계 잔금은 입주할 때 납부하게 되어 있습니다. 잔금을 치를 때는 기존 중도금 대출을 상환하게 됩니다. 하지만 동시에 잔금 대출이 있어 비규제 지역의 경우 70% 정도를 은행에서 대출받을 수 있습니다.

● **분양권의 계약금 - 중도금 - 잔금 스케줄 예시**

공급금액	계약금(10%)	중도금(60%)						잔금(30%)
		1회(10%)	2회(10%)	3회(10%)	4회(10%)	5회(10%)	6회(10%)	
	계약시	2021-08-10	2021-12-10	2022-06-10	2022-11-10	2023-03-10	2023-08-10	입주 지정일
290,000,000	29,000,000	29,000,000	29,000,000	29,000,000	29,000,000	29,000,000	29,000,000	87,000,000
287,000,000	28,700,000	28,700,000	28,700,000	28,700,000	28,700,000	28,700,000	28,700,000	86,100,000
284,000,000	28,400,000	28,400,000	28,400,000	28,400,000	28,400,000	28,400,000	28,400,000	85,200,000
281,000,000	28,100,000	28,100,000	28,100,000	28,100,000	28,100,000	28,100,000	28,100,000	84,300,000
276,000,000	27,600,000	27,600,000	27,600,000	27,600,000	27,600,000	27,600,000	27,600,000	82,800,000

분양권 매수 절차

청약에 당첨되어 내 집 마련을 하는 것이 가장 좋겠지만, 갈수록 치열해지는 경쟁률로 청약에 당첨되는 것도 쉽지 않습니다. 그래서 막연하게 청약에 당첨되기를 기다리기보다는 누군가 당첨된 분양권을 사는 것도 좋은 방법입니다.

매물 탐색 분양권의 매수 절차는 기축아파트 매수 절차와 조금 다릅니다. 분양권은 부동산 중개 사이트에 매물을 일부만 올려두거나, 올려두지 않는 경우도 많습니다. 해당 지역의 부동산에 전화를 하거나 직접 발품을 팔아 매물을 찾는 것이 더 좋은 방법입니다.

원하는 매물을 찾았다면, 기축 아파트와 비슷한 절차로 계약을 진행하게 됩니다. 총 매수비용은 아파트의 분양가에 프리미엄(P)를 더한 가격입니

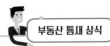

부동산 틈새 상식

거래되는 분양권은 정해져 있다

분양권도 매수가 가능한 지역과 시기가 정해져 있습니다. 기존에는 투기과열지구와 조정대상지역에서만 분양권 전매를 제한했지만, 현재는 수도권 대부분 지역(과밀억제권역, 성장관리권역)과 광역시까지 포함됩니다. 물론 해당 지역들은 대부분 규제지역이기도 합니다. 이 지역들은 분양권 전매제한 기간이 종전 6개월에서 소유권이전 등기 시까지로 연장되어 분양권 전매가 불가능해졌습니다. 다만 해당 지역이어도 규제 이전에 분양한 곳들은 적용 대상이 아닙니다. 이러한 분양권까지 입주를 끝내고 나면 앞으로 분양권 전매는 비규제지역에서만 가능하게 됩니다.

다. 여기서 프리미엄이란 청약이 당첨된 사람이 원하는 웃돈을 말합니다.

중도금 대출 승계 분양권 매수시점이 중도금 대출이후 시점이라면, 중도금은 매도자가 기존에 받은 대출을 승계하면 됩니다. 잔금을 치르는 날 매도인과 함께 은행에 가서 중도금 대출을 승계 받아야 합니다. 그런데 만약 매도인이 중도금 대출을 받지 않았다면, 대출을 승계 받을 수 없습니다. 따라서 개별적으로 중도금 대출을 받을 수 있는 방안을 찾아야할 수도 있으니 반드시 중도금 대출이 실행된 매물을 매수하시길 바랍니다.

명의 변경 분양권은 주택이 아니라 권리만 있는 상태이기 때문에 따로 등기 절차가 필요하지 않습니다. 그래서 취득세도 없고 거래 절차도 간단합니다. 대신 분양사무소에 가서 명의를 변경해야 합니다. 매도인과 매수인이 함께 방문해 간단한 서류 제출과 확인 절차만 거치면 됩니다.

분양권은 언제 사야할까

분양권 매수에 있어서 가장 중요한 건 타이밍입니다. 분양권은 사는 시기에 따라 가격 차이가 크기 때문입니다. 분양권을 매수하기 좋은 때는 원하는 단지의 분양권을 사기로 마음먹은 바로 그 날입니다. 분양권은 입주권에 비해서 투자금이 저렴하고 사업이 지연되는 리스크도 없습니다. 특별한 사정이 없으면 건물이 지어질수록 프리미엄이 우상향하는 특징을 지닙니다. 높이 지어져 올라가는 아파트가 눈에 보일수록 사람들의 관심이 더욱 커지기 때문입니다. 보통 분양권은 입주하기 전까지 총 3번 정도 크게 가격이 오릅니다.

계약 직후 건설사에서는 분양 완판을 위해 많은 비용을 들여 홍보를 합니다. 그래서 많은 사람들이 관심을 갖게 되고 청약에 떨어진 매수 대기자들도 있습니다. 아직 초반이라 가격도 저렴하기 때문에 거래가 활발합니다.

중도금 대출 시점 보통은 계약 이후 6개월 정도 지난 시점에 은행을 통해 중도금 대출을 실행하게 됩니다. 하지만 가구당 중도금 대출은 건수와 한도가 정해져 있습니다. 그래서 이미 다른 분양권을 보유하고 있어 중도금 대출이 불가능한 상황에서 매도를 선택하는 사람들이 많습니다.

입주 시점 흔히들 입주장이라고 하는 때입니다. 이때는 또 한 번 가격이 오릅니다. 실수요자들은 분양권과 같은 권리 형태로 자산을 보유하는 것보단 실제로 들어가 생활할 수 있길 바라기 때문입니다. 그렇게 때문에 입주 시점에 다시금 분양권 시장이 크게 열리게 됩니다.

입주하고 난 이후에도 해당 지역에서는 최신축 아파트인 까닭에 시세는 여전히 상승할 가능성이 높습니다. 이때 투자자들은 전세입자를 구해 2년에서 4년 정도 보유하고 있다가 매도를 합니다.

부동산 틈새 상식

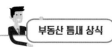

분양권 다운계약서를 써도 될까요?

분양권을 매수하려고 부동산을 방문하거나 전화를 걸면 간혹 '다운계약'을 하자고 제안하는 중개인을 만나게 됩니다.

다운계약이란 실제 가격보다 낮춰서 부동산 거래가를 신고하는 것을 말합니다. 예를 들면 실제 프리미엄은 1억 원인데 신고액을 5000만 원 정도로 낮춰서 신고하는 겁니다. 이렇게 되면 매도인 입장에서는 5000만 원에 대한 세금만을 납부하면 되니 그만큼 수익률이 높아지게 됩니다.

하지만 분양권 다운계약을 해서 적발될 경우에는 매도인과 매수인은 취득세 3배 이하의 과태료와 탈세한 취득세, 양도소득세도 함께 납부를 해야 합니다. 게다가 신고 불성실 가산세(탈세금액의 40%)까지 내야 합니다. 투자는 멀리 보고 해야 합니다. 눈앞의 작은 이익에 흔들리지 마시기 바랍니다.

입주권이란?

입주권은 무엇일까?

분양권이나 입주권이나 앞으로 건축될 부동산을 취득할 수 있는 권리인 점은 동일합니다. 하지만 분양권이 청약당첨자가 계약금을 지불하면 얻을 수 있는 권리라면, 입주권은 재개발이나 재건축 사업의 조합원이 정비사업시행으로 건축한 새 집에 입주할 수 있는 권리를 말합니다.

많은 분들이 재개발·재건축 구역 안에 있는 부동산(토지 및 건축물)을 소유하고 있다면 다들 입주권을 받을 수 있는 게 아니냐는 오해를 하곤 합니다. 그렇지 않습니다. 원래는 주택이었던 재개발·재건축 부동산은 정비구역으로 지정된 이후 관리처분계획인가를 기준으로 입주권을 얻을 수 있는자의 여부가 결정됩니다.

분양권보다 까다로운 입주권

입주권은 분양권보다 거래절차가 복잡하고 규제도 까다로운 편입니다. 그래서 지켜야 할 절차나 알아야 할 것도 많습니다. 입주권이라는 것 자체가 조합원에게 인정되는 권리이고, 입주권의 전매는 조합원 지위의 양도에 해당하기 때문입니다.

또한 이러한 정비사업의 가장 큰 위험은 사업 지연과 사업 실패입니다. 정비사업의 경우 조합원 사이의 갈등, 반대 세력의 존재로 늘 소란스러워집니다. 그리고 부동산 가격이 하락하는 시기에는 사업이 지연되기도 합니다.

정비사업이 실패하거나 지연될 경우 그동안 올랐던 프리미엄을 모두 반환하기도 하고, 비용 증가로 사업성이 악화해 비례율이 100% 미만으로 떨어지기도 합니다. 그렇게 되면 조합원들이 추가 분담금을 지불해야 하는 불상사가 발생하기도 합니다.

어렵고 위험한 입주권 투자는 왜 할까?

높은 투자수익률 주택정비사업 예정지는 대개 노후한 주택과 그 지역의 슬럼화로 인해 저평가된 경우가 많습니다. 하지만 정비사업이 진행되면 프리미엄이 상승하는 게 일반적입니다. 따라서 적절한 시기에 재건축·재개발 입주권을 노리고 매수하여 사업이 순조롭게 진행되기만 하면 높은 수익률을 얻을 수 있습니다.

낮은 분양가 청약을 넣을 때 일반 분양가가 있듯이 조합원들에게는 조합원 분양가가 따로 있습니다. 조합원 분양가는 일반 분양가에 비해서는 저렴한데, 대신 일반 분양가를 좀 더 높게 책정해서 부족한 사업 비용을 충당합니다. 다만 일반 분양이 끝나면 낮은 조합원 분양가에는 프리미엄이 더해져 일반 분양과 가격 차이가 점점 좁혀집니다.

조합원 혜택 사업성이 좋은 구역일수록 조합원 혜택은 더욱 커집니다. 조합원들에게 발코니 무료 확장, 가전제품 제공, 유료 옵션 무상 제공, 심지어는 일반 분양 세대와 창호나 내장재에 차이를 두기도 합니다.

그 외에 조합원에게 이사비를 지급하기도 하는데, 이는 구역에 따라 차이가 큽니다. 사업성이 낮은 구역은 실제 이사비에도 못 미치는 100만 원 내외의 금액만 주기도 하고, 사업성이 좋은 곳은 수천만 원을 지급하기도 합니다.

선호 층 우선 배정 입주권의 가장 큰 장점 중 하나가 선호 층 우선 배정입니다. 조합원들이 사업의 주체가 되기 때문에 조합원들은 저층과 고층을 제외하고 동·호수 추첨을 하고, 이후 남은 물량을 가지고 일반 분양을 진행합니다.

분양권 전매제한 분양권이 소유권 등기이전 시까지 전매가 금지된 경우라도 입주권은 명의 이전이 가능한 경우가 있습니다. 해당 단지를 꼭 매수하고 싶지만, 전매제한에 걸려 분양권을 살 수 없을 때는 입주권을 매수하는 것도 좋은 전략입니다.

입주권 투자하기

입주권 매수를 어려워하는 이유는 투자금 계산이 까다롭기 때문입니다. 부동산에서 아무리 설명을 해줘도 내용을 이해하기가 어려운 경우가 많습니다. 입주권에 투자하기 위해서는 투자금이 얼마나 드는지 대략적으로라도 알고 계셔야 합니다. 일반적으로 매물 소개를 보면 다음과 같습니다.

구역명(타입)	OO구역(59A)
감정평가액(감정가)	1억 원
추정 비례율	100%
프리미엄(P)	1억 2000만 원
총매가	2억 2000만 원
이주비 대출 (60%)	6000만 원
실투자액	1억 6000만 원

구역명(타입) 타입은 평형 신청 단계에서 조합원들이 선택하게 됩니다. 하지만 84A와 같이 선호 타입에 조합원들이 몰릴 경우 감정가 순으로 원하는 타입을 우선 배정하기도 합니다. 순위에서 밀린다면 비선호 타입을 배정받을 수도 있습니다. 따라서 소형 평형과 비선호 타입일수록 프리미엄이 낮습니다.

감정평가액 감정평가는 조합원들이 소유한 부동산의 경제적 가치를 평가하는 일입니다. 대지 면적이 넓은 단독주택을 보유한 사람과 소형 빌라를 보유한 사람에게 모두 같은 금액을 보상을 해준다면 단독주택을 가진 조합원은 불만을 가질 것입니다. 따라서 감정평가를 통해 정비사업에 참여한 조합원들의 출자 비율을 확정하고 향후 정비사업으로 인한 수익과 비용을 분배합니다. 매수자 입장에서는 감정평가액이 낮을수록 투자금이 줄어들게 됩니다.

추정비례율 비례율이라는 건 쉽게 말해 '사업성'입니다. 비례율이 100%보다 높으면 사업성이 좋은 것이고, 100%보다 낮으면 그렇지 못하다고 판단합니다. 이러한 비례율은 고정된 것이 아니라 사업이 진행되면서 올라가기도 하고 내려가기도 합니다. 완공 이후 모든 비용이 정산되면 최종적으로 정확한 수치가 나오게 됩니다.

부동산 틈새 상식

권리가액이란?

감정평가액이 부동산의 현재 가치라면, 권리가액은 미래 가치라고 할 수 있습니다.

권리가액 = 감정평가액 × 비례율

감정평가액은 무조건 낮을수록 좋을까?

감정평가액이 낮을수록 필요한 투자금은 줄어듭니다. 그래서 투자자들은 감정평가액이 낮은 매물을 선호합니다. 하지만 타입 선택이 확정되지 않은 매물이라면 위에서 설명한 대로 감정평가순대로 선호 평형을 우선 배정하여 경쟁에서 밀릴 수 있습니다. 또한 사업성이 좋아져서 비례율이 높아질 경우, 감정평가액이 높을수록 더 많은 수익을 얻게 되어 유리하다는 장점도 있습니다.

프리미엄 감정평가액이 객관적 가치라면, 프리미엄은 매도자 혹은 시장의 주관적 가치입니다. 감정평가액은 부동산의 현 상태를 그대로 반영해서 낮게 평가되는 경우가 많습니다. 하지만 프리미엄은 향후에 이 건물을 철거하고, 신축 아파트가 지어진 이후의 가치까지 미리 반영합니다. 선호 타입과 좋은 동호수일수록 프리미엄이 높은 것도 그 이유겠지요.

총매가 총매가는 감정평가액과 프리미엄을 합친 가격입니다. 대출을 일으키지 않고 매수한다면 총매가가 현재 매도인에게 지급할 금액이 되겠지요.

이주비 대출 이주비 대출은 감정평가액의 50~60% 정도 실행하게 됩니다. 이주비 대출은 관리처분 단계에서 실행되는데, 관리처분 이전 단계에서 입주권을 매수하게 된다면 향후 이주비 대출을 통하여 투자금이 줄어들 것을 예상할 수 있습니다. 이미 관리처분인가가 끝나 이주비 대출이 실행된 매물의 경우에는 이주비 대출을 승계하면 됩니다.

실투자액 이제 최종단계인 실제 투자금액을 확인해볼 단계입니다. 실투자액의 계산 방법은 다음과 같습니다.

실투자액 = 감정평가액 + 프리미엄 - 이주비 대출

만일 현재 세입자가 살고 있는 매물이라면 보증금을 통해 투자액을 더 낮출 수 있을 것이고, 비례율이 100% 이상이라면 매수하는 입장에서는 실질적으로 감정평가액이 더 높은 것이나 다름이 없어 더 많은 비용을 지불하게 됩니다.

부동산 틈새 상식

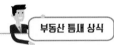

실제 입주까지 하려면 얼마가 더 필요할까?

입주권은 감정평가액과 프리미엄만으로도 매수할 수 있지만, 실제 입주까지 하려면 조합원 분양가를 전부 납부해야 합니다. 이를 분담금이라고 합니다. 입주 시까지 추가 비용을 계산하면 다음과 같습니다.

분담금 = 조합원 분양가 - 권리가액

권리가액 = 감정평가액 × 비례율

재건축과 재개발은 무엇이 다를까?

비슷한 듯 다른 재건축과 재개발

재건축이든 재개발이든 낡은 주택을 철거한 후, 새로운 아파트를 건설한다는 정도는 대부분 알고 있습니다. 조금 더 공부하신 분이라면 재건축은 아파트, 재개발은 빌라나 단독주택이 대상이 된다는 것도 알고 계시지요.

하지만 구체적으로 어떤 차이점이 있는지는 모르는 경우가 많습니다. 이번 기회를 통해 어렵게만 느껴졌던 재건축과 재개발이 친근해지는 계기를 만드시길 바랍니다.

- 사업시행 9단계

단계	내용
정비기본계획 수립	재건축·재개발에서 제일 처음으로 진행되는 단계입니다. 일반적으로 지자체장이 주민들의 요구를 통해서 또는 자발적으로 이러한 기본계획을 수립합니다.
안전진단 (재건축사업)	안전진단은 재건축에만 필요한 절차입니다. 안전진단을 통과해야 본격적으로 재건축이 추진될 수가 있기 때문에 많은 입주민들이 안전진단 통과를 분수령으로 생각하기도 합니다.
정비구역지정	토지이용계획 및 정비기반시설 설치 현황 등을 조사한 후 정비 계획을 작성합니다. 이 계획을 시장에게 제출해 도시·건축 공동위원회 심의를 거쳐 정비구역으로 지정합니다.
조합설립 추진위원회 설립 승인	추진위원회를 구성하고 조합설립 절차에 들어갑니다. 토지소유자 명부 및 토지소유자 과반 이상의 동의서를 마련해 5인 이상의 위원으로 추진위를 설립합니다. 이후 추진위원회는 정비사업자 선정, 조합정관 초안 작성 등을 담당합니다.
조합설립인가	추진위원회가 설립되면 주민들에게 조합설립 동의서를 받아 조합설립인가 신청을 하게 됩니다. - 재건축: 소유자 3/4 이상 + 토지면적 1/2 이상 동의 + 각 동마다 1/2이상 동의 - 재개발: 소유자 3/4 이상 + 토지면적 1/2 이상 동의
사업시행인가 및 감정평가·조합원 분양	정비사업에 관한 기본적인 내용이 확정되는 단계입니다. 사업시행인가 이후에 감정평가가 이루어지고, 감정평가액이 확정되면 사업의 수익률을 대략적으로 산출 할 수가 있습니다. 이후 조합원 분양신청을 받아 희망평형과 타입 등을 선정하게 됩니다.
관리처분 계획인가	구체적인 계획이 확정되는 단계입니다. 조합원 분양가, 비례율, 분담금 등 중요한 부분을 모두 알 수 있게 됩니다. 일반적으로 관리처분까지 왔다면 통상적으로 대부분의 리스크가 해소되었다고 생각되어 시세가 크게 상승하는 경우가 많습니다.
이주, 철거 및 착공, 일반 분양	대략 6개월에서 1년 정도 이내에 이주가 시작됩니다. 이 단계에서는 철거 및 조합원 분양, 착공, 일반 분양까지 일사천리로 진행됩니다. 예전에는 리스크로 생각됐지만, 요즘은 크게 문제가 되지 않습니다.
준공 및 조합청산 및 해산	준공인가가 떨어지면 조합원 및 일반 분양 입주자에게 건축물 소유권을 이전 및 건물의 등기가 이루어집니다. 이후 조합을 해산하고 채무 및 잔여 재산이 있으면 조합원에게 기존 구분소유권에 비례해 배분해 처리할 수 있도록 합니다.

재건축과 재개발의 사업시행단계

재건축·재개발에 대해서 공부하려는 의욕을 꺾는 첫 번째 벽은 복잡한 사업시행단계입니다. 재건축·재개발 투자의 성공을 가늠하기 위해서는 관심 구역의 사업이 어디까지 진행되었는지 정도는 이해를 하고 있어야 합니다.

다만 앞 페이지의 표를 시험공부하듯이 암기할 필요는 없고, 눈에 익혀두었다가 관심 구역이 생기면 찾아보는 식으로 공부하시면 됩니다.

재건축 vs 재개발, 무엇이 다를까?

재건축·재개발 사업은 정비기본계획 수립부터 준공까지 대략 10년 정도 소요됩니다. 이렇게 기나긴 여정을 거쳐야 하기 때문에 본래의 목표에 가장 쉽게 도달할 수 있는 방법을 찾아야겠지요. 그러기 위해선 무엇이 나한테 유리할지 파악해야 합니다.

기반 시설 재건축은 도로, 상하수도, 공원 등의 기반 시설은 좋은 편이지만 주거 시설이 대략 30년이 넘어 노후하거나 열악하여 건축물을 철거하고 새로 짓는 것을 말합니다. 그러므로 기반 시설이 양호하다면 빌라가 있는 지역도 재건축에 해당될 수 있습니다.

반면에 재개발은 주거 시설은 물론 도시기반시설도 제대로 갖춰져 있지 않은 지역을 완전히 새롭게 정리하여 주거 환경을 개선하는 방법입니다.

조합원 자격 재건축의 경우 조합원이 되기 위해서는 '토지 및 건축물'을 소유해야하고, 재개발은 '토지 또는 건축물'을 소유하고 있어야 대상이 될 수 있다는 점에서 차이가 있습니다.

재건축의 경우 일반적으로 아파트인 경우가 많습니다. 아파트를 매수하면 건물만 매수하는 게 아니라 대지권도 같이 매수하게 되므로 크게 신경 쓸 부분은 아닙니다. 등기부등본을 살펴보면 쉽게 알 수 있습니다.

재개발은 해당 사업지역 내에 주택을 보유하고 있지 않아도 일정 면적 이상의 토지나 도로를 소유하고 있으면 조합원 자격이 생겨 저렴한 투자의 기회로 삼을 수도 있습니다.

안전진단 재건축은 재개발과 달리 안전진단이라는 절차가 추가됩니다. 재건축에 안전진단 절차가 있는 이유는 재건축으로 인한 개발 난립을 억제하기 위해서입니다. 이와 달리, 재개발은 주변 환경이 이미 너무나 열악하기 때문에 굳이 안전진단이 필요가 없습니다.

최근 이러한 안전진단의 요건이 갈수록 강화되고 있습니다. 그래서 안전진단을 통과했다는 이유만으로도 시세가 상승하기도 합니다. 안전진단 통과

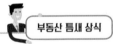

부동산 틈새 상식

안전진단은 어떻게 이루어지나요?

안전진단은 크게 예비 안전진단 → 정밀안전진단의 단계로 이루어집니다. 예비 안전진단은 입주민들의 안전진단 요청에 따라 지자체에서 실시하게 되어 있고 이를 통과해야 정밀안전진단 실시가 가능합니다.

정밀안전진단의 경우 A~E등급으로 나누어져 있습니다. 이때 A~C등급은 재건축 불가 판정, D 등급은 조건부 재건축, E등급은 재건축 가능으로 판단됩니다. 정밀안전진단의 경우 주택소유자들이 비용을 감당하는데, 이는 상당한 부담이 될 수 있습니다.

여부에 따른 리스크를 고려하면 아예 안전진단이 통과한 매물을 사거나 안전진단 자체가 없는 재개발이 더 유리할 수도 있습니다.

투자금/위험성 재건축은 아파트인 경우가 많아 상대적으로 높은 액수의 투자금이 필요합니다. 그러나 그만큼 건물의 상태도 양호한 편이고 기반 시설도 갖춰져 있기 때문에 사업이 무산되거나, 일정이 지연되더라도 거래가 가능하고 세입자를 구할 수도 있습니다.

반면 재개발의 경우에는 노후 빌라나 주택인 경우가 많아 저렴한 투자금으로 매수할 수 있는 것은 장점입니다. 그러나 만약 사업이 무산된다면 가격을 아무리 낮춰도 매도 자체가 어려울 수도 있어 그만큼 위험 부담이 큽니다.

조합원 지위 양도 투기과열지구와 같은 규제지역에서는 조합원 지위 양도가 금지되기도 합니다. 재건축의 경우 조합설립인가 후 소유권이전등기가 끝날 때까지, 재개발은 관리처분계획인가 후 소유권이전등기가 끝날 때까지 금지됩니다. 이런 부분을 고려하지 못하고 덜컥 매수를 했다가 조합원 지위를 인정받지 못한 채 현금 청산 대상이 되면, 감정평가액대로만 보상을 받아 막대한 손해를 입을 수도 있습니다.

투자수익률 투자수익률을 하락시키는 요인에는 여러 가지가 있습니다. 재건축과 관련해서는 재건축초과이익환수제가 시행되고 있습니다. 재건축 전후로 집값을 비교해 조합원 1인당 3000만 원을 초과하는 개발 이익이 발생할 것으로 예상될 때 예상 개발 이익의 최대 50%를 정부가 환수하는 제도입니다. 일반 분양분이 증가해 수익이 커질수록 부담금도 늘어나게 됩니다.

또한 재개발의 경우 기반 시설이 불량하여 이를 새롭게 만들어야 합니다. 따라서 기부채납되는 토지 비율이 높습니다. 이때 조합원들의 토지를 나라에 내주게 되므로, 이는 사업성이 떨어지는 결과를 가져옵니다.

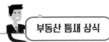

부동산 틈새 상식

아파트 리모델링은 무엇인가요?

아파트 리모델링은 구축 아파트를 건물 뼈대만 남겨 놓은 상태에서 수평 혹은 수직 증축을 통해 면적과 세대 수를 늘리는 것을 말합니다. 간단히 생각해 기존 건물에 새로운 건물을 이어 붙여 면적을 넓히는 것이라고 보면 됩니다.

재건축은 안전진단, 초과이익환수제와 같은 규제도 있는 데다가 준공 후 30년이 지나지 않으면 추진할 수 없지만 리모델링은 규제도 더 느슨하고 준공 15년이 지나면 가능하다는 장점이 있습니다. 사업 기간도 재건축에 비해 훨씬 줄어들게 되죠.

하지만 리모델링은 재건축보다 사업성이 낮습니다. 또한 내력벽 철거가 금지되어 있어서 근본적인 주거 환경 개선은 어려운 까닭에 주민들의 선호도가 낮다는 단점이 있습니다.

용도지역,
용적률과 건폐율

모든 토지에는 용도가 있다

대로변을 따라 높이 솟은 아파트 단지는 우리나라에서 가장 흔하게 볼 수 있는 풍경입니다. 멀리서 보면 아파트인지 대기업의 사옥인지 헷갈릴 만큼 멋진 타워형 아파트들도 많습니다. 하지만 내가 사는 동네 아파트들을 보면 그렇지 않은 경우가 훨씬 많지요.

이는 모든 토지에는 정해진 용도가 있고 이 용도에 따라 정해진 종류의 건물을 정해진 면적, 정해진 높이까지만 지을 수가 있기 때문입니다. 이를 '용도지역'이라고 합니다. 용도지역은 크게 도시지역, 관리지역, 농림지역, 자연환경보전지역 등 4가지로 구분됩니다. 도시지역은 다시 주거지역, 상업지역, 공업지역, 녹지지역으로 분류되죠.

나라에서 정한 각 토지의 용도에 따라 어떤 땅에는 주택을 지을 수 있

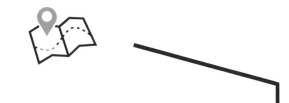

● 용도지역의 구분

분류	정의	중분류
도시지역	인구와 산업이 밀집되어 있거나 밀집이 예상되어 체계적인 개발·정비·관리·보전 등이 필요한 지역	주거지역
		상업지역
		공업지역
		녹지지역
관리지역	도시지역의 인구와 산업을 수용하기 위하여 도시지역에 준하여 체계적으로 관리하거나 농림업의 진흥, 자연환경 또는 산림의 보전을 위하여 농림지역 또는 자연환경보전지역에 준하여 관리할 필요가 있는 지역	보전관리지역
		생산관리지역
		계획관리지역
농림지역	도시지역에 속하지 않는 농지법에 따른 농업진흥지역 또는 산지관리법에 따른 보전 산지 등으로서 농림업을 진흥시키고 산림을 보전하기 위하여 필요한 지역	
자연환경 보전지역	자연환경·수자원·해안·생태계·상수원 및 문화재의 보전과 수산자원의 보호·육성 등을 위하여 필요한 지역	

고 어떤 땅에는 상업용 건물을 올릴 수 있습니다. 또 어떤 땅 위엔 공장만 지어야 하고, 자연 보존을 위해 아무런 개발을 할 수 없는 땅도 있습니다. 그래서 토지의 가격은 입지 외에도 용도에 따라 천차만별입니다.

부동산 틈새 상식

종 상향이란?

용도지역의 1종 일반 주거지역을 2종 일반 주거지역으로 혹은 2종을 3종으로 높이는 것을 말합니다. 재건축 구역은 종 상향이 이루어지면 사업성이 개선됩니다.

● 용도지역별 용적률

용도지역		건폐율	용적률
주거지역	제1종 전용주거지역	50%이하	50% 이상 100% 이하
	제2종 전용주거지역	50%이하	100% 이상 150% 이하
	제1종 일반주거지역	60%이하	100% 이상 150% 이하
	제2종 일반주거지역	60%이하	150% 이상 250% 이하
	제3종 일반주거지역	50%이하	200% 이상 300% 이하
	준주거지역	70이하	200% 이상 500% 이하
상업지역	중심상업지역	90%이하	400% 이상 1500% 이하
	일반상업지역	80%이하	300% 이상 1300% 이하
	근린상업지역	70%이하	200% 이상 900% 이하
	유통상업지역	80% 이하	200% 이상 1100% 이하

용적률

용적률은 건물 연면적(건물의 모든 층수 바닥 면적의 총합)을 땅의 넓이로 나눈 비율을 의미합니다. 대지면적은 건물당 일정하게 정해져 있으니 건물의 사용면적(연면적)을 늘리는 방법은 공간을 위로 쌓아 올리는 것이죠. 그래서 건물의 층수가 높을수록 건물의 용적률은 높아집니다.

그렇다면 앞서 언급한 타워형 초고층 아파트들은 어떻게 그렇게까지 높게 지을 수 있었을까요? 이는 해당 아파트들이 준주거지역 또는 상업지역에 위치한 덕분입니다. 일반주거지역의 아파트들은 주변 건물의 일조권 등을 고려하여 용적률 150~250% 정도로 짓습니다. 하지만 준주거지역이나 상업지역에 지어진 아파트들은 용적률 500% 이상으로도 지을 수 있기 때문에 고층으로 짓는 게 가능한 것입니다.

용적률은 재건축을 할 때 주로 등장하는 개념입니다. 재건축을 할 때 높은 수익을 얻으려면, 새로 짓는 아파트는 되도록 더 높게 지어 세대 수를 최대한 확보해 일반분양 물량을 늘려야 합니다. 그래서 일반적으로 기존 주택의 용적률이 낮을수록 그리고 지어지는 아파트의 용적률이 높을수록 재건축 사업성이 좋다고 말합니다.

건폐율

아파트를 고르는 취향은 다들 제각각입니다. 하지만 그 와중에도 뚜렷한 공통점이 하나 있는데, 그것은 바로 '건폐율'이 낮은 아파트입니다. 특히

● 건폐율

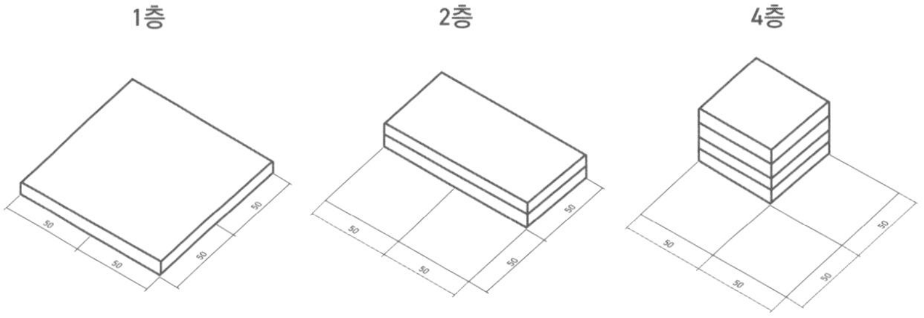

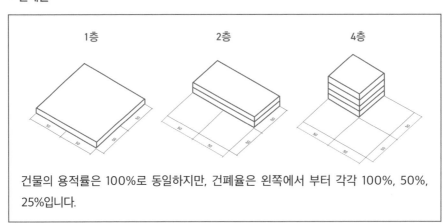

건물의 용적률은 100%로 동일하지만, 건폐율은 왼쪽에서 부터 각각 100%, 50%, 25%입니다.

출처: 위키백과

장년층 이상에서는 앞이 훤히 트인 아파트를 선호합니다. 동 간격이 다닥다닥 붙어 있으면 답답하기도 하고 건너편에 사는 사람들이 보여 불편하기 때문이죠.

건폐율은 대지의 면적 대비 건축 면적의 비율로서, 주어진 대지면적에 건물이 차지하고 있는 비중이 어느 정도인지를 보여줍니다. 쉽게 말해서 앞서 말한 용적률이 모든 층의 건축 면적의 합이라면, 건폐율은 한 층의 건축 면적 넓이, 즉 건물이 땅을 덮고 있는 넓이를 의미합니다.

그렇다면 건폐율도 높을수록 좋을까요? 단순히 생각해보면, 주어진 대지면적을 최대한 활용하여 건폐율을 높이면 그만큼 건물을 더 넓게, 더 많이 지을 수 있고 공간도 효율적으로 활용할 수 있어서 좋기만 할 것 같습니다. 그러나 통풍이나 채광, 일조량 등이 떨어지고 또한 건물 주변의 녹지 공원이 조성되는 부분이 적은 등 실제 생활하는 데는 만족도가 떨어질 수 있기 때문에 너무 높은 수준의 건폐율을 고집할 필요도 없습니다.

기존 건물의 건폐율 역시 용적률처럼 낮을 때 새로 지어지는 아파트의 세대 수를 늘릴 수 있어 재건축 사업성이 좋을 확률이 높습니다.

투자자들이 저층 주공 아파트만 찾는 이유

앞서 모든 토지에는 용도가 정해져 있고, 그 용도에 따라 건폐율과 용적률 또한 정해져 있다는 것을 알아봤습니다. 그리고 이러한 용도지역은 특별한 경우가 아닌 이상 종 상향이 이루어지는 경우가 없기 때문에 애초에 어떤 용도로 정해져 있는지가 중요합니다.

그런데 똑같은 2종 일반주거지역의 아파트여도 어떤 곳은 용적률 100%

의 5층짜리 저층 주공아파트이고, 다른 곳은 용적률 180%의 중층 아파트가 지어져 있는 경우가 있습니다. 재건축을 하게 된다면 전자는 추가로 지을 수 있는 용적률이 150%이고, 후자는 70% 정도의 여유밖에 없으므로 상대적으로 사업성이 떨어질 것입니다.

부동산 틈새 상식

대지지분이란?

대지지분이란 아파트 전체의 대지면적을 세대 수로 나눈 면적을 의미합니다. 예를 들어 아파트 단지의 대지면적이 500㎡이고 소유자가 10명이라면(모두 동일한 크기의 평형에 산다는 가정 하에) 대지지분은 500/10으로 50㎡가 됩니다.

이 대지지분은 앞에서 공부한 용적률과도 관련이 있습니다. 만약 용적률이 높은(고층으로 지은) 아파트라면 세대수가 많아 전체 대지면적 500㎡를 나눠 가지는 가구가 많기 때문에 한 가구당 가지게 되는 대지지분이 낮아지게 됩니다. 그러므로 재건축의 사업성을 판단할 때는 용적률뿐만 아니라 가구당 가지고 있는 대지지분이 얼마인가를 확인해야 합니다.

전용면적과 공용면적

실평수가 너무 적게 빠졌어요!

집을 보러 다니다 보면 같은 84m^2의 집인데도 오피스텔이라서 좁게 빠졌다거나, 서비스 면적이 많아서 다른 타입에 비해서 집이 넓게 빠졌다는 말을 듣곤 합니다. '1평 = 3.3m^2'이 곧바로 계산이 되질 않아 게다가 84m^2를 계산기에 넣고 두드려봤더니 34평이 아니라 25평으로 나오고, 59m^2는 18평이라고 나옵니다. 도대체 어떻게 된 일일까요?

뒷장의 표는 2021년 초에 나온 한 광역시의 입주자모집공고문의 공급대상에 관한 내용을 발췌한 것입니다. 전용면적, 공급면적, 공용면적, 계약면적 등 비슷해 보이는 단어들 투성이지요. 같이 한 번 알아보겠습니다.

● 입주자모집공고의 공급대상

모델	주택형 (전용면적기준)	약식 표기	주택공급면적(m^2)			기타 공용면적 (지하주차장 등)	계약 면적	세대별 대지지분
01	076.8794	76	76.8794	24.4073	101.2867	48.2528	149.5395	48.2099
02	084.9559A	84A	75.9559	26.1940	11.1499	53.3220	164.4719	53.2745
03	084.9886B	84B	84.9886	26.3258	111.3144	53.3425	164.6569	53.2950
04	102.7897A	102A	102.7897	30.4868	133.2765	64.5153	197.7918	64.4578
05	102.7097B	102B	102.7897	32.2663	134.9760	64.4650	199.4410	64.4077

아파트의 ○○면적

현관문을 열고 들어가 봅시다

전용면적 현관문을 열고 들어갔을 때, 눈앞에 펼쳐지는 공간이 바로 '전용면적'입니다. 거실과 방, 주방 그리고 화장실 등 말 그대로 현관문 안쪽에서 한 세대가 전용으로 사용하는 공간의 면적을 의미합니다. 하지만 다 같아 보이는 공간도 법적으로는 엄연히 차이가 있습니다. 외창 쪽에 붙어 있는 공간의 일부는 전용면적에 포함되지 않는 서비스 면적에 해당합니다.

또한 전용면적은 세제 혜택의 기준이 되기도 합니다. 주택을 취득할 때 전용면적 85㎡ 이하의 주택은 취득세(1%)에 지방교육세(0.1%)만 부과되지만, 85㎡를 넘는 주택은 농어촌특별세(0.2%)가 추가로 부과됩니다.

서비스면적 서비스면적은 주택사업자가 분양 시 추가로 제공하는 면적입니다. 대표적으로는 발코니가 있습니다. 현행법상 발코니의 폭은 건물 외

● 아파트 면적의 종류

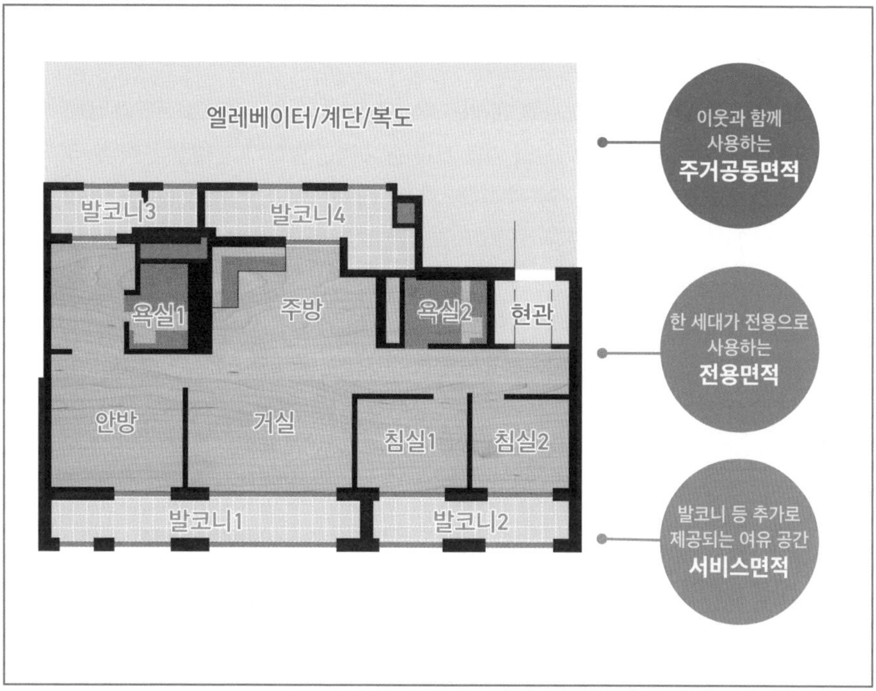

벽에서 최대 1.5*m*까지 설치가 가능합니다. 그런데 2005년 이후 발코니를 확장하는 것이 합법화되면서 얼마나 넓은 발코니 공간을 확보하는지가 관건이 되었습니다. 발코니를 확장함으로써 실 사용면적(실 평수)이 늘어나 더 넓은 집에 사는 것과 같은 효과를 누릴 수 있기 때문입니다. 앞서 말한 아파텔(오피스텔)이 좁아 보이는 이유는 대부분의 오피스텔에서는 이런 서비스면적이 제공되지 않기 때문입니다.

최근에는 설계할 때부터 발코니 확장을 염두에 두고 집을 짓습니다. 그래서 아파트를 분양할 때 발코니 확장이 옵션처럼 선택할 수 있다고 해도 사실상 선택이 아닌 필수로 여겨지고 있습니다. 또한, 서비스면적은 세금이나

부동산 틈새 상식

4bay가 대세로 자리 잡게 된 이유

최근에 지어지는 신축들을 보면 대개는 4bay로 많이 지어집니다. bay란 각 세대를 전면에서 바라봤을 때 기둥과 기둥 사이 한 구역을 말합니다. 예를 들어 2bay 구조는 전면에서 바라봤을 때, 방 1개와 거실이 있는 구조이고, 4bay는 방 3개와 거실이 전면을 향하고 있는 구조입니다. 그러므로 2bay > 3bay > 4bay로 갈수록 아파트의 가로길이가 길어지는데, 그만큼 발코니도 함께 길어지게 되므로 서비스 면적이 넓어지게 되는 겁니다. 자연히 4bay는 채광과 통풍에 유리하고 서비스면적이 극대화되므로 대세로 자리잡게 되었습니다. 최근에는 5bay 혹은 3면 발코니를 적용한 평면이 나오는 이유도 이런 서비스면적의 극대화를 노린 전략입니다.

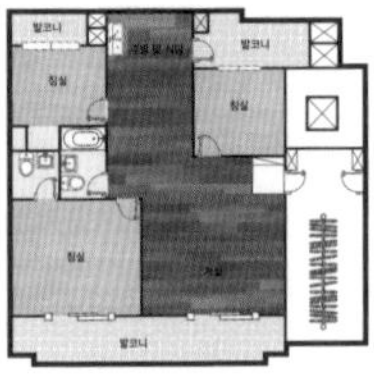
2베이

3베이

4베이

분양가를 계산할 때는 전용면적을 기준으로 하기에 세금을 산정할 때도 제외하는 부분입니다.

현관문을 열고 나가 봅시다

주거공용면적 현관문을 열고 나가면 눈앞에 뭐가 보이시나요? 복도와 엘리베이터, 계단이 있습니다. 이런 면적을 '주거공용면적'이라고 합니다. 이웃과 함께 사용하는 면적으로 복도, 엘리베이터, 계단, 각 동 1층 현관 등의 지상층의 공용면적을 의미합니다.

밖으로 나가 봅시다

기타공용면적 엘리베이터를 타고 외부로 나가보면 관리사무소, 놀이터 등이 보입니다. 이들은 모두 '기타공용면적'에 포함됩니다. 아파트 입주민 모두가 이용하는 공간으로 아파트 내 기타 부대시설의 면적입니다. 구체적으로는 관리사무소, 지하 주차장, 커뮤니티센터, 놀이터, 노인정, 지하 기계실 등이 있습니다.

분양 받을 때 알아야 할 면적

공급면적 공급면적은 전용면적과 주거공용면적을 합친 면적으로 '분양면적'이라고도 합니다. 일반적으로 사람들이 얘기하는 25평, 34평이 바로 이 공급면적입니다. 그래서 결국 흔히 말하는 34평이라는 공간은 현관문 안쪽의 평수가 아니라 복도, 계단 등이 모두 포함된 면적을 말합니다.

그러니 앞의 사례를 다시 생각해보면, 84㎡가 아니라 주택공급면적인 112㎡를 평으로 환산해야 우리가 생각하는 34평이 나오게 되는 것입니다.

계약면적 공급면적(전용면적과 주거공용면적의 합)과 기타공용면적의 합으로 아파트의 전용공간과 공용공간 전체를 아우르는 면적입니다. 오피스텔의 분양면적은 계약면적을 말합니다.

부동산 틈새 상식

같은 평형인데 왜 오피스텔이 더 좁을까?

같은 평형이라도 아파트와 오피스텔을 비교하면 오피스텔 쪽이 훨씬 좁습니다. 앞서 말씀드렸다시피 발코니와 같은 서비스면적이 없을 뿐만 아니라 전용률이 다르기 때문입니다. 전용률이란 분양면적에서 전용면적이 차지하는 비중입니다. 보통 아파트의 전용률은 70%정도이지만, 오피스텔의 전용률은 50% 정도에 불과합니다. 그래서 실제로는 오피스텔의 전용면적이 훨씬 좁을 수밖에 없습니다.

등기부등본을 살펴봅시다!

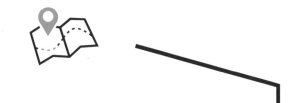

사람은 주민등록등본, 부동산은 등기부등본

부동산을 거래할 때 반드시 살펴볼 것이 있습니다. 바로 '등기부등본(등기사항전부증명서)'입니다. 사람으로 치자면 주민등록등본을 확인하는 것과 마찬가지입니다. 주민등록등본을 보면 이 사람의 이름과 생년월일, 주민등록번호 같은 기본 정보부터 과거에는 어느 곳에 살았고, 지금은 어디에서 누구랑 살고 있는지도 확인할 수 있지요. 등기부등본도 역시 이 집이 언제 처음 지어졌고 어떤 소유주들을 거쳐왔으며, 현재에는 누가 이 건물에 권리를 행사하고 있는지를 한눈에 확인할 수 있습니다.

등기부등본을 살펴보자

등기부등본은 아파트뿐만이 아니라 토지, 빌딩 등 모든 부동산에 존재합니다. 이 중에서 아파트와 관련 있는 건 집합건물에 대한 등기부등본입니다. 아파트, 오피스텔과 같은 집합건물은 구분등기가 가능하기 때문에 건물의 호수별로 등기부등본이 각각 나옵니다. 201호의 주인과 202호의 주인은 다른 사람이기 때문이죠. 이러한 등기부등본은 타인의 부동산이라도 동호수나 지번만 알면 간단히 조회가 가능합니다.

표제부 등본을 발급받으면 제일 처음에 나오는 부분을 표제부라고 합니다. 이 부분은 생년월일, 주민등록번호라고 생각하시면 됩니다.

건물의 등기접수날짜, 소재 지번, 건물 명칭, 건물 내역 등 전체적인 사항이 나와 있습니다. 표제부는 두 부분으로 나타나는데 건물 한 동 전체에 대한 내용과 소유주 개인이 전유한 개별 호수에 대한 내용이 아래 표와 같이 각각 나와 있습니다.

표제부에서 눈여겨볼 사항은 (전유부분의 건물의 표시) 가운데, 소재 지

부동산 틈새 상식

등기부등본의 구분

토지 일반적인 토지의 경우

건물 건물 전체가 하나의 등기사항증명서로 등기된 경우

집합건물 아파트처럼 호별로 각각 등기된 경우

● 등기부등본 표제부

[집합건물] 경기도 광명시 ○○동 124				
【표 제 부】(1동의 건물의 표시)				
표시번호	접수	소재지번, 건물명칭 및 번호	건물내역	등기원인 및 기타사항
1	2016년 5월 16일	주소	철근콘크리트구조 철근콘크리트구조지붕 24층 1층 327.2295㎡ 2층 330.1195㎡ … 24층 164.9295㎡	

(대지권의 목적인 토지의 표시)				
표시번호	소재지번	지목	면적	등기원인 및 기타사항
1	경기도 광명시 ○○동 124	대	33421㎡	2016년 5월 16일 등기

【표 제 부】(전유부분의 건물의 표시)				
표시번호	접수	소재지번, 건물명칭 및 번호	건물내역	등기원인 및 기타사항
1	2016년 5월 16일	제15층 제1501호	철근콘크리트조 84.981㎡	

(대지권의 표시)			
표시번호	대지권 종류	대지권 비율	등기원인 및 기타사항
1	소유권 대지권	66.6/33421	2016년 4월 20일 대지권 2016년 5월 16일 등기

번이 정확히 기재되어 있는지 그리고 해당 호수의 전용면적(평수) 및 대지권 비율입니다.

갑구: 소유권에 관한 사항 등기부등본에서 주목해야 하는 부분이 갑구와 을구입니다. 갑구에서는 소유권에 대한 권리 관계를 확인할 수 있습니다.

가장 먼저 확인할 부분은 현재 소유자가 누구인가입니다. 빨간 줄이 그어져 있지 않은 부분, 즉 말소되지 않은 사항 중 가장 아래에 표시되어 있는 사람이 현재 소유자입니다. 계약 전에 매도인의 신분증을 받아 등기부등본의 소유자와 대조하여 인적사항이 맞는지 확인해야 합니다.

갑구의 내용을 보면 가압류, 가처분, 가등기, 경매 등의 내용이 있는 경우에는 소유권에 대한 압류나 분쟁의 소지가 있습니다. 때문에 말소되기 전까지는 매매든 임차든 계약을 하지 않아야 합니다. 또한 '접수' 부분에 기재된 날짜는 등기를 접수한 날짜입니다. 갑구와 밑에서 살펴볼 을구 사이 권리들의 우선순위 다툼이 발생할 때 접수 날짜를 기준으로 우선순위를 판단합니다.

을구: 소유권 이외의 권리에 관한 사항 을구에서는 소유권 외에 대한 사항들이 기재되어 있습니다. 근저당권, 전세권, 주택임차권 등이 대표적인 예입니다. 을구에서는 근저당권설정을 주로 볼 수 있는데, 이는 소유권자가 해당 부동산을 담보로 은행이나 보험사 등에서 주택담보대출을 낸 경우입니다. 그래서 근저당이 설정되어 있는 부동산은 소유권자가 대출을 갚지 못한다면 경매로 넘어갈 수 있기 때문에 채권최고액 등을 주의 깊게 살펴보셔야 합니다. 전세 계약을 맺을 때 근저당권이 설정되어 있다면 채권최고액이 얼마인지 확인해야 하고, 주택을 매수하실 때에는 근저당설정을 잔금 시에 말소한다는 조건을 넣어야 합니다.

• 등기부등본 갑구

[집합건물] 경기도 광명시 ○○동 124				
【 갑 구 】(소유권에 관한 사항)				
순위번호	등기목적	접수	등기원인	권리자 및 기타사항
1	소유권보존	2016년 5월 16일 제 12345호	2016년 3월 5일 매매	소유자 김유신 880311-*******
2	소유권이전			

• 등기부등본 을구

【 을 구 】(소유권에 이외의 권리에 관한 사항)				
순위번호	등기목적	접수	등기원인	권리자 및 기타사항
1	근저당권설정	2017년 11월 11일 제14323호	2017년 11월 11일 설정계약	채권최고액 330,000,000원 채무자 ○○○ … 근저당권자 주식회사△△은행
2	전세권	2018년 9월 23일 제14453호	…	…

부동산 틈새 상식

저당권? 근저당권?

저당권 저당권은 현재 '확정적인' 금액의 채권을 담보로 하여 자기 채권을 우선적으로 변제 받을 권리를 말합니다. 즉 은행에서 주택을 담보로 3억 원을 빌렸을 경우 빌려준 돈만큼 저당권이 설정됩니다. 이후 집주인이 대출금을 제대로 상환하지 못한다면 은행에서는 해당 주택에 대해 3억 원만큼의 권리를 행사할 수 있게 되는 겁니다.

근저당권 근저당권은 저당권에 채권최고액이 추가됩니다. 앞서 말한 것처럼 3억 원을 은행에서 빌렸을 경우 등기부등본에는 3억 원을 빌린 내용이 표시되는 게 맞습니다. 하지만 집주인이 이자를 연체한다면 3억 원에 이자를 더한 금액이 저당권으로 설정해야 합니다. 이런 일이 빈번히 발생할 경우 매번 저당권을 변경해야 하는 불편이 생깁니다. 이러한 상황을 대비하기 위해 채권최고액(실제 대출액의 10~20%정도를 더한 금액)을 두어 등기부등본에는 3억 3000만 원으로 표시하는 것입니다.

프롭테크가 뭘까?

프롭테크: 부동산의 미래

임장부터 계약까지 부동산 매매도 모바일로 한 번에 처리할 수 있다면 얼마나 편할까요? 이제 아주 먼 이야기는 아닐 겁니다. 미국 1위 온라인 부동산 플랫폼 '질로우(zilliow)'는 매물의 위치, 내부 사진(사진 및 3D투어), 가격, 거래 내역, 세금, 교육환경 등을 사이트에서 바로 제공하고 마음에 드는 매물이 있다면 사이트에서 바로 중개업자와의 만남을 예약할 수 있습니다.

이러한 서비스를 '프롭테크(Prop-Tech)'라고 합니다. 프롭테크란, 부동산(property)과 기술(technology)의 합성어로 인공지능, 빅데이터, 블록체인 등의 첨단 기술을 부동산 산업에 결합해 혁신적인 서비스를 제공하는 부동산 서비스 산업을 말합니다.

우리나라의 부동산 시장은 다른 나라에 비해 훨씬 보수적이고, 그만큼 변화도 더딘 편입니다. 하지만 가만히 생각해보면 예전과 달라진 부분이 있습니다. 옛날엔 월세방을 구할 때 일단 관심 지역으로 가서 여러 부동산을 돌며 방을 구하는 경우가 대부분이었습니다. 하지만 요즘에는 방을 구하기 전에 휴대폰 어플을 통해 해당 지역을 사전조사하는 '손품'이라는 과정이 생겼습니다. 직방이나 다방과 같은 어플을 주로 이용하여 어떤 매물인지 미리 살펴보는 과정입니다.

직방, 네이버부동산, 호갱노노, 아실, 디스코, 밸류맵 등 이러한 플랫폼이 프롭테크 기업에 해당됩니다. 우리나라는 아직까지 매물 중개, 분양, 공유경제 쪽에 서비스들이 치우쳐져 있는 상황이지만 기술의 발달과 규제 완화에 따라 더 크게 성장할 가능성이 큰 사업입니다.

프롭테크 활용하기

프롭테크를 활용하면 부동산을 거래하는 일이 한결 편해집니다. 사람마다 선호하는 플랫폼은 다르지만, 단계마다 사용하는 플랫폼은 대부분 비슷한 편입니다.

호갱노노: 모두를 위한 분석 툴

호갱노노는 부동산 입문자라면 한 번은 들어보셨을 만한 어플입니다. 관심 있는 아파트를 검색하면 해당 아파트의 세대 수, 입주 시기, 용적률, 매매가와 전세가 등의 기본 정보를 확인할 수 있습니다.

또한 지도에 가격과 평형을 직관적으로 알아볼 수 있도록 표시해서 보기 좋습니다. 또한 실거래 기준가의 변동 추이, 평균 관리비, 인근의 학교, 주

● 호갱노노에서 본 청량리역 인근 실거래가 조회 화면

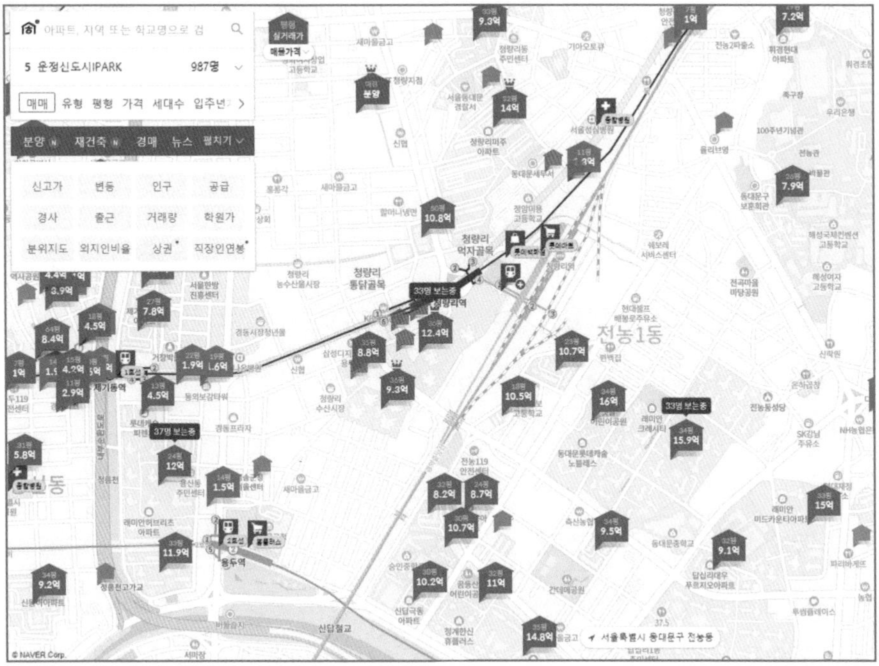

출처: 호갱노노

변 분양 예정지 등을 파악할 수 있습니다. 호갱노노의 간단한 사용 팁을 알아보겠습니다.

왕관을 찾자 호갱노노 지도를 보면 왕관이 표시된 아파트가 있습니다. 이 표시는 해당 지역의 방문자 1위를 나타내는 표시입니다. 그만큼 현재 사람들이 가장 주목하고 있는 아파트라고 해석할 수 있습니다.

색깔을 보자 파란색 집은 아파트, 회색 집은 오피스텔, 빨간색 집은 분양 중이라는 표시입니다. 또한 실거래가 대비 호가가 높은 집은 아래에 빨간색으로 호가를 작게 표기해놓은 것을 볼 수 있습니다. 해당 집은 실거래가 대비 호가가 10% 이상 차이가 나는 곳입니다.

분석 툴 활용 아파트의 위치와 기초 정보는 물론 내가 원하는 조건의 매물만 볼 수 있도록 필터링을 할 수 있습니다. 매매와 전세부터 주차 공간, 갭 차이 등의 필터가 있습니다. 또한 주변 기능(주변의 광역 버스 노선, 학교 위치 등 제공), 규제 기능(해당 지역의 규제 수준 제공), 분석 기능(경사도, 아파트 주변의 상권, 직장인 연봉 등도 제공) 등 다양한 정보를 제공하여 매물의 양질의 탐색이 가능하도록 도와줍니다.

아실: 투자자를 위한 분석 툴

아실은 다양한 정보의 제공으로 최근에 투자자들이 분석 툴로 많이 사용하고 있는 플랫폼 중 하나입니다. 다양한 기능 중에서 특히 유용한 기능을 소개합니다.

거래 히스토리 엿보기 관심 아파트의 동호수의 매매가 히스토리뿐만 아니라, 전세와 월세, 매매 취소에 관한 히스토리도 함께 보여주고 있어서 소유자가 이때 어떤 목적으로 매매를 했었는지, 당시 실제 투자금과 수익률은 얼마인지에 대한 정보도 얻을 수 있습니다. 간접적으로 투자 공부를 할 수 있는 기회를 제공하기도 합니다.

평균 대지 면적 활용 아실에서는 준공된 지 25년 이상 지난 아파트 단지들의 평균 대지 면적을 알아볼 수 있는 기능을 제공합니다. 부가 기능 중에서 대지 면적이라는 기능을 사용하면 편리하게 대지면적이 몇 평인지 대략

출처: 아실

적으로 확인할 수 있습니다. 재건축·재개발 등의 투자매물 탐색 시 많이 이용을 합니다.

그 외에도 개발 이슈 기능을 활용하면 현재 추진 중인 정비 사업과 개발 호재를 지도상에 표시하여 직관적으로 해당 정보에 접근할 수 있습니다.

네이버부동산: 부동산 중개 플랫폼

네이버부동산과 다방, 직방은 매물의 분석보다는 거래에 주로 이용됩니다. 다만 다방이나 직방이 빌라와 오피스텔 임대 위주로 거래되는 것에 반해, 네이버부동산은 아파트를 거래할 때 가장 널리 사용됩니다. 그래서 호갱노노

● 네이버부동산에서 본 신분당선 수지구청역 인근의 아파트 단지

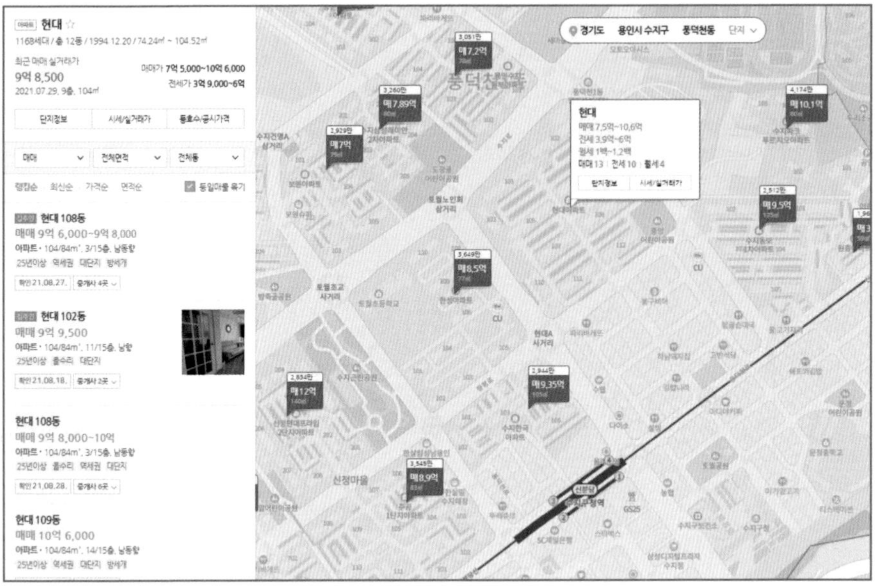

출처: 네이버부동산

나 아실을 통해 관심 단지를 탐색하고 네이버부동산을 통해 실제 부동산에 올라온 매물을 확인하는 방식으로 유용하게 쓸 수 있습니다.

단지 형성 가격 파악 관심 있는 주택을 검색하여 타입 별로 매물을 정렬해보면 같은 타입이지만 다양한 호가를 확인할 수 있습니다. 자세히 보면 그 호가의 형성 원리가 보이는데요. 남향, 높은 층과 낮은 층, 로얄층·로얄동, 올(All)수리, 전세 낀 물건과 월세 낀 물건의 호가 차이를 비교하면서 공부해 보기 바랍니다.

단지 분위기 파악 네이버부동산의 호가 추이와 매물 개수를 보면 해당

지역과 단지의 분위기를 파악할 수 있습니다. 이 두 가지 기준은 해당 지역의 분위기를 실시간으로 반영합니다. 매물창을 통해 호가를 높이는 매물이 많은지 내리는 매물이 많은지, 매물 개수는 늘어나는지 줄어드는지를 꾸준히 체크하면 분위기 파악에 용이합니다.

공시가격 제공 공시가격은 꼼꼼하게 확인해야 합니다. 아파트의 공시가격에 따라 보유세가 결정이 되고 1억 원 미만인 주택은 취득세 중과가 면제되기도 합니다. 그런 까닭에 같은 단지, 같은 타입의 아파트라고 해도 공시가가 차이가 날 수 있습니다. 네이버부동산에서는 아파트 개별 세대의 공시가격 및 보유세뿐만 아니라 종합부동산세 과세 대상 여부까지 알 수 있어서 필요한 정보를 더 편리하게 얻을 수 있습니다.

관심 단지 등록 전세를 구하거나 매수를 원하는데 매물이 없다거나, 급매물을 잡고 싶은 단지가있다면 관심 단지 기능을 활용해서 실시간으로 올라오는 매물의 알람을 설정하면 됩니다.

부동산 펀드? 리츠!

이제 나도 건물주!

도심의 빌딩숲을 지나다 보면 이러한 빌딩 투자에 평범한 월급쟁이인 내가 참여한다는 일은 언감생심 꿈도 꾸기 힘듭니다. 하지만 우리처럼 평범한 사람들도 오피스빌딩 또는 호텔, 백화점 등에 투자할 수 있는 방법이 있습니다. 바로 부동산 펀드와 리츠(REITs, Real Estate Investment Trusts)입니다.

부동산 펀드와 리츠는 대표적인 부동산 간접 투자 상품입니다. 두 상품 모두 자금을 모아 부동산에 투자하고 임대 수익 및 양도 차익을 얻는 금융 상품입니다.

이러한 부동산 펀드와 리츠가 최근 부각되는 이유가 있습니다. 부동산 투자는 흔히 목돈이 필요하고, 더군다나 요즘처럼 부동산 투자에 대한 규제가 엄격해질 때는 투자 자체가 어려워지기도 합니다. 그러나 부동산 펀드와 리츠는 소액으로도 투자가 가능하고 규제를 피할 수 있다는 장점이 있어서 누구나 비교적 손쉽게 시도할 수 있습니다.

부동산 펀드: 부동산(실물자산)에 투자

부동산 펀드는 실물자산인 부동산에 직접 투자하는 방식입니다. 펀드 재산의 50%를 초과해 실물자산인 부동산 관련 자산에 투자하고 여기서 나오는 수익을 챙기는 펀드입니다. 부동산 펀드는 공모펀드(공개적으로 50명 이상의 불특정 다수 투자자들을 모집하는 펀드)와 사모펀드(49명 이하의 투자자만 모아 운용하는 펀드)로 나뉩니다.

또한 부동산 펀드는 대개 3년 이상 장기 펀드로서, 최초 상품 가입 이후 만기 시점에 투자자에게 최종 투자수익을 돌려주기 때문에 매매 타이밍에 대한 고민은 없지만 중도환매가 불가능하다는 단점도 있습니다.

리츠: 부동산투자회사에 투자

리츠란, 부동산 전문 투자회사를 통해 지분 투자를 하는 방식입니다. 해당 투자사가 투자금으로 부동산 관련 자산 등에 투자하여 이를 임대, 매각, 개발하여 발생하는 수익을 배당하는 방식입니다. 리츠는 회사형(상장주식을 발행해 투자자를 모으는 방식)과 신탁형(수익증권을 발행하여 투자자를 모으는 방식으로 상장과 환매가 불가)으로 나뉩니다.

리츠는 부동산 펀드에 비해 분산투자를 할 수 있고 매매와 환매가 바로 가능하여 일반인들이 좀 더 접근하기 쉽습니다. 또한 정부에서도 부동산 투기 열풍을 억제하고 기업들이 보유하고 있는 부동산의 유동화를 촉진하기 위해 리츠에 대한 규제를 완화하고 일반인들이 리츠에 보다 쉽게 투자할 수 있도록 세제 혜택을 주는 등의 정책을 펴고 있습니다.

두 상품 다 주식에 비해선 가격 변동성이 적은 편이지만 원금 손실이 있을 수 있다는 점은 알고 있어야 합니다. 또한 임차인 소득에 따라 배당수익도 달라지므로 임차인이 대형 프랜차이즈인지 등도 투자를 할 때 따져보면 좋습니다.

부동산 펀드와 리츠 비교

구분	부동산 펀드	리츠
투자방식	부동산 실물 투자	부동산 회사 주식 매수 후 배당
근거법령/설립	자본시장법(금융위 신고)	부동산투자회사법(국토부 인가)
형태	신탁형/회사형	주식회사
최소 자본금	규제 없음	위탁: 50억 원/자기관리: 70억 원
주식분산	신탁형: 없음 회사형: 금융업법 등에 대한 제한	1인 지분 40% 초과금지 공모예외기관(국민연금, 공제회 등)은 1인 100%투자 可
현금유동성	중도환매 불가(폐쇄형)	바로 현금화 가능(수수료 없음)
리스크	비교적 높음	분산투자(리스크低)
자금대여	가능	불가
세제혜택	90%이상 배당 시 법인세 비과세	90%이상 배당 시 법인세 비과세(자기관리리츠 제외)

부동산 서민의 버팀목, 임대주택

임대주택에 대해 알아보자

내 집을 마련하는 것이 가장 좋겠지만, 대학생이나 사회초년생 같이 돈이 부족한 사람도 있고 형편상 임대주택이 필요할 수도 있습니다. 이번 기회에 임대주택에 대해서 정리하면서 나에게 알맞은 형태의 임대주택은 어떤 것이 있는지 정리해보시기 바랍니다.

영구임대주택

영구임대주택은 기초생활비 수급자, 국가유공자, 한부모 가족 등 사회적 약자의 주거 안정을 위해 공급되는 임대주택입니다. 가족 구성원 모두가 무주택자여야 하고 시세의 30% 정도를 보증금과 임대료로 부담하면 됩니다. 임차 기간은 최장 50년으로 2년마다 입주 자격을 재확인한 후 갱신하게 됩니다. 영구임대주택은 상대적으로 거주 환경이 열악한 편이지만 임대료가 매우 저렴합니다. 이 때문에 한 번 입주한 입주민이 반영구적으로 거주하는 경우가 대부분입니다. 웬만해서는 빈 자리가 나지 않기 때문에 새로운 임차인을 모집하는 일이 잘 없습니다.

국민임대주택

국민임대주택은 무주택 저소득층의 주거 안정을 위해 공급하는 임대주택입니다. 규모는 전용면적 60㎡이하이며, 시세의 60~80% 정도의 보증금과 임대료를 부담하면 됩니다. 임차 기간은 최장 30년으로 2년마다 입주 자격을 재확인 후 갱신 합니다. 다만 엄격한 소득 기준과 자산 보유 기준을 적용하여 입주가 쉽지 않습니다. 입주 대상자의 소득 기준은 전년도 도시근로자 가구당 월 평균 소득의 70% 이하여야 하고 자산보유기준은 모든 세대 구성원의 총 자산가액이 2억 9200만 원을 넘으면 안 됩니다.

전세임대주택

도심에 거주하는 최저소득계층이 기존 주택에 전세 계약을 체결해 이를 저렴하게 재임대하여 현 생활권에서 계속 거주할 수 있도록 지원하는 주택입니다. 저소득층 전세입자뿐만 아니라 대학생이나 취업준비생, 신혼부부, 소년소녀가정 세대 등도 요건에 따라 가능합니다.

지원 대상 주택은 85㎡이하 주택이며, 전세금 지원한도액은 수도권 9000만 원, 광역시는 7000만 원, 기타 지역은 6000만 원입니다. 임대 기간은 최초 2년으로, 2년 단위로 9회까지 재계약이 가능합니다. 다만 청년전세임대의 경우는 2회까지만 재계약이 가능해 최장 6년 동안 거주할 수 있습니다. 임대보증금은 전세지원금의 5%이며, 월 임대료는 전세지원금 가운데 임대보증금을 제외한 금액의 연 1~2%입니다. 각 케이스마다 임대 기간과 임대료가 다를 수 있으니 개별적으로 확인해야 합니다.

공공임대주택

5년, 10년 공공임대주택은 임대 의무 기간이 지나고 난 뒤 입주자에게 우선적으로 분양권을 주는 분양전환 임대주택입니다. 다른 임대주택 유형과 비교했을 때 의무 거주 기간 이후 분양권 우선 혜택을 준다는 점에서 사람들에게 인기가 높습니다. 다만 50년 공공임대의 경우에는 분양전환이 되지 않습니다.

일반 공급 입주자 1순위는 수도권을 기준으로 주택 청약에 가입한 지 1년이 지난 사람으로, 월 납입금 12회 이상 납입한 무주택자입니다. 그리고 다자녀가구, 신혼부부, 노부모부양자, 생애 최초 등 특별 공급이 있습니다. 공공임대주택에서는 시중 시세의 90% 정도의 보증금과 임대료로 살 수 있습니다. 분양전환 가격은 5년 임대주택의 경우 건설 원가와 분양 결정일의 감정평가금액의 합의 절반 정도이며, 10년 임대주택은 분양 결정일의 감정평가금액입니다.

행복주택

행복주택은 저소득층을 대상으로 하는 일반 국민임대주택과는 달리 입주 공급비율이 대학생과 신혼부부, 청년 등 젊은 계층에게 80%, 노인 및 취약계층에 20%로 공급되는 임대주택입니다. 젊은 세대의 주거 안정과 주거복지에 초점이 맞춰져 있습니다. 그래서 이들의 직장이나 학교 근처, 대중교통이 편리한 곳에 공급합니다. 대학생·청년·산업단지 근로자는 최장 거주 기간이 6년, 자녀가 없는 신혼부부는 6년, 자녀가 있는 경우 10년, 고령자·

주거급여 수급자는 20년입니다. 아직 경제력이 부족한 젊은 계층을 대상으로 한 임대주택이라 다른 임대주택보다는 임대 기간이 짧습니다.

보증금과 임대료는 60~80%로 제공되며, 특정 소득 및 자산 기준을 충족하여야 입주 가능합니다. 또한 대학생 계층과 주거급여 수급자 외에는 주택청약저축에 가입되어 있어야 행복주택 입주신청이 가능합니다. 저축 납입 횟수나 금액은 관계 없습니다. 다만 분양을 받아 집을 매매한 것이 아니기 때문에 행복주택에 입주하더라도 청약 통장은 계속 유효합니다. 입주 자격이나 소득 기준은 법령 개정에 따라 수시로 변경이 되므로, 입주자 모집 공고문을 반드시 확인하시길 바랍니다.

공공지원 민간임대주택

공공지원 민간임대주택은 민간 임대사업자가 주택도시기금의 출자 및 LH의 택지 공급 등의 지원을 받아 주택을 건설하여 장기 임대하는 주택입니다. 뉴스테이(민간기업형 임대주택)의 장점은 챙기면서 공공성도 높이는 게 취지입니다.

8년의 거주 기간을 보장하면서 연 5% 이상 임대료를 올릴 수 없는 제한과 같은 뉴스테이의 장점을 유지하면서 무주택자에게 우선적으로 공급하고, 시세의 90~95% 정도의 임대료(청년·신혼부부 등 주거지원계층은 70~85%)를 제공합니다. 주거지원계층에게는 전체 공급 물량의 20%를 특별공급하고 임대 수요가 많은 지역에는 집중적인 공급을 하는 등 공공성을 강화했습니다. 공공지원 민간임대주택을 신청할 때에는 청약통장은 필요하지 않습니다. 임대 기간이 종료되면 분양 전환은 확정되어 있지 않은 경우가 많으므로 주의가 필요합니다.

부동산 틈새 상식

뉴스테이(New Stay)란?

2015년에 도입된 민간기업형 임대 주택입니다. 거주 기간 8년 보장 및 임대료 상승 연 5% 제한이 특징으로 중산층 주거 안정을 위해 도입되었습니다. 다른 공공 임대와 달리, 주택 규모, 입주 자격, 주택 소유 여부, 청약통장 유무, 소득 조건 등과 관계 없이 신청 가능합니다. 다만 뉴스테이는 주변 시세를 반영하여 분양가가 결정되어 임대료가 높다는 단점이 있습니다.

신혼희망타운

신혼희망타운은 정부의 저출산·고령화 사회에 대한 해결책의 하나로 공급하는 신혼부부 맞춤형 공공주택입니다. 대중교통이 편리하고 초등학교가 인근에 위치한 우수한 입지에 단지 내 어린이집도 조성되어 교육 환경이 뛰어난 것이 특징입니다.

이러한 신혼희망타운은 공공분양형과 장기임대형(행복주택 및 국민임대주택)으로 나뉩니다. 분양형의 경우 연 1.3% 고정금리로 최장 30년 동안 최대 매매가 70%까지 지원되고, 공고일부터 입주 시까지 입주자 저축(또는 청약저축)에 가입된 무주택 세대여야 합니다. 주택 가격이 총 자산 기준을 초과하는 주택을 공급받는다면 입주할 때까지 '신혼희망타운 전용 주택담보 장기대출상품'에 주택 가격의 최소 30% 이상으로 가입해야 합니다. 또한 분양형은 1단계와 2단계로 나눠서 공급이 진행되는데, 1단계의 경우 전체 공급의 30%를 우선 공급합니다. 이 때 가점 항목에는 가구 소득, 해당 시·도 연속 거주 기간 및 주택청약종합저축 납입 인정 횟수가 있고 이에 따라 가점이 매겨집니다.

임대형의 경우에도 1순위~3순위까지 조건이 있습니다. 입주자저축이 가입되어있어야 하며, 소득 기준과 자산 기준을 충족해야 신청 가능 합니다.

달콤함을 경계하자

임대주택은 개인이 임대하는 매물에 비해서 조건이 상당히 좋습니다. 일반 전세로 살게 되면 2~4년마다 이사를 다녀야 합니다. 반면 임대주택의 경우에는 그런 부분에서 상대적으로 자유롭고, 임대료도 저렴하다는 장점이 있습니다. 거기다 분양전환이 가능하다면 그것도 아주 큰 메리트입니다. 하지만 영구임대나 분양전환형을 제외하고는 언젠가는 임대 기간이 종료되고 집을 비워야 합니다.

간혹 저렴한 임대주택에 살면서 절약한 주거비로 집을 산다는 계획을 세우는 분들이 있습니다. 하지만 임대주택에서 10년을 살고 나면 이미 부동산 시세는 내가 모은 돈보다 더 올라 있을 가능성이 높습니다. 일반적으로 노동 소득보다 자본 소득의 상승폭이 더 가파르기 때문입니다. 그러므로 임대주택에 들어갔다고 하더라도 청약에 도전하든 매수 시장을 눈여겨 보든 빠른 시일 내에 벗어나는 것을 목표로 해야 할 것입니다.

2장 정리 문제

1. LTV와 DTI, DSR에 관한 설명 중 틀린 것은?

① LTV는 '주택담보대출'로, 구매하려는 주택 가격에 비례해 얼마나 대출을 받을 수 있을지에 대한 비율이다.

② LTV는 노무현 정부에서 처음 시행한 제도이다.

③ DTI는 대출을 받는 사람의 소득을 기준으로 대출 규모를 설정하는 방식이다.

④ DSR은 '총부채원리금상환비율'로, 주택담보대출을 비롯한 전체 대출의 상환액을 고려한다.

2. 다음 설명으로 옳지 않은 것은?

① 재건축을 할 때 기존 건물의 용적률이 높을수록 수익성이 좋아진다.

② 일반적으로 사람들은 건폐율이 낮은 아파트를 선호한다.

③ 아파트 단지 전체의 면적을 세대 수로 나눈 면적을 대지지분이라고 한다.

④ 종 상향이란 1종 일반 주거지역을 2종 혹은 3종 주거지역으로 높이는 것을 뜻하는데, 이는 수익성을 높이는 효과가 있다.

3. 우리가 현관문을 열고 들어가면 눈에 들어오는 모든 공간이 ___________(이)다. 현관문 바로 바깥의 엘리베이터나 계단, 복도와 같은 곳은 ___________(으)로 생각한다. 단지 내의 놀이터, 주차장, 관리사무소 등은 ___________(이)다. 각 세대 내의 발코니는 보통 ___________(이)라고 부른다.

4. 임대주택에 대한 설명 중 잘못된 것은?

① 영구임대주택이란 기초생활수급자, 국가유공자, 한부모 가정 등에게 공급되는 주택으로, 가족 구성원 모두가 무주택 상태여야 하며 시세의 30%를 보증금과 임대료로 부담한다.

② 공공임대주택은 의무 거주 기간이 지나면 분양권 우선 혜택을 받을 수 있다는 것이 장점이다.

③ 젊은 세대의 주거 안정을 위한 행복주택은 주택청약저축 가입이 의무 사항이 아니다.

④ 뉴스테이란 2015년에 도입된 민간기업형 임대주택으로, 거주 기간은 8년을 보장하며 임대료 상승폭은 연 5%로 제한하는 특징이 있다.

5. **등기부등본에 대한 설명으로 옳은 것은?**

① 타인의 부동산에 대한 등기부등본은 확인할 수 없다.

② 표제부에서는 소재 지번과 해당 호수의 공통면적 및 대지권 비율을 잘 확인해야 한다.

③ 갑구에서 가압류, 가처분, 가등기, 경매 등의 내용이 보인다면 계약해서는 안 된다.

④ 실제 대출액의 최고 30% 정도를 더한 금액을 근저당권으로 설정하는 것이 일반적이다.

6. **부동산 펀드와 리츠에 대한 설명으로 옳은 것은?**

① 다른 펀드와 달리 부동산 펀드는 중도환매가 용이하다는 것이 장점이다.

② 부동산 펀드는 최소 자본금에 대한 규제가 없다.

③ 리츠 투자는 자금 대여가 가능하다.

④ 자기관리리츠 포함 90%이상 배당 시 법인세는 면제된다.

정답: ② / ① / 전용면적, 주거공용면적, 기타공용면적, 서비스면적 / ③ / ③ / ②

3장

또 다른 변수, 부동산 정책

부동산을 대하는 역대 정부의 자세

부동산 정책의 역사를 보는 이유

역사는 반복된다는 말이 있지요. 부동산 정책 역시 마찬가지입니다. 시장이 과열되면 공급과 규제를 강화하고, 반대로 침체되면 부양책과 규제 완화책을 쓰는 패턴이 반복되었습니다. 그렇기 때문에 지난 수십 년간 부동산 정책이 어떻게 변화했는지 살펴보면 앞으로 어떤 정책이 시행될지 그리고 앞으로 시장이 어떻게 흘러갈지 대략적으로 짐작할 수 있습니다.

역대 정부의 부동산 정책

박정희 정부: 1960년대~1970년대, 부동산 불패 신화의 시작

박정희 정부 시기에는 개발 위주의 정책으로 흘러갔습니다. 특히 1960년대에 서울은 전국 각지에서 몰려든 사람들로 인해 이미 포화상태에 이르렀습니다. 그러자 정부에서는 서울의 인구를 분산시키기 위해 강남지역 개발을 검토하게 됩니다. 1966년 한남대교(개발 당시 명칭은 제3한강교) 공사와 경부고속도로 건설을 토대로 하여 본격적인 강남개발이 시작되었습니다. 특히 1970년대 초 강북에 자리하던 서울의 여러 명문 고등학교가 대부분 강남으로 이전하면서 학군도 형성되었고, 이후 강남의 아파트 시장에는 투기 광풍이 불어닥칩니다.

전두환 정부: 1980년~1988년, 일관성 없는 정책의 반복

전두환 정부는 시장의 분위기에 따라 규제 완화와 투기 억제 정책을 반복했습니다. 정권 초기에 전 세계적인 오일쇼크로 경기침체가 일어나자 그에 대응하기 위해 양도세를 인하하고 전매 기간을 단축하는 등 규제를 완화해 부동산 경기 활성화를 유도했습니다.

이후 시장이 과열되자 다시 투기과열지구를 지정하고, 분양권 전매를 제한했으며 토지거래신고제와 같은 투기 억제 정책을 연이어 내놨지만, 강남을 중심으로 한 가격 상승을 막기에는 역부족이었습니다.

노태우 정부: 1988년~1993년, 大공급의 시대 (규제 강화)

아파트에 대한 수요가 증가하면서 가격이 폭등하자 노태우 정부는 공급과 규제 정책을 병행하였습니다. 특히 노 전 대통령은 '설움 중에서도 가장

부동산 틈새 상식

금융실명제와 부동산실명제

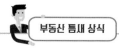

김영삼 정부가 남긴 업적 중의 하나로 금융실명제를 떠올리는 분들이 많습니다. 금융실명제뿐 아니라 부동산실명제도 이때부터 시행되었습니다. 1995년 3월 31일에 제정된 이 법에 따라 부동산을 거래할 때 실제 보유자의 이름을 사용하게 되었습니다. 따라서 탈세와 부동산 투기를 막는 효과를 가져오게 되었죠.

큰 설움은 집 없는 설움'이라고 말하며 주택 200만 호 공급정책을 시행했는데, 무려 214만 호를 건설하면서 목표를 초과달성했습니다. 우리가 잘 아는 분당과 일산, 평촌과 같은 1기 신도시가 모두 이때 만들어진 것이죠.

동시에 분양권 전매를 금지하고 2주택자 과세강화 등으로 규제를 조이자 집값은 서서히 하락하기 시작했습니다.

김영삼 정부: 1993년~1998년, 부동산 실명제 (규제 완화)

전 정권의 공급 여파로 부동산 가격이 장기 하락세에 접어들자 김영삼 정부는 규제 완화 정책을 사용하였습니다. 이로 인해 1996년부터는 다시 부동산 가격이 상승하기 시작했으나 정권 말 IMF 사태가 터지면서 부동산 가격은 급락하게 되었습니다.

김대중 정부: 1998년~2003년, IMF와 부동산 부양책 (규제 완화)

외환위기와 시작한 김대중 정부는 내수 경기 부양과 실업 문제를 해결하기 위해 부동산 부양책을 적극적으로 시행했습니다. 양도세 감면, 분양가 규제 완화, 토지거래허가제와 신고제 폐지, 취·등록세 감면, 분양권 전매 허용 등 주택과 건설 경기 활성화 대책들을 계속해서 내놓았습니다.

이러한 규제 완화와 외환위기 이후 줄어든 신규 주택 공급에 힘입어 부동산 투자 심리가 되살아나게 되었습니다. 그러나 이후 부동산 시장이 과열되자 다시금 규제와 공급으로 방향을 선회하게 됩니다.

노무현 정부: 2003년~2008년, 부동산 투기와의 전쟁 (규제 강화)

노무현 정부는 부동산 시장이 과열되는 양상을 보이자 '부동산 투기와의 전쟁'을 선언하고 강력한 규제 정책을 펼치기 시작했습니다. 분양권 전매 제한, 재당첨 제한, 수도권 투기 과열 지구 지정, 1주택 비과세 요건 강화 등과 같은 대책을 쏟아냈습니다.

하지만, 이런 규제에도 부동산 가격의 폭등은 멈출 줄 몰랐습니다. 그러자 실거래가 등기부 등재, 분양가 상한제 확대, 종합부동산세 강화, 다주택자 양도세 중과, 재건축 초과 이익 환수제 등 더욱 강력한 규제책을 발표했습니다. 더불어 판교와 화성 동탄, 인천 검단과 같은 2기 신도시 공급을 추진했으나 임기 내에 집값을 잡기에는 역부족이었습니다.

이명박 정부: 2008년~2013년, 부동산의 하락과 부양책 (규제 완화)

이명박 정부는 전 정권의 부동산 규제 정책 실패를 거울 삼아 초기에는 공급 위주의 정책을 펼쳤습니다. 하지만 2008년 미국발 글로벌금융위기로 세계 경기가 모두 침체되었습니다. 한국의 부동산 시장 또한 하락세를 피할 수 없었죠. 이에 정부의 부동산 대책은 규제 완화로 방향을 선회하게 되었습니다. 강남 3구 이외에는 투기지역을 해제하고, 미분양 주택 해소를 위한 양도세를 감면해주는 정책을 폈습니다. 또한 취득세 감면과 분양권 전매 제한을 완화하는 부양책도 내놓았지만 가격 하락세는 지속되었습니다.

박근혜 정부: 2013년~2017년, 빚내서 집 사라던 시기 (규제 완화)

박근혜 정부 역시 규제 완화 및 저금리 기조를 통한 부양책을 고수했습니다. 분양가상한제 폐지, 재건축 초과이익환수 유예 등의 내용이 담긴 부동산 3법을 도입했습니다. 여기에 세제를 대폭 완화하고 LTV와 DTI 역시 70%로 완화했습니다. 동시에 빚내서 집 사라는 구호 아래 생애 최초 주택 취득세 면제 등으로 '내집 마련'을 적극 장려하는 정책을 펼쳤습니다. 하지만 정권 말에 가계부채의 증가와 주택시장 과열조짐이 보이자 조정대상지역 전매제한 강화, 1순위 청약자격 강화, 재당첨 제한 등을 정책을 펴며 규제를 강화하는 쪽으로 선회하였습니다.

문재인 정부: 2017년~2022년, 노무현 정부와 판박이 (규제 강화)

문재인 정부는 정권 초기부터 부동산 투기 근절에 강한 의지를 보였습니다. 그와 함께 강력한 부동산 규제 정책이 줄줄이 쏟아져 나왔습니다. 대표적으로 2017년 '8·2 대책', 2018년 '9·13 대책', 2019년 '12·16 대책' 2020년 '6·17 대책' 등입니다. 하지만 대책이 나올 때면 잠시 안정되는 듯 하다가도 시간이 지나면 금세 상승세로 돌아서곤 했습니다.

2021년 들어서는 정책 실패를 일부 인정하고, 일률적인 규제 정책에서 벗어나 3기 신도시 발표 등 주택 공급 확대 방안을 마련하고 있습니다. 그러나 집값 상승의 불길은 쉽사리 잡히지 않고 있습니다.

다음 정부에서는 어떻게 흘러갈까?

부동산 자산은 상승이든 하락이든 한 번 방향을 정하면 오랫동안 그

방향을 유지하는 속성이 있습니다. 국제적인 경제위기와 같은 외부의 변수가 없는 한 지금과 같은 분위기가 상당 기간 지속될 가능성이 높습니다.

그렇기 때문에 차기 정권에서도 부동산 가격은 뜨거운 감자가 될 전망입니다. 부동산 가격 안정화에 정권의 사활을 걸어야 한다는 말이 나올 정도입니다. 그리고 현 정권에서 세워놓은 공급 대책과 차기 정권에서 공급할 물량까지 더해진다면 결국 부동산 가격은 차차 안정세로 접어들 것입니다.

다만 공급 물량 증가에 따른 가격 안정 효과가 나타나려면 상당한 시간이 소요될 것입니다. 현 정부의 공급 대책이 본격적인 효과를 발휘하는 시점은 2025년 정도로 예측할 수 있습니다. 이후 부동산 가격이 하락 안정세로 접어들게 되면, 또다시 부동산 정책의 기조가 규제 완화로 가게 될 것은 불을 보듯 뻔한 일입니다.

규제는 가격안정에 얼마나 효과가 있을까?

투기와의 전쟁, 시즌2

문재인 정부는 시작부터 투기와의 전쟁을 선포했습니다. 그 이후 스무 차례가 넘는 부동산 가격 안정화 대책이 쏟아져 나왔지만 가격이 안정되기는커녕 치솟기만 했지요. 결국 부동산 가격의 원상회복이라는 외침은 구호로만 남게 되었습니다.

상식적으로 생각해보면 이렇게 강력한 부동산 규제 대책이 나올수록 가격은 안정되어야 할 것 같은데, 반대로만 가고 있으니 급기야 정부에서 세수 확보를 위해 고의적으로 가격 상승을 유도한 게 아니냐는 말까지 돌기도 했습니다.

규제할수록 오르는 규제의 역설

공급대책의 부재 과거에도 집값이 급등한 시기가 있었고, 그때마다 부동산 가격 안정화를 위한 대책이 있었습니다. 하지만 지금과 같은 급격한 상승을 한 시기는 노무현 정부와 현재 문재인 정부 시기입니다.

두 정부의 부동산 정책의 공통점은 공급 대책 없이 규제에만 치중했다는 것입니다. 이번 정부 초기에도 공급은 풍부한 것으로 간주하고 공급에는 크게 신경을 쓰지 않았습니다. 가뜩이나 서울 시내의 재개발·재건축이 수년째 정체되어 공급이 부족한 시장의 상황과 다르게 공급이 충분하다는 정부의 시그널은 상승세에 오히려 기름은 끼얹는 격이 되어 버린 것입니다.

풍선효과(balloon effect) 풍선의 한 곳을 강하게 누르면 다른 부분은 오히려 더 크게 부풀어 오르기 마련입니다. 이와 같이 특정한 문제를 해결하기 위해서 규제책을 썼을 때 오히려 다른 문제가 생기는 것을 우리는 '풍선효과'라고 합니다.

이번 상승장의 일등 공신은 누가 뭐래도 풍부한 저금리 기조로 인한 유동성이라고 할 수 있습니다. 시중에 돈이 너무 많이 풀리면서 갈 곳 없던 수많은 돈이 부동산 시장으로 흘러들게 된 것입니다.

서울과 수도권을 시작으로 많은 자금이 유입되어 부동산 가격이 오르기 시작했습니다. 그러자 정부는 상승세를 탄 지역을 개별적으로 강력한 규제로 묶어버렸습니다. 그런데 이는 오히려 다른 지역으로의 풍선효과만을 불러왔습니다. 아직 규제하지 않은 곳으로 돈이 몰린 것입니다. 그렇게 전국의 주요 도시가 규제지역으로 묶여버리게 되고 이는 연이은 부동산 상승으로 이어지게 되었습니다.

세금폭탄 이번 정부에서는 부동산 관련 세금에 대한 규제를 강화하였습니다. 높은 세금을 부과하여 다주택자들의 더 이상 늘어나는 것을 막고, 이미 가지고 있는 물량도 시장에 내놓도록 유도한 것입니다.

하지만, 시장의 반응은 정부의 의도와는 다르게 흘러갑니다. 종부세가 높아지자 사람들은 실속 있는 '똘똘한 한 채'로 몰렸습니다. 강남 집값의 상승폭만 더욱 가팔라진 셈입니다. 다주택자의 취득세가 최대 12%까지 높아져 추가 매수가 어려워지자 오히려 가진 물건을 매도하지 않고 최대한 가져가려는 추세가 강해지게 되었습니다.

그리고 양도세 최고세율이 무려 80%에 육박하는 수준까지 높아지면서 팔고 나면 남는 게 없다고 판단하여 차라리 규제 완화를 기대하며 매도를 미루게 되었습니다. 결과적으로 시장 나오는 물량 자체가 줄어들게 되었고, 이는 자연스레 가격 상승을 불러왔습니다.

계약갱신청구권 정부는 임대 시장 안정을 위해 임차인이 희망하는 경우 1회에 한해 2년 연장할 수 있도록 하는 주택임대차제도를 시행했습니다. 이른바 전세 2 + 2 제도로 전세 기간이 현재 2년에서 최대 4년까지로 연장되는 효과를 가지게 되었습니다. 동시에 전세를 연장할 경우 전세금 인상도 최대 5% 이내로 제한했습니다.

결과적으로 기존 임차인의 권리는 비교적 안정되는 효과를 가져왔습니다. 하지만 2년에 한 번씩 시장에 나와야 할 전세 물량 자체가 귀해지자 전세가는 자연스럽게 상승하기 시작했고, 전세가와 매매가의 갭이 좁혀지자 이는 다시 매매가의 상승을 불러오게 되었습니다.

매수 심리 자극 정부의 대책이 나옴에도 불구하고 부동산 가격이 계속 상승하자 사람들은 '더 늦으면 내집은 영원히 가질 수 없을지도 모른다'는 불안감에 휩싸였습니다. 동시에 정부의 공급 시그널 조차 임대주택 위주로 흘러가면서 오히려 무주택자들의 내집 마련 심리를 더욱 부추겼습니다. 말 그대로 젊은층의 '영끌매수' '패닉바잉'에 불을 지피게 된 것입니다.

규제에 대한 학습효과 반복된 규제에 대한 학습효과로 아무리 강한 규제도 가격 안정에는 크게 영향을 미치지 못하고 있습니다. 이는 이번 정부에서뿐만 아니라 노무현 정부 시기에도 경험한 투자자들이 많습니다. 정부의 규제와 관계없이 오를 시기가 되면 오른다는 인식이 강해진 것입니다.

당시에도 강력한 규제가 발표되면 일시적으로 아파트 가격이 진정세를 보였다가 이내 회복했습니다. 결국 임기 내내 부동산 가격은 줄곧 상승했지요. 이러한 경험들로 인해 집주인은 급하게 서두를 것 없이 '기다리면 오른다'는 인식이 강해지게 되었고 어떤 규제가 나와도 급하게 매도를 서두르지 않게 되었습니다.

그리고 투자나 주택 매수 경험이 전무한 2030세대 역시 어떤 규제가 나와도 이번 정권 내내 부동산 가격이 상승하는 것을 직접 봐왔기 때문에 더 이상 대책을 신뢰하지 않습니다. 정부에서 아무리 지금이 고점이라는 시그널을 보내도 먹히지 않은 이유입니다.

규제가 전부는 아니다

문재인 정부 시기 부동산 가격 급등이 반드시 잘못된 정책 탓만은 아닙니다. 앞서 말씀 드렸다시피, 가격 상승에는 다양한 요인이 있을 수 있습니다. 가장 큰 영향을 미친 것은 저금리 기조로 인한 풍부한 유동성 공급입니다. 그 외에 공급 부족, 매수 심리, 전세 가격 상승 등의 다양한 이유가 있을 것입니다. 그래서 부동산을 분석할 때는 한 면만을 보고 판단해서는 안 됩니다. 종합적인 시각으로 보는 것이 필요합니다.

부동산 시장이 상승세로 접어들 때 이 상황을 정책으로 잘 풀어내 급격한 상승을 지양하는 방향으로 유도했으면 어땠을까 하는 아쉬움이 남는 대목입니다.

투자와 투기 사이

왜 부동산 시장에만 투기가 많을까?

'주식 투기'라는 말을 들어본 적이 있나요? 아마 별로 없으실 겁니다. 주식 시장에서는 모든 참여 주체의 행위를 '투자'라고 표현합니다. 개인 투자, 기관 투자, 외국인 투자라고 하죠.

하지만, 주식과 달리 부동산 시장에서는 '투자'보다는 '투기'라는 말이 더 자주 쓰입니다. 사실상 실거주를 위한 1가구 1주택을 제외하고는 대부분이 투기로 불리는 경우가 많습니다. 땅 투기, 다주택 투기, 갭 투기라고 합니다. 지금과 같은 부동산 급등기에는 무주택자가 향후 실입주하기 위해 전세를 끼고 주택 한 채를 매수한 경우에도 투기로 간주하는 지경에 이르렀습니다.

투자와 투기는 한 끗 차이

투자와 투기의 구분은 모호합니다. 가치투자의 아버지라 불리는 벤자민 그레이엄(Benjamin Graham)은 "투자와 투기의 차이는 원금을 보존할 수 있는가 없는가가 기준이다."라고 말했습니다. 그리고 단기간에 시세 차익을 얻을 목적이면 투기고, 중장기적 관점에서 접근하면 투자라고도 합니다.

우리나라에서도 어떤 때에는 집을 한 채만 들고 있어도 고가의 주택이라는 이유로 투기꾼이라고 하기도 하고, 미분양 주택이 넘쳐나는 시기에는 나라에서 양도세를 깎아주기까지 하면서 다주택을 권하기도 합니다. 그러다 보니 나라에서 하라는 걸 하면 투자, 하지 말라는 걸 하면 투기냐는 볼멘소리가 나오기도 합니다.

이 모든 게 다 투기꾼 때문이다?

흔히들 투자자(혹은 투기꾼)가 부동산 가격 폭등의 주범이라는 말을 하곤 합니다. 정말 집을 여러 채 가진 투기꾼만 없어진다면 부동산 가격이 안정될 수 있을까요?

다주택을 보유한 투자자들이 사라진다면 일시적으로는 부동산 가격이 안정될 수 있을 것입니다. 하지만 장기적으로는 주택 공급이 위축되고 이는 결국 부동산 가격의 상승을 불러오게 됩니다.

쉽게 와닿지 않으신다면 부동산 하락기를 떠올려보면 이해가 쉽습니다. 지금과 같은 상승기에는 실수요자들은 주택가격이 비싸고 거품이 끼인 상태이므로 집을 매수하지 않습니다. 하지만, 하락기가 되면 오히려 실수요자들은 더욱 집을 매수하지 않습니다. 대부분이 집값이 더욱 떨어질 것을 우려하여 전월세로 거주하는 것을 희망하고 심지어는 보유하고 있는 주택을 팔기도 합니다.

아무도 집을 사지 않는다면, 수요가 없기 때문에 건설사는 더 이상 집을 지을 이유가 없습니다. 따라서 공급이 감소합니다. 결국 미분양으로 인해 도산하는 건설 회사들이 생기기도 하죠. 하지만 투자자들은 하락기에도 미래 가치를 염두하고 미분양 주택을 매수합니다. 이때에는 정부에서도 미분양을 없애고 건설경기 활성화를 위해 양도세 감면 등의 혜택을 주기도 합니다. 그리고 투자자들은 그렇게 매수한 주택을 저렴한 가격에 임대 물량으로 공급하며 가격이 상승하기를 기다립니다.

부동산 틈새 상식

수익이 없다면 공급도 없다

2021년 6월에 스웨덴의 스테판 뢰벤(Stefan Löfven) 총리가 부동산 문제로 사임을 하게 되었습니다. 스웨덴 같은 북유럽 복지국가에서 부동산 문제가 무엇이 있을까 의아한 분들이 많으실 텐데, 어찌된 일일까요?

스웨덴에서는 집주인이 임대료를 마음대로 올리지 못합니다. 임대료는 매년 세입자협회와 협의하여 인상률이 결정되는데, 매년 1% 정도 인상되는 수준에 불과합니다. 이렇다 보니 집주인의 입장에서는 비싼 집을 구입해서 임대를 한다고 해도 크게 남는 것이 없겠죠. 집을 구매하여 임대할 이유가 없어지니 이에 따라 주택 공급 또한 감소하게 됩니다. 그리고 공급의 감소는 자연스럽게 집값의 상승을 불러오게 되었습니다.

상황이 여기까지 오게 되자 총리가 신축주택의 임대료라도 규제를 완화하여 부족한 공급을 활성화하려 했지만, 의회의 반대에 부딪혀 결국 사임하기에 이르고 말았습니다.

이후 부동산이 제 가치를 인정받기 시작하면 시장 가격에 다시 부동산을 매도하는 식입니다. 미분양이 나는 지역은 주로 신도시나 기반 시설이 열악하여 실수요자들이 선호하지 않는 곳이기 때문에 부동산 투자자들이 없었다면 제대로 된 부동산 공급이 이루어지지 않거나 준공후 미분양 상태로 남아있었을 가능성이 높습니다.

투자를 해도 될까

지금과 같이 부동산 가격이 연일 신고가 행진을 계속할 때는 부동산 투자 또한 투기라는 인식이 널리 퍼질 수 밖에 없습니다. 결론적으로 자신이 투자자, 실수요자, 무주택자 중에서 어떤 포지션인지에 따라서 혹은 부동산 가격이 상승기냐 하락기냐에 따라 투기와 투자에 대한 정의가 달라질 수밖에 없습니다.

하지만 간과해서는 안 되는 부분은 개인이 투자와 투기를 구별하는 주관적인 잣대를 들이대 이를 구분하고 각각의 역할에 따를 필요는 없다는 점입니다. 개인들은 지금 자신의 행위가 법의 테두리 안인지 바깥인지를 가장 중점적으로 판단해야 합니다. 법적으로 처벌 받는 투기 행위는 탈세, 불법적 사전취득, 불법 자금 조달 등입니다. 그러므로 본인의 투자 행위가 불법이 아니라면 내집 마련과 잃지 않는 투자를 흔들림 없이 이어나가야 할 것입니다.

부동산 영끌,
패닉바잉이냐 막차 올라타기냐

우리의 영혼까지 끌어모아

> "다주택자와 법인 등이 내놓은 물건을
> 30대가 '영끌'해서 샀다는 데 안타까움을 느낀다."
>
> 2020년 8월 25일, 김현미 당시 국토교통부 장관

부동산을 매수할 때 흔히들 '영끌매수'라는 말을 많이 씁니다. 영끌매수란 영혼까지 끌어모아서 집을 매수한다는 것의 줄임말로, 주택을 매수하면서 조달 가능한 모든 돈과 레버리지를 활용하여 주택을 매수하는 것을 말합니다. 이 과정에서 주택담보대출은 물론 신용대출, 회사 대여금, 부모의 도움 등 가용할 수 있는 모든 수단을 동원하게 됩니다.

부동산 틈새 상식

패닉바잉과 패닉셀링

'패닉바잉(panic buying)'은 가격 상승과 물량 소진 등에 대한 불안 심리로 주식, 부동산 등을 매수하는 일을 말합니다. 이런 때에는 보통 가격 급등과 많은 거래량을 동반하게 됩니다.

반대로 '패닉셀링(panic selling)'이란, 자산 가격 하락에 대한 극도의 공포에 휩싸여 매도하는 것을 말합니다. 다른 투자자들의 매도 심리도 자극해서 급격한 하락장을 만들게 됩니다.

전문가들이 영끌매수에 대해서 경고하는 이유는 어찌보면 당연합니다. 영끌을 하다 보면 자연스럽게 자신의 능력에 비해 많은 레버리지를 활용하게 되기 때문입니다. 이 경우 주택 가격이 지속적으로 상승한다면 큰 문제가 되지 않겠지만, 가격이 하락하거나 금리가 인상되어 이자 부담 증가와 같은 리스크가 발생할 경우 이에 대비하기 어려워집니다.

영끌 말고 다른 방법이 있을까?

하지만 많은 전문가들의 경고에도 불구하고, 시장의 움직임은 조금 다른 것 같습니다. 주택 구매를 희망하는 실수요자 입장에서는 막상 매수를 하려면 '저축한 돈으로만' 혹은 '본인의 능력에 맞는' 적당한 수준의 집은 찾아보기 어렵습니다.

이미 2021년 하반기 기준 현재 서울의 주택 중위가격은 11억 원, 수도권은 7억 원을 돌파했습니다. 눈을 조금 낮춰 능력에 맞는 집을 찾으라는데, 본인의 능력에 맞춰 집을 구매한다면 서울에서는 빌라도 어려운 게 현실입니다.

사실, 부동산이라는 재화는 사람들이 구입할 수 있는 그 어떤 재화보다 가격이 높습니다. 그렇기 때문에 주택을 매수할 때는 필연적으로 높은 레버리지를 사용하게 됩니다. 하지만 개개인마다 감당할 수 있는 원리금 수준과 리스크의 범위는 각자가 처한 상황의 수만큼 다양할 겁니다.

동일한 비율의 레버리지를 사용하더라도 소득격차에 따라 가격을 받아들이는 정도도 다를 것이며, 매수 목적이 투자냐 실거주냐에 따라서도 차이가 납니다. 전자일 경우 높은 레버리지는 부담스럽게 느껴지겠지만, 후자의 경우라면 상대적으로 높은 레버리지를 사용해도 부담이 덜합니다.

패닉바잉 vs 막차 올라타기

매수한 사람이 승자가 되었다 개인은 결국 영끌매수를 할 때, 패닉바잉이든 막차 올라타기든 선택에 내몰리게 됩니다. 주택 시장의 급격한 상승으로 다시는 집을 사지 못할 것이라는 공포에 질려 젊은 층들이 '패닉바잉'에 뛰어들게 된 것이 2020년 초부터입니다. 그러나 그 이후에도 부동산 가격은 쉴 새 없이 상승하여 결과적으로 패닉바잉을 한 대부분의 사람들은 성공적인 투자를 한 셈이 되었습니다.

이제는 패닉바잉도 어렵다 최근의 분위기를 보면 이제는 영끌을 해도 패닉바잉이 불가능한 가격대로 접어들고 있습니다. 부동산 가격의 급등으로 저축한 돈과 주택담보대출, 신용대출 등을 모두 더해도 매수할 수 있는 주택 자체가 빠르게 줄어들고 있기 때문입니다.

그에 따라서 자산시장으로의 진입 자체를 포기하는 계층도 생겨나고 있습니다. 사실상 '영끌'을 통해서 '패닉바잉'이라도 가능한 사람과 그렇지 않은 사람으로 계층이 나뉘고 있는 게 현실입니다. 물론 시간이 지날수록 자산 양극화가 심해지는 것은 어느 국가나 겪는 일이지만, 그 시계가 더 빨라진 것입니다.

무주택자들의 마지막 희망, 청약 무주택자들의 마지막 희망인 청약도 결코 만만한 길이 아닙니다. 열심히 청약가점을 모으고 관리하면서 당첨을 노려보지만, 역시 어렵습니다. 나의 청약가점이 높아지는 동시에 다른 청약 대기자들의 가점도 비슷하게 높아지기 마련입니다. 특히 분양가가 점점 시세와 비슷하게 오르고 있다는 점 또한 주목해야 합니다. 3기 신도시 사전 청약 분양가를 보면 알 수 있듯이 예전과 같은 '로또청약'은 더 이상 없습니다. 청약에 당첨되더라도 영끌을 해야하는 것은 마찬가지인 것입니다.

실거주를 위한 주택은 언제든 올라타야

영원한 상승은 없다 이번 상승장은 어느 때보다도 그 기간이 길고, 상승률도 높습니다. 그래서 지금 당장 느끼기에는 부동산 가격이 영원히 상승할 것처럼 느껴지기도 합니다. 하지만 어떤 자산이든 영원히 상승하지는 않습니다. 오르막이 있으면 내리막이 있고, 급격한 상승 뒤에는 늘 오랜 시간에 걸쳐 조정 혹은 보합이 있었습니다. 결국 어느 정도 시간이 흐르면 가격이 안정되는 시기가 옵니다.

언제쯤 안정될까 부동산 조정이 오는 시기를 가늠하기 위해서는 현재 정부의 포지션을 봐야 합니다. 현재 문재인 정부는 차기 대선을 앞두고 부동산 가격 안정을 위한 대부분의 대책을 소진했습니다. 따라서 현재의 규제 포지션을 유지한다면 더 이상 나올만한 부동산 대책은 없다고 봐야 합니다.

금리인상과 같이 대외적인 변수에 따라 영향을 받는 부분을 제외하고는 지금과 같은 상황에서는 공급 대책만이 가격 안정에 유효합니다. 현재 진행 중인 3기 신도시 공급 물량이 가격 안정에 영향을 미칠 시기는 대략 2025년부터로 예상됩니다. 앞으로 대략 3년 정도의 시간이 있지만, 차기 정

● 주택자가보유율 추이

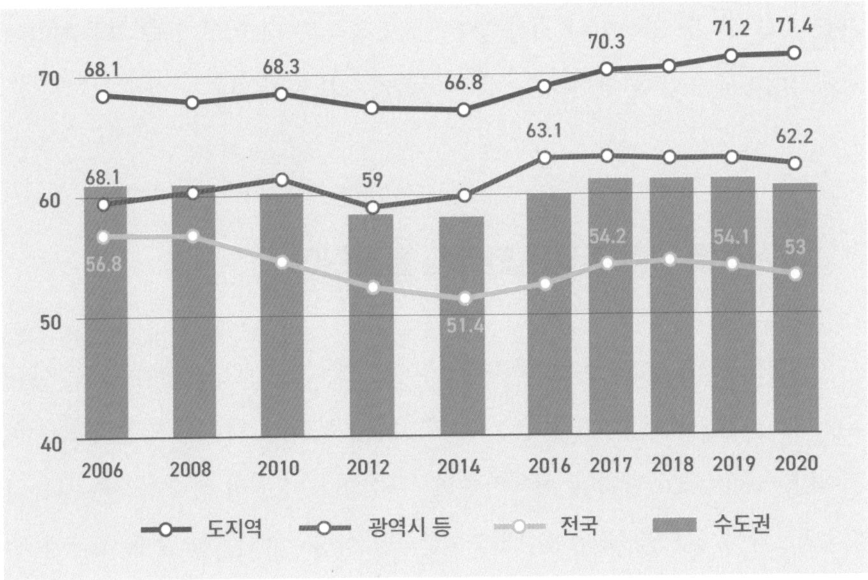

자료: 국토교통부

권에서도 확실한 공급 시그널을 주지 않는다면 주택 가격은 그 기간까지도 계속해서 상승세를 이어갈 가능성이 높습니다.

실수요라면 언제든 올라타야 시간이 지나면 결국 부동산 가격이 안정되겠지만, 아무리 시간이 흘러도 폭등 전 가격으로 돌아가진 않을 것입니다. 따라서 레버리지를 쓸 수 있고, 대출을 상환할 수 있는 여력이 있으신 분들이라면, 지금이라도 내집 마련을 하는 것이 바람직합니다.

단기적인 안목으로 손익을 계산하기보다는 부동산 자산의 큰 사이클을 봐야 합니다. 단기적인 조정은 있지만 결국은 우상향한다는 관점에서 내집 마련을 한다면 하락에 대한 두려움 또한 덜할 것입니다.

3장 정리 문제

1. 박정희~김대중 정부의 부동산 정책에 대한 설명으로 틀린 것은?

① 박정희 정부 시기, 지방의 인력들이 서울로 일자리를 찾아오면서 지가가 급격히 상승했다.

② 1970년대 강남 개발은 1960년대 후반 시작된 한남대교와 경부고속도로 건설로 시작됐다.

③ 1기 신도시인 경기도 분당과 일산, 평촌 신도시는 전두환 정부 시기에 만들어졌다.

④ 김대중 정부 시기에는 양도세 감면, 분양가 규제 완화, 토지거래허가제와 신고제를 폐지하는 등 부동산 부양책을 적극 시행했다.

2. 노무현~문재인 정부의 부동산 정책에 대한 설명으로 틀린 것은?

① '투기와의 전쟁'을 선포한 노무현 정부에서는 2기 신도시 공급을 추진하면서 어느 정도 집값 상승의 불길을 잡았다는 평가를 받는다.

② 2008년 미국발 글로벌금융위기가 닥치면서 국내 주택 시장도 하락세를 타게 되자 이명박 정부에서는 투기지역 해제, 양도세 감면 등을 시행하며 부동산 경기 부양책을 추진했지만 뚜렷한 효과를 보지는 못했다.

③ '빚 내서 집 사라'는 구호 아래 박근혜 정부는 LTV와 DTI를 완화하면서 규제를 크게 완화했으나 임기 말에 주택 시장이 과열되자 결국 규제를 강화하는 쪽으로 돌아섰다.

④ 문재인 정부에서는 해마다 부동산 규제 대책을 내놓았으나 여태까지 이렇다 할 효과를 보지 못했으며 3기 신도시 공급 방안을 추진하는 등 공급 확대 방안을 마련하고 있다.

3. 탈세와 부동산 투기를 막는 효과를 가져온 ______________은/는 부동산을 거래할 때 실제 보유자의 이름을 사용하도록 한 제도로, 김영삼 정부 시절이던 1995년부터 시행되었다.

4. 부동산 규제에 관련한 설명 중 옳지 않은 것은?

① 풍선효과란 한 가지 문제를 해결하기 위한 대책을 썼을 때 오히려 다른 문제가 발생하는 현상을 말한다.

② 2021년 현재 부동산 상승장의 요인 중 하나는 풍부한 자금 유동성도 있다.

③ 문재인 정부는 높은 세율을 통한 부동산 규제책을 동원했지만 오히려 '똘똘한 한 채'로의 수요를 더욱 부추겨 강남 집값이 오르는 결과를 낳았다.

④ 주택임대차제도에 따르면 계약을 갱신할 때 전세금 인상을 최대 3% 이내로 제한한다.

5. 다음 설명 중 틀린 것은?

① 부동산 영끌매수는 금리 인상이나 부동산 가격 하락과 같은 위험 요소를 품고 있다.

② 패닉 바잉이란 지속되는 가격 상승에 불안감을 느낀 사람들이 부동산 매수 대열에 합류하는 흐름을 말한다.

③ 가격 안정을 위해 대책으로 공급 강화는 큰 효과를 내지 못할 것이다.

④ 상승장이든 하락장이든 실수요자라면 언제든 내집 마련을 시도해야 한다.

정답: ③ / ① / 부동산실명제 / ④ / ③

4장

한국인이라면 제발 내집 마련

내집 마련은
언제 하는 게 좋을까?

언제까지 기다려야 할까?

종종 뉴스 기사나 유튜브 등 각종 경제 채널에서 지금은 '내집 마련'을 하기에 적당한 시기가 아니라고 합니다. 주위 사람들도 마찬가지고요. 코로나19 팬데믹과 금리 변동 등으로 시장 자체가 불안하기도 하고, 집값이 최고점을 찍은 현재에는 그저 관망하며 더 좋은 때를 기다리는 게 바람직하다고 합니다. 그런 분들에게 매수 적기가 언제인지 물으면 대답은 한결같습니다. "기다리다 보면 온다."

지금 대한민국 2030세대에게 직장과 가까운 수도권에 내집을 한 채 마련하는 것은 취업보다 더 어려운 일입니다. 올해 서울 소재 신규 분양 아파트 단지 청약의 당첨 커트라인은 최소 60점입니다. 무주택기간이 짧고 자녀가 없는 신혼부부, 사회 초년생들에게는 거의 불가능한 점수라고 볼 수 있습니다.

신혼부부 특별공급이나 생애최초 특별공급이라도 노려보고 싶지만, 경쟁률을 생각하면 이 또한 쉬운 일이 아닙니다. 준신축이나 구축 아파트 매수라는 차선책을 고려해도 최근 3~4년 동안 집값이 올라도 너무 올라 지금까지 모은 돈으론 턱없이 부족합니다. 마지막으로 남은 희망이었던 대출의 문도 투기 과열 억제를 위해 정부가 닫아버리면서 이것 또한 어려워졌습니다.

그래도 살 집은 있어야 한다

내 소유의 집은 마련하지 않더라도 당장 들어가서 살 집은 있어야 합니다. 집을 구하는 방법은 자가를 빼면 대다수가 월세 혹은 전세를 떠올리실 겁니다. 요즘에는 집값 상승에 따른 높은 전세가 때문에 반전세의 형태도 많습니다.

자가 대신 임대로 사는 이유는 저마다 다양합니다. 당장에 집값이 너무 비싸 내집 마련을 뒤로 미루거나, 무주택 상태로 청약가점을 쌓아 청약에 도전하는 것이 유리하다고 판단해서 기다리는 경우 그리고 직장 문제로 타지에 근무하게 된 경우 등 제각각 사정이 있습니다.

이유야 어떻든, 임대로 거주하면서도 누릴 수 있는 장점은 있습니다. 부동산을 매수할 때 드는 취득세와 거래 비용을 피할 수 있고, 전세를 사는 동안에는 관리비 외에 추가적인 비용을 부담하지 않아도 됩니다. 전세를 뺄 때는 전세금을 그대로 돌려받습니다. 또한 전세 자금 대출은 서민 주거 안정을 위해서 정책적으로 전세 보증금의 80%까지는 저리(低利)로 빌려주기도 하니 무척 합리적으로 보이지요. 월세는 더욱 간단합니다. 목돈 없이 얼마의 보증금과 매달 지불할 월세만 있으면 됩니다. 일정한 요건을 충족한다면 세액공제 혜택도 주어집니다.

전세와 월세가 정말 합리적일까?

회계비용(달마다 나가는 월세 또는 전세 이자, 2년 혹은 4년마다 이사할 때 드는 비용, 새로운 집을 알아볼 때 드는 중개수수료 등)만을 놓고 따져봤을 때는 집을 사는 것보다 빌리는 게 훨씬 저렴하고 합리적으로 보입니다. 하지만 이렇게 단순 회계비용만으로 매매와 전세 여부를 판단해도 될까요? 더 중요한 고려 사항은 매수를 미뤘을 때의 이익과 놓친 기회비용입니다. 이런 기회비용에는 어떤 것들이 있을까요?

첫째로, 월세나 전세로는 안정적인 주거 환경을 누릴 수 없습니다. 만기가 다가오는 것만큼 큰 걱정이 없기 때문입니다. 아파트 값이 상승하면 전세 보증금까지 따라 올라가면서 집주인이 기존 세입자를 내보내는 일이 생기기도 합니다. 따라서 나의 안정적인 보금자리가 없는 것에 대한 불안함과 스트레스를 늘 안고 살 수밖에 없습니다. 특히 요즘처럼 집값이 오르는 시기에는 뉴스를 볼 때마다 내가 매수 타이밍을 놓친 건 아닐까 싶기도 하고, 노후를 생각하면 더욱 스트레스를 받게 되지요. 이런 정신적인 피로감도 모두 비용에 포함해야 합니다.

둘째로 오르는 집값에 따라 같은 전세금을 주고도 집이 점점 주거 환경이 나쁘거나 입지가 떨어지는 곳으로 밀릴 것입니다. 이렇게 되면 직장도 멀어지고, 교통편도 불편해지며 심지어 자녀들이 다른 지역으로 전학을 가야 하는 경우까지 생깁니다. 자녀의 교육이나 정서적인 면을 생각할 때도 결코 좋은 일이 아닙니다.

마지막으로 집값 상승에 따른 시세 차익을 전혀 누릴 수 없습니다. IMF 사태나 글로벌금융위기와 같은 경제 공황 시기를 제외하면, 집값은 꾸준히 계속 상승해왔습니다. 대출 이자나 세금 등 여러 제반 비용을 아무리 따져 봐도 1년 혹은 몇 년에 걸쳐 1억 원씩 집값이 오르게 되면 그 동안의 비용은 모두 상쇄하고도 남게 됩니다. 사실 이 기회를 놓친 것에 대한 비용이 제일 크다고 할 수 있습니다.

원리금만큼 좋은 적금은 없다

내집 마련을 미루는 이유로 대출이 부담스럽다는 반응이 의외로 많습니다. 사실 이 부분은 부모님 세대의 영향이 큽니다. 과거에는 금리가 높았기 때문에 대출 이자에 대한 부담이 컸을 뿐만 아니라 외환위기와 같은 경제위기를 겪어내면서 '대출 잘못 하면 패가망신한다'는 인식이 팽배해졌기 때문입니다.

물론 저금리 시대인 지금도 부담이 적은 것은 아닙니다. 예를 들어 5억 원짜리 집 매수할 때 주택담보대출 3억 원을 받는다면, 원리금 부담(약 2.4%~3.0%)이 매월 120만 원 정도입니다. 맞벌이라 하더라도 평범한 직장인에게는 부담되는 금액인 건 사실이지요.

임대로 비슷한 수준의 집을 구해서 거주한다면 당장에 드는 비용은 상대적으로 줄일 수 있긴 할 것입니다. 그러나 아무리 임대료를 많이 내고 오랫동안 거주하여도 그 집에 대한 내 지분은 0%입니다. 말 그대로 남 좋은 일만 시키는 게 됩니다. 결국에는 내집 마련을 할 마음이 있는 사람은 적금을 들어 돈을 모을 테지요. 그런데 돈을 모으는 동안 아파트 값은 내 적금 이율

보다 훨씬 빠르게 올라서 막상 집을 사려는 시기에는 다시 또 처음에 필요했던 돈만큼, 더 나쁜 경우엔 더 많이 필요하게 될 수도 있습니다. 그래서 처음부터 그냥 내집을 마련하여 주택담보대출의 원리금을 갚아 나아가는 게 빠르게 돈을 불릴 수 있는 방법입니다. 원리금보다 더 좋은 적금은 없습니다.

그렇다면 내집 마련의 적기는 언제일까?

결국 내집 마련은 빠르면 빠를수록 좋습니다. 84A타입, 판상형, 중층 이상과 같이 완벽한 기회만을 노리기보다는 너무 큰 부담이 되지 않는 선에서 소형이나 구축이라도 빠른 시일 내에 내집을 마련하는 게 더 중요합니다. 물론 미래 가치도 고려할 수 있는 안목이 있다면 금상첨화겠지요.

가격이 떨어지면 혹은 정권이 바뀌면 사겠다는 경우도 있습니다. 하지만 가격이 언제 떨어질지, 정권이 바뀔지 그리고 정권 교체가 가격에 어떤 영향을 미칠지 누가 정확히 판단할 수 있을까요? 그러한 가능성에 배팅을 한다면 상당히 위험한 선택이 될 수도 있습니다. 가격 조정 중 매수하는 행위, 소위 '떨어지는 칼을 손으로 받는 행동'은 투자 경험이 많은 투자자들에게도 결코 쉽지 않은 일입니다.

자산 시장에 투자하는 것은 늘 하락에 대한 리스크와 함께 가는 것입니다. 사실 집값이 영원히 오를 것이라는 확신만 있다면 누구라도 내집을 마련하겠죠. 부동산 매매 역시 투자로서 리스크가 존재합니다. 하지만 정말로 내가 거주할 한 채는 상승과 하락에 관계 없이 실거주 가치만으로도 매수할 이유가 충분합니다. 그러니 너무 미루지 마시고 나와 내 가족의 보금자리를 장만하는 기쁨을 누려보시기 바랍니다.

내집 마련은 빌라보다 아파트에서 하세요

괜찮은 빌라도 있지 않을까?

신혼집을 구하는 젊은 부부들이 서울 시내에서 출퇴근하기 괜찮은 입지의 아파트는 이미 대부분 가격이 너무 높습니다. 서울 아파트 평균 매매가격이 10억 원을 넘어섰으니, 평범한 맞벌이 가구라면 '영끌'을 해도 진입 자체가 불가능하다고 볼 수 있습니다.

결국 가진 돈으로 아파트를 매수하려면 서울 바깥으로 범위를 넓혀야 합니다. 하지만 수도권으로 나가도 입지 좋은 신축은 서울과 별반 차이가 없고 가진돈으로 매수할 수 있는 아파트는 구축에, 가격도 그다지 저렴하지 않습니다. 게다가 서울까지 통근 시간만 2시간 넘게 걸리니 막상 매수하기가 망설여지는 게 사실입니다. 그럴 바엔 차라리 서울 시내에 위치한 데다가 가격도 괜찮고 깔끔한 신축빌라가 현실적으로 더 괜찮은 선택이 아닐까요?

● 서울 아파트 평균 매매 가격

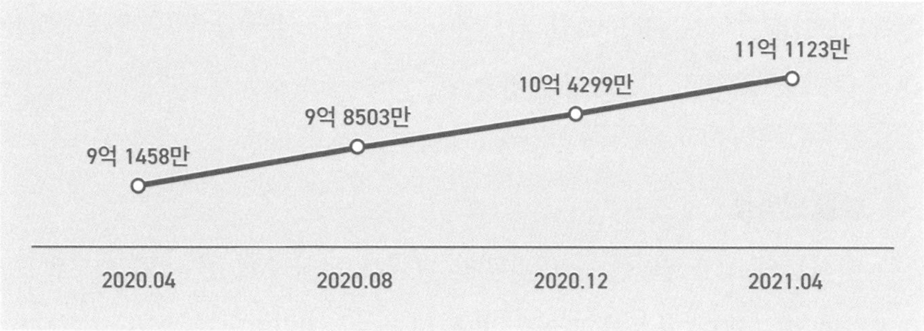

출처: KB국민은행 리브부동산

아파트보다 빌라가 싼 이유

우리가 흔히 말하는 빌라는 '다세대 주택'으로, 한 건물 안에 여러 세대가 거주할 수 있는 4층 이하의 건축물입니다. 신축이라도 아파트보다 상대적으로 가격이 저렴해서 주로 신혼부부나 젊은 직장인들이 선호합니다. 하지만 빌라는 아파트에 비해 단점이 많습니다.

입지와 교통

아파트는 한정된 공간에 많은 세대가 거주하기 때문에 계획 단계에서부터 교통 계획을 수립해야 합니다. 이 때문에 대로나 역세권을 끼고 들어서는 경우도 많고, 이미 지하철이 들어와 있거나, 역이 건설될 예정지에 아파트를 건설하기도 합니다. 그리고 설령 처음 입주할 당시에는 교통편이 불편했더라도 주민들이 점차 들어와 살기 시작하면 교통 대책이 추가로 수립되기도 합니다.

반대로 빌라는 애초에 땅값이 저렴한 언덕이나, 골목길 안쪽처럼 입지가 열악한 곳에 자리를 잡는 경우가 많습니다. 그래서 진입로조차 제대로 갖춰져 있지 않기도 합니다. 또한 입주민들의 숫자도 적어서 하나의 목소리를 내 주변 주거 환경을 개선하기 어렵습니다.

생활 편의성

아파트의 생활 편의성은 빌라뿐만 아니라 단독주택 등 어떤 형태의 주거공간과 비교해도 월등히 뛰어납니다. 단지 안 어린이집과 상가, 커뮤니티 시설(수영장, 헬스장, 독서실 등)까지 완비되어 있으며 요즘에는 초등학교까지 끼고 있는 단지도 많습니다. 그러나 무엇보다도 가장 큰 장점은 주차장입니다. 오래된 구축 아파트를 제외하고는 대부분 일정 면적 이상의 주차장이 확보되어 주차 문제로 고민하는 일은 크게 없습니다.

반면 빌라의 경우에는 커뮤니티 시설은 고사하고 엘리베이터조차 없는 경우가 많아 이사를 하거나 큰 짐을 옮길 때마다 어려움을 겪을 수 있습니다. 또한 주차장이 있어도 크기가 협소하여 주차가 불편합니다. 골목길에 주차를 하거나 근처의 유료 주차장을 따로 이용하는 이유도 그 때문이죠.

주거 쾌적성

빽빽하게 들어선 아파트를 보면 답답하다고 느껴질 때도 있습니다. 하지만 기본적으로 아파트는 시공사에서는 남향 위주 배치에 일조권 확보에 신경을 많이 쓰고, 단지 안에 공원과 놀이터 등의 시설을 갖추도록 체계적으로 설계합니다. 요즘 새롭게 지어지는 아파트의 경우에는 지상에 차량이 아예 통행하지 않고 지상 단지 전체를 공원으로 만들기도 합니다.

그에 반해 빌라는 주로 골목에 위치하다보니 주거 쾌적성은 고사하고 햇빛도 제대로 들어오지 않는 곳이 많고 동네가 노후화할수록 슬럼화가 진행되면서 주거 쾌적성이 점점 나빠지는 경우가 많습니다.

건물 관리

아파트는 고층이고, 보통은 대기업에서 건설을 맡습니다. 그래서 시공과 감리가 상대적으로 꼼꼼한 편입니다. 하지만 빌라는 대부분 소형 건설사를 통해 건축을 하게 되고, 건축주 또한 원가절감에 주안점을 둔 경우가 많습니다. 이 때문에 건물을 아파트만큼 잘 짓기가 쉽지 않습니다. 또한 하자가 발견되는 경우에도 아파트는 시공사에서 일정 기간 동안 의무적으로 보수해 주지만, 빌라는 그러한 과정이 제대로 이루어지는 경우가 드뭅니다.

입주 후 관리도 매우 중요한 부분입니다. 아파트는 입주자대표회의를 통해 선정된 관리업체에서 전반적인 관리를 도맡아 하기 때문에 관리비만 내면 크게 신경 쓸 부분이 없습니다. 하지만 빌라는 관리 주체가 없거나, 있어도 제대로 운영되지 않는 경우가 많아 자잘한 수리부터 누수 같은 큰 문제까지 입주민이 직접 해결해야 하는 경우가 많습니다.

투자 가치

빌라는 매수 단계에서부터 투자하기가 쉽지 않습니다. 우선 제대로 된 시세 파악이 어렵습니다. 앞서 말씀드렸다시피 아파트의 경우에는 조금씩 차이는 있지만 그래도 '시세'라는 것이 형성되어 있습니다. 하지만 빌라는 입지부터 건물 상태, 시세 등이 모두 제각각입니다. 이 때문에 초보자의 경우에는 시세 파악이 쉽지 않아 고평가된 가격에 매수할 우려가 있습니다.

그리고 부동산은 주식처럼 원하는 시기에 쉽게 팔 수 있는 투자 수단이 아닙니다. 특히 시장이 침체되어 하락장에 접어들기 시작할 땐 빌라의 경우 아파트에 비해 매도하기가 훨씬 어렵습니다. 그리고 건물이 낡기 시작하면 재개발이나 특별한 호재가 발생하지 않는 한 시세하락폭이 아파트에 비해 훨씬 큰 편입니다.

그래서 결국은 아파트다!

첫 내집은 가급적 아파트로 마련하시기 바랍니다. 부동산 가격은 길게 보면 대부분이 우상향의 모양을 띄고 있습니다. 아파트는 상대적으로 가격이 잘 오르고, 일단 오르고 나면 갑자기 크게 떨어지는 경우는 드뭅니다. 그래서 처음에 약간 무리를 하더라도 아파트에서 시작을 해야 그 아파트를 밑천 삼아 계속 상급지의 아파트로 이동하며 자산을 불려나갈 수 있습니다.

하지만 빌라에서 시작한다면 자산 가격이 상승할 여지가 별로 없고, 상승하더라도 주변 아파트의 상승폭을 따라 잡기가 힘듭니다. 그래서 빌라를 매도하여 아파트로 갈아타는 것은 시간이 갈수록 어려워지게 됩니다. 작은 차이가 나중에는 따라 잡을 수 없는 큰 차이를 만들어 내게 되는 것입니다.

부동산 틈새 상식

그래도 빌라에 눈이 간다면

신혼부부들 중에 경제적인 부담으로 실거주로 빌라 매수를 고려하는 분들이 있습니다. 대학생 또는 사회초년생 시절 원룸에서 살았을 때의 경험이 그리 나쁘지 않았기 때문인 경우가 많습니다. 하지만 혼자 사는 것과 가정을 꾸려서 사는 것은 전혀 다른 문제입니다. 섣불리 매수를 결정하기보다는 먼저 월세로 살아보는 것은 어떨까요? 전세로 살게 되면 또 다시 목돈이 묶이게 되어 기회비용을 잃을 수 있으니까요.

택지와 도심 재개발지역, 어디를 사는 게 좋을까?

주택을 공급하는 두 가지 방법

언젠가 제가 어릴 적 살던 동네 근처를 지나던 중 깜짝 놀랐던 적이 있습니다. 당시에는 단독주택과 빌라만 있었던 곳에 번듯한 신축 아파트 단지가 들어서 있었기 때문입니다. 아무 것도 없는 임야였던 곳에 멀끔한 신도시가 생기는 것도 흔한 일이 되었습니다.

이렇듯 주택을 새롭게 공급하는 방법에는 크게 두 가지가 있습니다. 먼저 기존에 낡은 주택들을 재건축·재개발하는 방법입니다. 주민들이 조합을 설립하여 건설사와 손잡고 재건축·재개발 정비사업을 통해 신규 주택을 공급하는 형태입니다.

또 다른 하나는 기존에 주택 등 부동산이 없는 곳에 택지개발사업을 통해 신규 주택을 대규모로 공급하는 방법입니다. 분당이나 동탄 그리고 판교 신도시와 같은 곳들이 바로 이러한 택지개발사업의 사례이지요.

이미 인프라를 갖춘 도심 재개발 아파트

도심 재개발의 장점

완비된 인프라 주택을 공급할 때 빈 땅에 아파트만 덩그러니 지어놓으면 아무도 들어와서 살 마음이 생기지 않겠죠. 그래서 주변 인프라가 얼마나 갖춰질지도 매우 중요합니다. 일반적으로 사람들이 가장 중요하게 생각하는 부분은 입지(교통, 직주근접성), 주거 환경(쾌적성), 편의시설(상권, 병원, 관공서 등), 교육 환경입니다.

신도시의 경우 이러한 인프라가 갖춰지기까지 보통 10년 정도가 걸립니다. 반면 도심 재개발사업은 새롭게 인프라를 구축할 필요 없이 기존에 깔려 있는 인프라를 그대로 이용할 수 있어서 정주여건이 뛰어납니다. 병원과 대형마트뿐만 아니라 지하철 노선까지 들어와 있는 경우도 많습니다.

풍부한 수요 도심 재개발 아파트는 직주근접이라는 뛰어난 입지로 인해 꾸준한 전세 수요가 있고 인근에 거주하는 주민들의 이주 수요 또한 풍부합니다. 특히 같은 지역에서 오랫동안 거주해온 사람들이나 학교에 다니는 어린 자녀가 있는 경우와 같이 다른 지역으로 이동하기 부담스러운 사람들에게 선호도가 높습니다.

주거 환경 개선 도심 재개발은 슬럼화된 주거지를 완전히 철거하기 때문에 일대에 큰 변화를 일으킵니다. 자동차가 다닐 수 없는 좁은 골목길과 안전 사각지대가 사라지고, 거미줄처럼 복잡하던 전깃줄도 모두 지중화(전봇대를 철거하고 전선을 땅에 묻는 것)됩니다. 골목길에 불법 주차되어있던 차들도 사라지게 되죠. 그래서 도시 미관이 개선될 뿐만 아니라 범죄율이 낮아지는 등 삶의 질 또한 높아집니다.

신규주택 공급 도시의 주택이 노후화하면 결국에는 이를 허물고 새로 지어야 합니다. 하지만 개인이 감당하기에는 비용이 만만치가 않습니다. 도심 재개발을 통해 신규주택을 공급하게 되면 주택소유자들은 상대적으로 저렴한 비용으로 공급받을 수 있습니다. 뿐만 아니라, 추가 용적률을 확보하여 전체 세대 수가 증가하고 이는 신규주택 공급을 가능하게 합니다.

도심 재개발의 단점

구도심의 한계 도심 재개발은 주변의 인프라를 활용할 수 있다는 장점이 있습니다. 그러나 기피 시설을 피할 수 없다는 단점도 존재합니다. 단지 안이 아무리 쾌적하더라도 단지 바깥에 유흥가, 숙박업소, 공장지대가 자리잡고 있다면 입지 프리미엄은 떨어질 수밖에 없습니다.

높은 분양가 정비사업으로 공급되는 아파트는 기본적으로 입지에 대한 프리미엄이 높게 형성되어 있어서 분양가 또한 높습니다. 이는 신규 주택을 기다렸던 청약 수요자들에게는 금전적인 부담을 주기도 합니다. 반대로 조합원들에게 높은 분양가는 비례율 상승이라는 혜택으로 돌아오기도 합니다.

주변 시세에 영향 도심 재개발을 위해 주택을 철거하면 기존 주택에 살던 사람은 재개발 아파트 입주 전까지 살 곳이 있어야겠지요. 이 때문에 해당 지역의 전세 수요도 늘어나 전세가를 상승시키고 이는 매매가에도 영향을 주게 됩니다.

또한 재개발로 신축 아파트가 공급되고 나면 일반적으로 주변 구축 아파트에 비해 높은 시세가 형성됩니다. 이 때문에 주변의 구축 아파트는 상대적으로 가격이 저렴하게 인식되어 가격이 급격히 상승하기도 합니다. 투자자 중에는 이러한 흐름을 예상하고 재개발·재건축 구역 주변 아파트를 매수해 시세 차익을 얻는 경우도 있습니다.

신도시를 만드는 택지개발사업

택지개발사업의 장점

높은 쾌적성 택지 지구의 가장 큰 특징은 도시가 바둑판 혹은 방사형으로 잘 구획되어있다는 점입니다. 각 구획마다 상가와 주택, 공원 등이 깔끔하게 배치되어 환경이 쾌적합니다. 게다가 유흥가, 숙박업소, 공장과 같은 유해시설은 애초에 들어설 수 가 없습니다. 그래서 도심 재개발 아파트는 비어있는 땅에 택지를 조성하는 택지 구역의 좋은 환경을 따라갈 수가 없습니다.

저렴한 분양가 신도시 건설과 같은 택지개발사업은 대규모 주택 공급을 가능하게 합니다. 일례로 분당신도시 건설 당시에 아파트 88,700가구를 비롯해 연립주택 6,400가구 등 총 97,500가구가 신규 공급 되었습니다.

택지개발은 재개발에 비하여 택지조성원가가 낮습니다. 따라서 낮은 분양가로 대규모 주택 공급이 가능한 것입니다. 이로써 청약경쟁률이 낮아지고, 주택 가격은 안정화로 이어지게 되므로 경제력이 부족한 젊은층에게는 좋은 기회가 될 수 있습니다. 이렇게 낮은 시세는 인프라가 구축되면 서서히 오르기 시작하여 입주가 마무리되는 시점에는 급격하게 상승하게 됩니다.

택지개발사업의 단점

불리한 입지와 빈약한 기반시설 대규모 택지 공급을 위해서는 임야와 같은 넓은 부지가 필요합니다. 하지만 도심과 가까운 곳에서는 이런 부지를 구하는 게 쉽지 않다 보니 도심에서 멀리 떨어진 곳에 지을 수밖에 없습니다.

이렇게 되면 주민들의 통근 시간이 매우 길어지는데, 이는 사람들이 신도시로의 이주를 꺼리는 가장 큰 이유 중의 하나가 됩니다. 더군다나 개발 초기에는 교통 대책이 제대로 수립되어 있지 않은 경우가 많아 단기간 안에 교통망 확충을 기대하기도 어렵습니다.

그리고 초기에는 기반시설 또한 빈약해서 정주 여건도 좋지 않습니다. 상업 시설이나 병원이 없어 필요 할 때마다 여전히 구도심으로 나가야 합니

부동산 틈새 상식

장점만을 모은 택지도 있다

도심에 붙은 택지의 경우에는 택지개발사업의 단점을 어느 정도 상쇄하면서 쾌적함도 누릴 수 있습니다. 경기도 성남의 위례, 하남 미사, 남양주 별내와 같은 택지가 이런 경우입니다. 이런 곳들은 기존 도심에 인접하여 인프라를 공유하면서 쾌적성도 동시에 갖춘 곳들입니다.

다. 그래서 초기 택지개발지역은 대도시의 베드타운으로서 기능하는 경우가 많습니다.

어디가 더 좋을까?

위에서 살펴본 것처럼 도심 재개발과 택지 지구는 각각의 장단점이 존재합니다. 하지만 신도시의 빈약한 인프라와 오랜 통근시간 때문에 대다수의 사람들은 경제력만 된다면 입지 좋은 도심 재개발 아파트를 선호합니다.

하지만 도심 재개발 아파트의 경우 재개발 초기 단계부터 높은 프리미엄을 형성되어 매수와 청약 둘 다 쉽지 않습니다. 그래서 서울의 주요 지역을 매수할 만한 여력이 없다면 신도시 택지지역의 청약 혹은 매수를 적극적으로 고려해야 합니다.

내집 마련을 준비중인 분들에게 "신도시에 청약을 넣어보세요."라고 권하면 입지가 좋지 않다는 대답이 돌아오는 경우가 많습니다. 하지만 초기의 불리한 입지와 빈약한 기반시설을 버티다 보면 입주가 마무리되는 시점에는 교통편이 갖춰지고 부족했던 기반시설들이 활성화되어 거주 만족도가 올라가게 됩니다. 물론 가격 또한 상승하겠지요. 말 그대로 장화 신고 들어가서, 구두 신고 나올 수도 있는 셈입니다.

부동산 틈새 상식

택지 투자의 매력

택지를 알면 좋은 이유 수도권이든 지방이든 수많은 택지 지구가 있습니다. 그러므로 각 택지 지구의 특성과 장단점을 미리 공부해 놓는 것이 좋습니다. 신규 분양이 있거나 호재가 생겼을 때 이미 알고 있는 지역이라면 빠르게 대처할 수 있습니다.

택지 투자의 시점 택지는 입주물이 한꺼번에 대량으로 쏟아집니다. 따라서 초반에 프리미엄이 낮게 형성되어 매수하기 좋습니다. 특히 수도권 남부의 신규 택지 공급 아파트는 늘 안전한 투자처가 됩니다.

택지 내 아파트의 움직임 집값이 올라가려고 하면 옆 블록에서 분양이 시작돼 발목을 잡고, 다시 오르려고 하면 또 분양이 이어지니 입주가 마무리되기 전까지는 보통 시세가 낮게 유지됩니다.

부동산 급매물 노리기

부동산도 싸게 파는 물건이 있다

'급매물'이란 말은 다들 한 번씩은 들어보셨을 것입니다. 보통은 시세보다 5~10% 저렴한 경우를 급매라고 합니다. 하지만 정작 급매물을 샀다는 사람은 잘 보질 못했습니다.

사실 매도인 입장에서는 뻔히 실거래가가 있는 마당에 굳이 싸게 팔 이유가 없어 보입니다. 하지만 실거래가를 확인해보면 정말 시세보다 싸게 거래되는 매물이 있습니다. 그러니 급매물을 잡기를 희망하는 입장에서는 답답할 노릇입니다. 부동산에 전화를 했을 때는 분명 그런 매물이 없다고 했는데 말이죠.

왜 나한테는 기회가 오지 않았을까?

급매를 잡으려면 어떻게 할까요? 가장 먼저 생각나는 건 우선 네이버 부동산과 같은 중개 플랫폼을 보고 가장 저렴한 물건이 있는지 확인을 해보는 겁니다. 여러 매물을 정리해보면 평균적인 호가가 보이고, 거기에서 특별히 싼 물건이 있다면 그게 급매가 아니겠느냐 하는 것이죠. 그리고 더 적극적인 분들이라면 부동산에 전화를 돌려보기도 하고, 직접 현장으로 가서 부동산을 돌며 급매물이 있나 없나 보고 급매가 나오면 꼭 좀 연락을 달라 부탁을 할 수도 있을 것입니다.

당연히 대부분의 중개인은 물건 나오면 연락을 주겠다고 말하지만, 그렇게 해서 연락을 받으신 분이 과연 몇 명이나 될까요? 우리가 중개인의 입장이라도 이 물건이 정말 급매라고 불릴 정도로 저렴하게 나왔다면 내가 직접 물건을 사든지 아니면 지인이나 나에게 이득이 될만한 사람에게 연락을 하지 않을까요? 그래서 얼굴만 한 번 본 손님은 가장 늦은 번호표를 들고 있는 것입니다.

어떻게 해야 급매를 잡을 수 있을까?

급매를 잡는 것은 어렵습니다. 하지만 방법이 전혀 없는 것은 아닙니다. 지금부터 급매물을 잡기 위한 몇 가지 방법을 알려드리겠습니다.

현재 시세를 정확히 파악하자

급매를 잡으려면 매물이 나왔을 때, 그게 정말 급매물이 맞는지 그 자

부동산 틈새 상식

확인되지 않은 부분은 결정을 미루자

부동산에서 급매라고 연락이 왔는데 매수를 고려하던 단지와는 다른 단지 물건을 권하는 경우가 있습니다. 그럴 경우에는 급하게 움직이기 보다는 판단을 보류하고 해당 단지의 시세부터 파악 후에 결정을 하는 것이 바람직합니다.

리에서 빠르게 판단할 수 있어야 합니다. 말 그대로 급매이기 때문에 살지 말지 신속하게 결정하지 못하면 다음 순위로 넘어가기 때문입니다.

이를 위해서는 관심 단지의 현 시세를 정확히 파악하고 있어야 합니다. 시세를 파악할 때는 실거래가는 물론이고, 현재 나와 있는 다른 매물들의 호가 또한 알고 있어야 합니다. 앞서 말했듯이 일반적으로는 시세보다 5~10% 정도 저렴하다면 급매물로 판단합니다. 물론 시장 상황에 따라 조금씩 차이는 있을 것입니다.

공인중개사와 꾸준히 소통하자

부동산 거래는 대부분 부동산 사장님을 거쳐서 하게 됩니다. 따라서 관심 단지 주변의 공인중개사와 교류는 필수적입니다. 전화도 있고 문자도 있겠지만 그래도 제일 좋은 건 대면 소통입니다.

부동산에는 하루에도 수십 통의 전화가 옵니다. 그런데 만약 나도 그 수십 통의 전화 중의 한 명이라면 아무런 의미가 없습니다. 그래서 최대한 얼굴을 비추는 게 중요합니다. 특히 현재 살고 있는 지역의 근방이라면 가능한 한 자주 들러 안면도 트고 분위기도 보고 나온 매물이 있는지도 꾸준히 확인해야 합니다.

구체적으로 요구하자

급매를 구한다고 말은 하는데 원하는 평수도 없이 "시세보다 싸면 일단 연락을 주세요."라고 말하면 어느 누구도 매수 의사가 있는 사람이라고 생각하지 않습니다. 그래서 급매물을 구할 때에는 어떤 매물을 원하는지 명확하게 밝혀야 합니다. 하나의 단지에서 하나의 타입만을 말하지 않아도 괜찮습니다만, 본인이 가진 자본금과 원하는 단지와 평수 그리고 선호하는 층 정도는 반드시 말을 해두어야 합니다.

의지를 보이자

중개인의 입장에서도 매도인과 매수인을 이어주는 것은 쉬운 일이 아닙니다. 매수 의지가 크게 없는 매수인에게 공을 들이는 것은 시간 낭비인 데다가 그 사이 다른 부동산에 물건을 빼앗길 위험도 감수해야 하는 일입니다.

그래서 매물만 나오면 바로 계약금을 지불할 수 있다든지, 계약 시기가 언제든 맞춰줄 수 있다는 등 중개인에게 매수 의지를 사전에 강하게 어필할 필요가 있습니다.

중개수수료는 아끼지 말자

중개수수료는 상한선이 정해져 있고, 그 수준에 맞춰 중개수수료를 지급하는 것이 일반적인데요. 급매를 잡으려면 중개수수료가 300만 원 정도라면 중개인에게 1.5~2배 정도를 제시해보기 바랍니다. 말하기가 조금 부담스러울 수도 있지만 "급매가 나오면 연락 주시면 복비를 200~300만 원정도 더 챙겨드리겠습니다."라고만 말해도 충분합니다.

사실 중개수수료는 법적으로 상한선이 정해져 있는데 굳이 돈을 더 지불할 필요가 있을지 의구심과 거부감이 들 수도 있습니다. 하지만 돈 몇백만 원으로 몇천만 원의 이득을 볼 수 있다면 꽤 괜찮은 투자입니다. 그 말을 들은 중개인은 급매물이 나오는 순간 여러분에게 가장 먼저 전화를 걸게 될 겁니다.

급매에만 목메는 것은 금물

급매물을 잡는다면 가장 좋겠지만 매수를 하기로 마음먹은 이상 매수가 가장 우선이 되어야 합니다. 오로지 급매를 잡는 데만 혈안이 되어 너무 시간을 지체하는 것은 바람직하지 않습니다. 저렴한 매물을 기다리다 더 높은 실거래가가 나오게 되면 매물 자체가 사라지는 경우가 많기 때문입니다.

부동산 틈새 상식

급매가 있다고 연락이 왔다면?

부동산을 거래할 때의 기본 원칙은 물건을 내 눈으로 직접 확인하는 것입니다. 하지만 급매의 경우 계약금 혹은 가계약금을 당장 입금해야 한다고 중개인이 재촉할 수 있습니다. 아니면 다른 사람이 물건을 가져가거나 매도인이 변심을 할 수도 있다면서요.

물론 이게 틀린 말은 아닙니다. 하지만 이럴 때도 앞서 말한 매수 원칙을 지켜 진행하는 것이 옳습니다. 그래서 급매물이 나오면 바로 부동산에 가서 물건을 '직접' 확인하고 계약 절차를 진행하는 게 맞습니다. 하지만 이렇게 하기가 어려운 상황도 있습니다.

그럴 때는 이미 해당 단지와 부동산을 방문한 적이 있고, 이 물건이 확실히 급매여서 잡아야겠다는 판단이 선다면 가계약금으로 몇백만 원 정도는 선입금하셔도 됩니다. 다만 최소한의 조치는 취해야 합니다. 즉 등기부등본을 확인하여 근저당을 확인하고, 등본상의 소유주와 동일한 이름의 계좌로 가계약금을 입금하는게 맞는지 확인은 꼭 하시기 바랍니다.

집값은 할인 받을 수 없나?

집값도 깎아준다!

빠듯한 예산으로 집을 구하려고 온 동네를 뒤지다 정말 마음에 드는 매물을 발견했습니다. 당장이라도 계약하고 싶은데 가진 돈에서 딱 1000만 원이 부족합니다. 아쉬운 마음을 뒤로하고 부동산을 나가려는 순간 사장님이 말합니다. "가격 조정해 볼게요."

그제서야 많은 사람들이 깨닫게 됩니다. 부동산도 가격을 깎을 수 있다는 것을요. 사실 몇천 원짜리 물건도 가격 흥정이 되는데, 수억 원이 넘는 아파트가 흥정이 되는 것은 어찌 보면 당연한 일입니다.

호가는 어떻게 형성될까?

파는 사람은 늘 가장 비싼 가격에 팔고 싶어하고 사는 사람은 반대로 가장 싸게 사고 싶어 합니다. 실거래가가 매도인과 매수인 사이 가격의 합의점이라면, 호가는 매도인의 일방적으로 원하는 가격이라고 이해하면 쉽습니다.

예전에는 매도인이 호가를 부를 때 가장 최근에 이 단지가 얼마까지 거래됐는지 정확한 가격을 바로 알기 어려웠습니다. 그래서 물건을 내놓을 때 집 앞 부동산에 가서 얼마에 내놓으면 팔아줄 수 있냐고 묻는 깜깜이 거래 방식이었습니다. 매수인의 입장에서도 마찬가지였습니다. 하지만 부동산 실거래 가격 신고제가 자리잡고 기술의 발전에 힘입어 이제 늦어도 거래 후 한 달 이내에 얼마에 거래됐는지 알 수 있게 되었습니다.

이로 인해 사실상 실시간으로 가격을 파악할 수 있게 되었습니다. 따라서 모든 가격 정보가 공개되어 더 이상 시세에 맞지 않는 매물은 나오기 어려워졌습니다. 그래서 사람들은 매물을 내놓을 때 최근까지 거래된 실거래가에 혹은 그보다 약간 높은 수준의 가격으로 매도합니다.

매도에도 이유가 있다

부동산에 가진 물건을 매도를 하려고 내놓는 것은 상당한 준비가 필요한 일입니다. 매도하려는 집에 집주인이 거주하고 있다면 나름대로 계획을 세워두었을 것입니다. 매도 후에 이사갈 집, 자산 포트폴리오 점검, 자녀 통학 계획, 통근까지 모든 계획을 세운 후에 내놓는 것이 일반적입니다. 세입자가 살고 있는 경우에도 세입자와 일정을 조율하는 등의 준비가 필요합니다.

그러므로 매도인은 부동산을 내놓을 때 매도해야 할 이유가 있고, 자신이 생각하는 기간까지 매도를 해야하는 경우가 많습니다. 그래서 정해진 기간 안에 팔리지 않으면 마음이 조급해지기 마련입니다. 특히 거래가 활발하지 않은 비수기에는 더욱 그럴 것입니다. 그 사정을 부동산에서도 잘 알기 때문에 가격 조정을 요청하는 것이고 매도인 또한 거기에 따르는 경우가 많습니다.

할인에도 기술이 필요하다

매도인 우위? 매수인 우위! 가격을 조정하는 일이 언제나 가능한 것은 아닙니다. 특히 매도인 우위 시장에서는 조정은커녕 가격을 더 올리지 않고 이 가격에 매수를 하기만 해도 다행입니다. 이런 상황에서는 괜히 가격 조정을 시도했다가는 매도인이 되려 매물을 거두어들이거나 가격을 올리는 역풍을 맞기도 합니다. 그래서 흥정을 시도할 때에도 시장의 분위기와 매물 개수를 잘 살피고 접근하는 것이 필요합니다. 그리고 매수인이 우위에 있다는 생각이 들면 과감하게 협상을 시도해보시기 바랍니다.

사실 협상이랄 건 특별한 게 없습니다. 사장님에게 "매도인한테 1000만원만 깎아 달라고 해주세요"라고 한 마디만 하시면 됩니다.

공동 중개보다 단독 중개 집값 할인을 받기 위해서는 공동 중개 매물보다 단독 중개 매물이 유리합니다. 공동 중개의 경우(매도인 측 부동산과 매수인 측 부동산이 서로 다른 때) 매수인 측 부동산에서 매도인인 사정에 대해서도 모르고 어차피 모든 가격 조정을 매도인 측 부동산을 통해서 해야 하기 때문에 의사소통 과정이 번거로워 중간에 틀어질 가능성이 높습니다.

세법이 바뀔 때를 노려라 세금 관련 법 개정을 앞두고 있을 때도 거래가 활발합니다. 특정 시기를 앞두고 매도인이 갖고 있는 물건을 팔지 않으면 양도세가 중과된다든지, 언제 이전에 물건을 팔아서 종합부동산세를 피한다든지 등의 사정들이 있습니다. 이럴 때 매도인은 매매가를 낮추더라도 파는 것이 더 유리할 수 있기 때문에 이런 경우에는 가격 협상이 더 쉽습니다.

급박한 사정을 이용하라 뿐만 아니라, 매도인이 개인적으로 다른 지역이나 해외로 이민을 가는 경우 또는 신축아파트 입주를 위한 잔금 마련을 위해 매도하는 경우도 있습니다. 이럴 때에는 정해진 기간 안에 매도하는 것이 매우 중요합니다. 그래서 원하는 기간까지 잔금을 치러달라거나, 중도금으로 더 많은 금액을 원한다거나 등 조건을 맞추어 주고 가격을 할인 받는 것을 시도해볼 수 있습니다.

부동산 틈새 상식

다른 비용은 할인 받을 수 없을까?

중개수수료, 등기대행수수료뿐만 아니라 심지어는 세금까지도 요건에 맞춘다면 비용을 깎을 수 있습니다. 하지만 큰 거래를 하는 만큼 너무 작은 부분에 몰입하여 거래 자체에 걸림돌이 되는 일은 없어야 하겠지요.

학군지의 중요성

부자들의 전통적인 상속 재화: 교육

현대적 개념의 상속은 더 이상 경제적 상속에 국한되지 않습니다. 돈은 그대로 후대에게 물려주려면 상속세라는 막대한 비용이 발생합니다. 따라서 대를 이어 내려오면서 불려주는 작업을 하지 않는다면 부는 결국 사라지고 맙니다.

그래서 전통적으로 부자들은 상속 과정에서 손실이 없는 재화인 내면적 가치의 상속 즉 교육도 매우 중요시 했습니다. 흔히 진짜 부자들은 대치동이 아닌 테헤란로 북측에 산다는 말이 있는데, 이는 부자들이 교육을 하지 않는다는 말이 아닙니다. 다만 수험 공부 대신 다른 유형의 교육을 시키는 사람들도 있다는 의미입니다.

한 지역의 부동산 가격은 그 구성원들의 경제력을 반영합니다. 경제력이 높은 사람들이 모인 지역이라면 부동산의 가격은 높을 것이고, 높은 가격은 다시 외부인들에게는 경제적 해자(垓字)로 작용하면서 내부의 결속력을 강하게 합니다.

학군지의 이러한 폐쇄성은 외부적으로는 학업 성취도나 경제력이 낮은 학생들의 진입을 어렵게 하여 내부적으로는 비슷한 사람들끼리 어울리면서 일반인들은 접근하기 어려운 정보도 공유할 수 있게 합니다.

또한 이러한 경제력을 바탕으로 이들은 수요가 극히 적은 소규모 고액 수업도 합니다. 본래 학원 수업은 손익분기점을 넘어서기 위해 최소 인원이 모여야 하지만, 학군지는 이런 핸디캡을 돈(수강료)으로 해결할 수 있는 곳에 형성이 됩니다.

교육과 부동산의 상관 관계

우리가 흔히 생각하는 교육은 자녀가 초등학교 고학년이 되는 만 10세부터 대학에 들어가는 만 18~19세까지, 약 10년 정도에 걸쳐 집중적으로 이루어집니다. 부모 나이로 따지자면 약 40세에 시작해 50세에 해당하는 기간입니다. 40대는 우리나라에서 경제 활동이 가장 왕성한 시기라고 할 수 있습니다. 30대는 경력을 쌓고 자리를 잡아가는 시기이고, 50대에는 노후를 준비합니다. 집중적으로 자본을 투자할 수 있는 나이는 40대일텐데, 이 때는 자녀의 집중 교육기와 맞물립니다.

위에서 언급한 바와 같이 한 지역의 경제력은 부동산 가격에 그대로 투영되고, 학군지는 가장 경제력이 왕성한 40대 부모들과 원래 교육에 관심이 많은 부자들이 함께 진입하면서 지역의 부동산 가격을 끌어올리게 됩니다.

또한 학군지는 유해 시설이 적고 정주 여건이 좋아 자녀 교육이 끝나도 그 지역에 눌러앉는 특성이 강합니다. 그렇지 않아도 학군지 부동산은 비싼 데다가 외부에서 유입되는 수요층은 매년 발생하고, 기존에 살던 사람들은 자리를 비워주지 않으니 공급보다 수요가 높아 집값은 계속 오를 것입니다. 한편 구매 여력이 되지 않는 사람은 임차 수요로 전환되어 전세가 또한 매우 높게 형성이 됩니다.

학군지의 부동산에 대해 알아야 할 것들

초등학교 배정의 특징 과거엔 초등학교 3~4학년부터 학군지 진입 시기로 보는 경향이 강했습니다. 주로 입시 시장은 중고등학생 중심으로 형성되어 있고, 이를 위해 중학교 입학 전에만 학군지로 이동하면 된다고 판단했기 때문입니다. 하지만 요즘 학부모들은 초등학교 1학년부터 학군지로 전학을 가서 그 동네 구성원이 되어 학교에 적응하는 것을 원하고 있습니다. 이를 다른 관점에서 보면 학군지 수요 연령층이 더욱 확장된 것을 의미합니다.

또한 초등학교 배정은 한정된 지역에 국한되기 때문에 특정 초등학교를 가고 싶으면 반드시 그 경계(boundary) 안으로 이사를 가야 합니다. 직장이 강남에 있어도 집은 강남뿐 아니라 잠실이든 동탄이든, 어느 곳에 살아도 상관이 없는 것과는 대조적입니다. 이런 까닭에 특정 학교 수요를 흡수할 수 있는 주택은 매우 한정적이며, 학군지 아파트의 매매가와 전세가가 떨어지는 일은 아주 드뭅니다.

동별로 배정이 다를 수 있다 같은 단지 내에서도 대규모 단지는 배정 초등학교가 동마다 다른 경우가 발생합니다. 초품아여서 매수를 했는데, 정작 내가 매수한 동의 배정 초등학교는 큰 길 건너 저 멀리로 통학해야 하는 경우가 생기기도 합니다. 이렇기에 배정 초등학교 선호도에 따라 같은 단지 안에 있어도 매매가가 수천만 원씩 차이가 나는 경우가 허다합니다. 부모 입장에서는 아이를 6년이나 보내야 하는 학교인데 10억 원이 넘는 집을 사면서 수천만 원 정도를 더 쓰는 것은 아깝지가 않기 때문입니다.

신학기 이사 수요 학군지의 매매와 전세는 11월부터 시작해서 이듬해 2월까지 가장 활발하게 거래됩니다. 고3이 있는 가정은 대입 일정이 끝나고 외부로 빠져 나가는 동시에 이 빈 자리를 채우러 오는 사람들이 있고, 또한 학교가 3월에 개학하므로 자녀가 통학하기 좋은 아파트로 이사를 하는 시기이기 때문입니다.

따라서 역으로 자녀 교육이 아닌 투자가 목적이라면 학군지를 매수할 때는 전통적 비수기인 4월부터 여름까지가 적기라 할 수 있습니다. 가을부터는 다시 명절 이후 매수세가 몰리기 때문에 매물을 구하기가 쉽지 않습니다.

직주근접을 이기는 학군지

2010년대 이후 서울 부동산의 화두는 도심 정비사업이었습니다. 전통적으로 하급지라 여겼던 열악한 지역이 재개발되면서 신축 아파트 단지와 함께 탈바꿈하였고, 이곳의 가격이 천정부지로 치솟았습니다. 또한 이 지역 아파트들이 경제력을 갖춘 젊은 맞벌이 부부나 전문직 종사자로 채워지며 주변 상권까지 완전히 바꿔 놓았습니다.

낙후된 지역이라도 주변에 경제력 있는 사람들이 들락거리기 시작하면 그 수준에 맞는 상권을 갖추게 됩니다. 국밥집은 레스토랑으로, 막걸리 집은 와인바로 바뀝니다. 이런 배경에는 사람들이 삶의 질을 높이는데 관심이 높아지고, 퇴근 후 개인 시간에 대한 관심이 커진 것도 한몫을 차지합니다. 이런 이유로 통근 거리를 최소화 할 수 있는 구도심 재개발 신축아파트는 큰 인기를 얻게 됩니다.

하지만 이런 지역엔 그럴듯한 학원가가 형성되지는 못했습니다. 입시 특성상 유명 브랜드와 1타 강사로의 쏠림이 심하고, 규모의 경제도 중요하여 기존 학군지의 학원들이 외부로 진출할 유인이 없기 때문입니다.

따라서 자녀 교육에 관심이 있는 부모들이라면 아빠의 직주근접을 포기하면서라도 학군지로 이동하는 수요가 언제나 있었고, 인기 좋은 구도심 신축 아파트 주민들도 자녀가 중고등학생만 되면 목동이나 대치동 또는 분당으로 이동하였습니다.

투자 목적으로는 직주근접 신축 아파트와 학군지 모두 높은 가격대를 형성하고 있습니다만, 좋은 학군은 단순히 학교와 학원이라는 하드웨어만으로 형성되는 것이 아닙니다. 그런 점에서 구도심 신축 아파트는 일정한 한계를 가지고 있습니다.

학군지 교육은 무형자산의 상속이다

요즘은 공부를 잘 하는 아이를 둔 부모들만 학군지에 연연하지 않습니다. 좋은 대학을 보내기 위한 수단 이상으로 자녀가 성실하게 공부하는 친구들 사이에서 좋은 영향을 주고받으며 건전한 학창시절을 보내게 하려는 부모의 바람이 투영되어 있습니다.

또한 유년 시절의 교우관계는 성인이 되어 형성되는 그 어떤 인적 네트워크보다 결속력이 강하고 신뢰가 깊습니다. 초중고 시기는 흔히 아무 계산이 개입되지 않는 시기에 형성되는 관계라고 여기기 때문입니다. 따라서 꼭 학교와 학원이 아니더라도 이런 부수적인 학군의 기능들은 여전히 경제력 있는 젊은 부부들에게 매력적으로 느껴지는 부분이고, 이런 요소들이 먼 미래에도 학군지의 전세가와 매매가를 견고하게 떠받치는 기둥 역할을 할 것은 분명합니다.

실거주를 위한 구매의 기준

집을 고를 땐 무엇을 봐야 할까?

집을 고를 때 가격도 비슷하고 평수도 같지만 세부적인 부분에서 조금씩 차이가 있는 경우가 많습니다. 이 경우 어디에 주안점을 둬야할지 고민이 될 때가 있습니다. 물론 내 취향에 맞는 집이 가장 좋은 집이지만, 많은 사람들이 선호하는 타입이어야 나중에 가격도 오르고 매도도 잘 되기 때문에 좀 더 넓은 시각의 접근이 필요합니다.

나와 다른 사람들의 우선순위가 늘 같을까?

집을 고를 때 자녀계획이 없는데도 많은 사람들이 선호하는 좋은 학군을 따져야 하느냐의 문제와 비슷합니다. 나의 취향만을 강하게 반영하여 집을 고르게 되면 매도 시점에 생각지도 못한 어려움을 겪을 수도 있습니다. 나의 우선순위와 사람들의 우선순위가 늘 같을 수는 없습니다. 실제로 매물을 볼 때 어떤 부분들을 따져 봐야 하는지 차근차근 살펴볼까요?

지역 고르기

교통과 직주근접 지역을 고를 때 가장 중요한 부분 중의 하나는 교통입니다. 그중에서도 가장 선호되는 교통수단은 지하철입니다. 역세권은 보통 지하철역 반경 500m이내 및 도보 10분 이내 정도로 보고 있습니다. 특히 환승역을 끼고 있다면 더욱 좋습니다. 출퇴근이 편리하기 때문입니다.

직주근접이라는 조건은 점점 더 중요해지고 있습니다. 특히 요즘 '워라밸'을 중요시 여기는 젊은 세대와의 삶의 만족도와 직결되어 있고, 맞벌이 부부들의 육아 문제, 점점 심화되는 교통체증 등으로 직장과 가까운 집에 산다는 가치가 점점 커지고 있기 때문입니다. 출퇴근으로 하루에 2시간, 많게는 3시간 이상을 길에서 버리면 생산적으로 이용할 수 있는 시간도 함께 버리게 되는 꼴이고 휴식이나 가족과의 시간도 제대로 누리기 어렵기 때문입니다.

학교·학군 학교는 계속적으로 수요가 있는 시설입니다. 특히 직주근접을 포기하면서까지 중요한 것이 자녀의 학교가 가까운 것입니다. 중고등학교에 다니는 자녀들은 학교가 조금 멀어도 걸어서 혹은 대중교통을 이용해서 등하교할 수 있지만, 초등학생이라면 횡단보도 하나만 건너도 불안한 것이 부모 마음입니다. 그래서 초등학교를 품고 있는 아파트, 즉 '초품아'가 좋은 입지라는 것은 다들 알고 있는 사실입니다. 또한 학교 근처는 학생들이 많이 다니기 때문에 치안이나 동네 분위기도 좋습니다.

학군은 지역마다 좋은 곳이 정해져있어서 해당 지역에 사는 사람들의 수요가 늘 존재합니다. 그래서 집값이 떨어질 위험도 매우 낮고 주변 시설이나 지역의 분위기도 좋습니다. 대체로 학군이 좋은 동네에는 경제적인 수준도 높은 사람들이 모여 살기 때문입니다.

유해시설 아파트 주변에 묘지, 유흥가, 숙박업소, 송전탑, 공장지대, 쓰레기 매립지 등이 있다면 주거의 질에 악영향을 미치며 집값 상승에도 걸림돌이 됩니다. 이런 시설들이 주거지 근처에 자리잡고 있으면 미관상 좋지 않을 뿐만 아니라 건강에도 악영향을 끼칠 수도 있으니 신중한 판단이 필요합니다.

선호시설 유해시설을 걸러냈다면 주변에 백화점, 할인마트, 은행, 관공서 등의 선호시설이 존재하는지도 유심히 살펴봐야 합니다. 이런 시설이 주변에 있다면 실제로 거주할 때 편리한 것은 물론이고 아파트의 가치 상승에도 도움이 됩니다.

이런 선호시설 또한 시대에 따른 개인의 삶의 양식과 함께 변하기도 합니다. 최근에는 맞벌이 부부가 증가함에 따라 보육시설이 가까운 곳이 선호되기도 하고, 또 스세권(스타벅스 인접 지역), 숲세권(숲 인접 지역), 몰세권(쇼핑몰 인접 지역) 등 '~세권' 아파트들이 인기를 얻고 있습니다, 이 또한 1인 가구의 증가, 개인 여가시간 증가에 따라 선호되는 시기가 조금씩 달라지는 현상을 보여줍니다.

단지 고르기

대단지 vs 중소단지 요즘에는 500세대도 적게 느껴집니다. 가급적이면

1,000세대 이상의 대단지 아파트로 갈수록 좋습니다. 세대 수가 많으면 관리비가 낮아지고 주변 상권 또한 활성화되는 것은 물론, 전세와 매매 거래도 활발하여 가격 상승률 또한 소규모 단지에 비해 높습니다. 그리고 세대 수가 많을수록 한 목소리를 냈을 때 힘이 실려 아파트 주민에게 도움이 되는 요구하기도 유리합니다.

판상형 vs 타워형 아파트는 보통 구조에 따라 판상형과 타워형으로 나뉩니다. 밖에서 봤을 때 아파트의 모양이 직사각형 모양이면 흔히들 아시는 판상형이며, 타워형은 밖에서 보면 건물이 탑(기둥)모양입니다.

우리가 알고 있는 아파트는 대부분 판상형 아파트로 3베이, 4베이도 여기에 속합니다. 그래서 판상형 아파트의 대표격인 4베이의 장점이 판상형 아파트의 장점이기도 합니다. 판상형 아파트는 남향이 많아 일조량이 좋고 창문이 앞뒤로 있어 통풍과 환기에 용이합니다. 그러나 한 쪽 조망만 볼 수 있다는 점, 동 사이 간격이 좁을 경우에는 사생활 침해가 우려되는 점, 일조권 확보가 어려울 수 있는 점 등을 단점으로 꼽을 수 있습니다.

타워형은 주상복합아파트에서 많이 찾아볼 수 있는 형태로 흔히 Y자 모양을 가지고 있습니다. 그래서 방마다 향이 달라 다양한 조망이 확보되고, 전체적으로도 가려지는 동 없이 모든 동의 조망이 확보됩니다. 또한 동 사이 간격이 넓어 사생활 보호가 되며, 밖에서 보면 건물이 높고 화려하기 때문에 젊은층이 선호하는 경향이 있습니다.

다만 일자형이 아닌 까닭에 남향이 아닌 세대는 일조권이 부족할 수 있고, 이로 인해 난방비 등을 포함한 관리비가 비쌉니다. 게다가 창문도 앞뒤로 배치가 어려운 탓에 통풍과 환기가 불리한 편이며, 서비스 면적도 좁아서 실제 사용공간도 판상형에 비해 좁은 편입니다.

브랜드 아파트 요즘에는 집이라는 것이 단순히 거주하는 공간 이상의 의미를 가지고 있습니다. 예전에는 자동차로 부유함을 과시했던 시절이 있었다면 요즘에는 자가 집이 있는지, 있다면 어느 브랜드의 아파트에 사는지도 중요한 요소가 되었습니다. 자동차에 '하차감'이 있다면, 집은 '출입감'이 있는 게 아닐까요?

그리고 단순히 브랜드 아파트가 과시욕만 충족시켜주는 것은 아닙니다. 좋은 브랜드 아파트는 건축단계에서부터 건물을 내실 있게 짓는 경우가 많습니다. 실제로도 엘리베이터나 공용공간 자재부터 거실·주방 마감까지 브랜드 아파트가 대부분 낫습니다. 이러한 이유로 많은 사람들이 선호하기 때문에 그만큼 집값 상승률도 더 가파릅니다.

복도식보다는 계단식 복도식 아파트는 계단식 아파트에 비해서 거주 여건이 불리합니다. 같은 층의 여러 세대가 하나의 복도를 이용하니 소음 문제가 있고, 작은 방의 창이 복도로 나 있어 사생활 보호에 취약하며 일조량도 적어 활용하기가 애매하기도 합니다. 또한, 복도가 외부로 노출되어 있기 때문에 겨울에 난방비도 더 많이 듭니다.

동호수 고르기

건물 상태 지역과 단지까지 골랐다면 이제 동호수를 고를 차례입니다. 집을 직접 보러 다니는 단계인데, 이때 건물 상태를 꼼꼼히 확인해야 합니다. 특히 베란다 쪽 누수 흔적이나 곰팡이, 벽이 갈라진 집은 피하시기 바랍니다. 이런 부분은 나중에 수리하기가 힘들고 수리하더라도 많은 비용이 듭니다.

저층과 고층 저층보다는 고층이 좋지만, 1층과 꼭대기 층은 피하는 게 좋습니다. 1층의 경우에는 층간소음으로 이웃에게 피해를 줄 가능성이 적어 어린 자녀가 있는 세대에서 선호합니다. 하지만 바로 집 바깥으로 바로 사람들이 지나다녀 소음과 프라이버시 문제가 있습니다. 그리고 하수구 배관에 문제가 있을 때는 하수구가 역류하기도 합니다. 반면에 꼭대기 층은 층간소음의 피해를 받을 우려가 없고, 조망이 좋은 반면에 바로 위가 옥상층이어서 누수의 위험도 있고 더위와 추위에도 약합니다. 그리고 옥상에 있는 배기팬, 엘리베이터 기계실로 인해 층간소음보다 더 큰 소음 피해를 입을 수도 있습니다.

남서향 vs 남동향 집의 방향은 거실 베란다를 기준으로 베란다가 어디를 향하느냐에 따라 결정됩니다. 전통적으로 우리나라 사람들은 남향을 가장 선호했습니다. 특히 집에 있는 시간이 긴 노년층은 이것을 무엇보다도 중요하게 여기는 경향이 있습니다. 남향 다음으로는 남동향, 남서향의 집을 선호합니다. 남향은 오전부터 오후까지 햇빛이 고르게 충분히 들어오며, 여름에는 시원하고 겨울에는 따뜻해 냉·난방비 절감에도 도움이 됩니다. 남동향은 해가 아침부터 들어오고 오후 일찍 해가 지기 때문에 남서향에 비해 여름에 더 시원합니다. 그래서 더위를 잘 타는 분들이라면 남동향이 적합합니다. 남서향은 그 반대겠지요.

조망권 세대마다 보이는 조망은 모두 다릅니다. 단지뷰, 뻥뷰(앞이 뻥 뚫린 시원한 조망), 벽뷰(옆 동이나 다른 단지의 벽이 보이는 조망) 건물들 사이로 확보되는 조망 등 다양합니다. 하지만 보통은 앞이 트인 조망을 선호하여 앞 동이 가장 선호됩니다.

또한 위층이라고 해서 조망이 무조건 좋은 건 아닙니다. 예를 들어 단지 내 조망을 가진 동인데 앞에 중앙공원이 예쁘게 조성되어 있다면 해당 동의 10층 이하가 적당할 수 있습니다. 너무 높은 층은 앞 건물만 보이기 때문에 오히려 뷰를 해칠 수도 있습니다. 따라서 직접 세대를 방문하여 조망을 확인하는 것이 제일 정확합니다.

아파트 부지 아파트 단지는 언덕보다는 평지가 선호됩니다. 경사지가 많은 부지의 아파트는 계단이나 경사로가 많기 때문에 겨울에 눈이 오면 어린이나 노약자가 돌아다니기 힘들 수 있으며, 아이들이 자전거나 킥보드를 타고 다니다 사고가 날 위험도 있습니다. 그래서 평지가 귀한 부산과 같은 지역에서는 평지 입지 조건을 내세우며 홍보하는 아파트도 있고, 같은 단지에서도 평지냐 경사지냐에 따라 집값이 수천만 원씩 차이가 나는 경우도 있습니다.

4베이 vs 3베이 베이(bay)란, 건축학적으로 건물의 기둥과 기둥 사이에서 햇빛이 들어오는 공간을 의미합니다. 3베이의 경우에는 모든 방이 발코니 쪽으로만 향하는 것이 아니므로 양방향으로 조망할 수 있으며, 방들이 모두 떨어져 있어 집안에서의 소음이나 사생활 침해로부터 더욱 자유롭습니다. 또한 4베이보다 집의 개방감이 뛰어나 거실이 넓어 보이는 장점을 가지고 있습니다. 다만, 방 하나가 거실의 반대편에 위치하여 채광이 좋지 않으며, 현관과 거실이 바로 이어진다는 단점이 있습니다.

4베이는 공간 활용도가 가장 뛰어난 평면입니다. 모든 공간이 남쪽을 바라보기 때문에 채광이 좋아 어두운 방이 없고 난방비가 절감된다는 장점이 있습니다. 또한 현관과 거실 사이의 거리가 있어 사생활이 보호됩니다. 하지만 4베이는 반대로 방끼리는 붙어 있어 가족 간의 사생활 보호는 취약하며 모든 공간에서 한 쪽 조망만 볼 수 있다는 단점이 있습니다.

10평대 아파트를 실거주로 사도 될까?

누구나 큰 집에 살고 싶어한다

과거에는 자녀가 분가해서 나가면 평수를 줄여서 작은 집으로 이사하는 집들이 많았습니다. 부부 둘만 거주하는데 비싼 관리비를 내가며 굳이 공간을 비워둘 필요가 없어서였겠죠. 하지만 요즘에는 그런 경우를 찾기 힘듭니다. 비어있는 방이 있다면 서재로 꾸미기도 하고, 영화를 감상할 수 있는 공간으로 만들기도 합니다. 더 큰 집으로는 이사를 못해도 굳이 공간을 줄여나가지는 않습니다.

그렇다면 사람이 사는데 필요한 공간은 어느 정도일까요? 가족이 많아도 집에 있는 시간이 짧아서 소형도 크게 문제가 되지 않은 경우도 있고, 혼자 살지만 사무실 겸 집으로 쓰기 위해 넓은 공간을 필요로 하는 경우도 있습니다. 하지만 대부분은 여력만 된다면 큰 집에서 살고 싶어합니다.

표준적인 삶의 기준

하지만 원한다고 해서 모두 큰 집에서 살 수 있는 것은 아닙니다. 경제적인 부분도 고려해야 하니, 일정 부분 타협이 필요합니다. 우리나라에서는 그 타협점이 84㎡입니다. 소위 말하는 '국민평형'이지요. 대략 34평 정도의 공간에 방 3칸(혹은 4칸)과 거실, 주방 그리고 화장실 2칸이 짜임새 있게 들어가 있는 구조입니다. 이는 4인 가족이 살기에 적당한 크기입니다. 그래서 1인 가구가 늘고, 때로는 대형 평수를 선호하는 흐름이 있어도 여전히 가장 인기 있는 평수입니다. 공급과 수요가 많아 그만큼 거래도 활발합니다.

그런데 최근 들어 변화가 감지되기 시작했습니다. 부동산 가격이 치솟아 서울 소재 84㎡ 아파트는 접근조차 어려운 가격이 되어버렸습니다. 실수요층이 내집을 마련하기는 더욱 버거워졌습니다. 특히 경제력이 부족한 20~30대는 엄두도 못 낼 가격이 되었습니다.

그러자 그때부터 눈을 돌리기 시작한 것이 소형 평수 아파트입니다. 여유가 되면 전용면적 59㎡(24평)의 아파트를, 그마저도 어려우면 10평대 아파트까지 매수하기 시작했습니다.

'84'가 정답일까?

앞서 4인 가구가 살기에 적당한 크기는 84㎡ 정도라고 언급했습니다. 하지만 이것도 정부의 대규모 주택 공급 정책으로 정해진 면적에 불과할지 모릅니다. 1970년대에는 서민들이 방 3칸에 거실과 주방 그리고 화장실이 따로 있는 공간을 마련하기는 어려웠습니다. 대개는 안방 하나에 작은방 하나와 분리된 주방이 전부였고, 여기서도 적당히 잘 살았습니다. 그때에는 안방을 빼면 모든 공간이 범용성이 있었기 때문에 좁은 공간에서도 네 가족이 살았습니다.

그렇게 불편함을 느끼지 못하고 살아오던 것이 경제 성장, 자산 가격의 상승 및 다양한 공산품의 저렴한 공급으로 달라지기 시작했습니다. 사람들이 많은 공산품을 소유하게 되자 그 물건들을 놔둘 공간이 따로 필요해지기 시작했고, 이런 별도의 목적을 가진 공간이 등장한 것입니다. 지금은 집 안에 드레스룸, 서재, 헬스장, 영화방 등 다양한 공간이 생기고 있습니다. 거주 공간 역시 59㎡ → 84㎡ → 107㎡ 이런 식으로 확장되고 있습니다.

소형이라도 괜찮다

대지지분이 넉넉한 17평의 주공아파트도 대안이 될 수 있습니다. 상대적으로 17평은 대지지분에 비해 많이 저평가된 것이 사실입니다. 그러나 소형 평수도 리모델링이나 재건축이 된다면 시세는 큰 평수와 같이 움직이게 될 것입니다.

생활하기에 넉넉한 공간은 아니지만, 짐을 조금 줄이고 어느 정도 타협하면 부부 두 명 정도는 살만하다고 생각합니다. 물론 지금은 옛 생활 양식을 대입하기 어렵지만 예전에는 이만한 공간에서 대가족이 살기도 했으니까요.

무엇을 선택하든 그건 개인의 몫입니다. 하지만 미래를 생각했을 때 적어도 신축 빌라나 전세보다는 소형 아파트가 더 나은 선택이라 봅니다. 2년만 참고 살면서 기회를 엿보면 분명 24평 → 30평 → 34평 이렇게 계속해서 늘려나갈 기회가 반드시 생길 겁니다.

부동산 투자와 절세

부동산 공부의 끝판왕: 부동산 세금

세금을 공부해야 한다는데, 사실 초보 투자자는 부동산 지식과 지역을 공부하는 것만 해도 벅찹니다. 그런데 상대적으로 그다지 중요하지 않은 것 같은 세금까지 선뜻 손대기는 쉽지 않죠. 그래서 세금 공부는 우선순위에서 가장 밀리는 경우가 많습니다.

사실 세금 공부는 투자를 본격적으로 하기 위한 수단은 아닙니다. 세법을 달달 외운다고 해봐야 부동산 자체에 대한 지식을 넓어지지도, 부동산을 보는 안목을 높아지지도 않습니다.

그리고 마음을 잡아 막상 세금을 공부하려고 책을 펴면 너무 어렵습니다. 다주택자에 대한 양도소득세 중과니, 주택임대사업자까지… 심지어는 법인을 활용하여 절세를 하는 방법도 등장합니다. 이쯤 되면 책을 덮고 차라리 더 좋은 물건을 찾아서 더 많은 차익을 얻는 게 절세보다 나아 보입니다.

부동산 세금이 어려운 이유

법은 원래 어렵다 원래 법이라는 게 어렵습니다. 우선 용어와 개념 자체가 낯설기 때문입니다. 생활과 밀접한 민법도 어려워서 변호사가 따로 있듯이, 세무사라는 직업이 있는 이유도 그만큼 세법이 어렵고 복잡하기 때문입니다. 더군다나 요즘처럼 세법이 자주 개정되는 때에는 세무사들도 어려워해 상담을 꺼리는 경우가 많아 '양포세무사'라는 말도 있습니다. 이렇듯 전문가들도 어려워하는 부동산 세금을 우리 같은 일반인이 이해하기 어려운 것은 당연합니다.

법 개정이 잦다 안 그래도 어려운 부동산 세금이 더 어려운 이유는 너무나 자주 법을 개정하기 때문입니다. "이번에야말로 부동산 세금을 마스터 해보겠다!"라는 각오로 공부를 해도 한 달 뒤에 세법이 개정되면 또 다시 익혀야 합니다. 그래서 세금과 관련된 공부는 한 번만 잘해놓는다고 내 것이 되는 게 아니라 꾸준히 업데이트를 해줘야 합니다.

세금은 셀프 물건을 매도하고 나면 흔히 양도세는 '국세청홈택스'를 통해 직접 납부하면 된다고 안내를 받습니다. 그런데 많은 분들이 이때 당황하는 이유가 납부는 물론 세액 계산까지 직접 해야 한다는 것입니다. 양도소득세도 재산세처럼 관청에서 직접 계산해서 보내준다면 좋겠지만, 그렇지 않습니다. 게다가 실수로 계산을 잘못해서 더 많이 내면 돌려주지 않고, 더 적게 내면 가산세까지 붙여서 가져간다고 하니 여간 신경 쓰이는 일이 아닙니다.

이렇듯 부동산 세금이 만만치는 않지만, 투자 수익률을 높이기 위해 반드시 뛰어넘어야 할 부분입니다. 특히 요즘처럼 부동산 관련 세금이 갈수록 복잡해지고 세부담이 강화되고 있는 시점에서는 다주택자는 물론이고 1주택자도 세금 공부는 필수가 되었습니다. 1주택자라고 하여 아무 생각 없이 주소를 옮기거나 집을 사고 팔아 양도세 비과세 요건을 날릴 수도 있고, 공동명의를 하지 않아서 양도세에서 손해를 보는 경우들도 있기 때문입니다.

세금에 대한 최소한의 지식은 있어야 투자의 수익률을 높여주고 장기적인 계획을 세우는 데 도움이 됩니다. 세금 공부가 부동산 공부 중에서 가장 따분하고 재미없는 부분이긴 하지만 세금에 대해서 기본적인 체계를 반드시 이해하고 정리를 해나가면 더욱 자신감을 갖고 투자를 하실 수 있습니다.

절세를 위한 공부법은?

부동산 관련 세금은 복잡합니다. 하지만 우리는 세법을 공부하는 학자가 아니기 때문에 세금에 대해서 모든 걸 이해하고 알 필요는 없습니다. 특히 다주택을 유지하며 한 해에도 여러 채를 계속해서 사고 팔거나, 법인 투자를 본격적으로 시작하신 분이 아니라면 지금 단계에서는 필요한 수준까지만 공부하면 됩니다.

만일 이제 내집을 장만하려고 하는 무주택자라면, 당장은 취득세와 보유세가 얼마쯤인지, 종합부동산세 대상에는 드는지 그리고 양도할 때 비과세를 받으려면 어떤 요건을 충족시켜야 하는지 정도만 공부해도 충분합니다.

세금 지식을 넓혀가야 할 때

기본적인 세금에 대한 이해가 있다면, 이제는 세금 관련 이슈가 있을 때마다 그 부분을 스스로 공부하거나 세무 상담을 통하여 해결해 나갈 수 있습니다. 하지만 주택 수를 늘려가거나 법인 투자를 시작하게 된다면 세금 관련 지식을 넓힐 필요성이 생깁니다. 언제 매수하고, 언제 매도하는 것이 가장 유리한지도 알아야 하고 파는 순서, 보유 기간 명의 분산 등도 고려할 줄 알아야 합니다. 이러한 모든 부분이 투자 수익과 직결되기 때문입니다. 투자 규모가 큰 투자자는 세무사에게 모든 것을 맡겨둘 것 같지만 오히려 세금 공부도 더 열심히 하는 분들이 많은 이유가 그래서입니다.

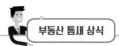

부동산 틈새 상식

세금 공부는 가족과 함께 하자!

보유 주택 수가 늘어가고 투자 규모가 커질수록 절세에 욕심(?)은 나는데 여건상 어려운 경우가 있습니다. 그럴 때 제가 추천하는 방법은 가족과 함께 공부하는 것입니다. 그 가족이 배우자일 수도 있고, 성인이 된 자녀일 수도 있습니다. 세법이 어렵긴 하지만 세무사 수준의 지식이 필요한 것은 아니기 때문에 누구나 공부할 수 있습니다.

한 꼭지 더!

부동산 세금 한눈에 살피기

세금은 용어부터 개념까지 모두 낯설게 느껴집니다. 취득세나 재산세는 어렴풋이 알겠는데 양도세, 종부세까지 넘어가면 점점 어렵습니다. 자주 접하는데도 생소한 세금 용어는 초반에 확실하게 정리하고 넘어가시길 바랍니다.

☑ 국세와 지방세는 무엇이 다를까?

세금에 대해서 알기 위해서는 우선 국세와 지방세부터 구분해야 합니다. 이름에서 짐작할 수 있듯이 국세와 지방세는 관할 기관부터 다르고, 그에 따라 납부하는 방식과 문의할 곳도 다릅니다. 양도소득세와 같은 국세는 국가 기관인 국세청 소관이므로 국세청 국세상담센터(126)나 홈택스를 통해 문의하시면 됩니다. 그러나 취득세와 같은 지방세는 관할 시·군·구청 담당자의 도움을 받아야 합니다.

● 세금의 구분

구분	매수	보유	매도
국세	상속세, 증여세	종합부동산세	양도소득세
지방세	취득세	재산세	지방소득세

☑ 주택을 살 때: 취득세

취득세는 부동산이나 차량을 취득할 때 내는 세금입니다. 취득한 날부터 60일 이내에 신고와 납부를 마쳐야 합니다. 취득세는 1주택을 매수할 때는 1~3%가 부과되지만, 다주택자의 경우 주택 수에 따라 최대 12%까지 부과되므로 주의가 필요합니다.

취득 시점에 따라 분양권 등도 주택 수에 포함되는 경우가 있으므로 주택을 매수할 때 무주택자가 아니라면 반드시 구청의 취득세 담당자 등을 통해 확인 후에 계약을 진행하셔야 합니다.

☑ 취득세율: 무주택 → 1주택 시

매수하려는 주택의 취득세는 '취득세 + 지방교육세 + 농어촌특별세' 모두 합산한 금액입니다. 예를 들어 6억 원 이하, 84㎡ 주택을 매수할 경우 부담해야 할 취득세는 1.1%가 됩니다.

<table>
<tr><th colspan="2">과세표준</th><th>취득세</th><th>지방교육세</th><th>농어촌특별세</th></tr>
<tr><td colspan="2">6억 원 이하</td><td>1.0%</td><td>0.1%</td><td rowspan="8">전용면적
85㎡초과 시
0.2% 과세</td></tr>
<tr><td rowspan="6">6억 원 초과
~
9억 원 이하</td><td>6.5억</td><td>1.33%</td><td rowspan="6">0.1 ~ 0.3%</td></tr>
<tr><td>7억</td><td>1.67%</td></tr>
<tr><td>7.5억</td><td>2.0%</td></tr>
<tr><td>8억</td><td>2.33%</td></tr>
<tr><td>8.5억</td><td>2.67%</td></tr>
<tr><td>9억</td><td>3.0%</td></tr>
<tr><td>9억 원 초과</td><td></td><td>3.0%</td><td>0.3%</td></tr>
</table>

☑ 취득세를 한 번에 내려니 부담이 되는데, 방법이 없을까요?

취득세는 일반적으로 잔금을 치를 때 등기법무사를 통해서 현금으로 납부하는 경우가 많습니다. 그렇기 때문에 대부분 현금으로 납부합니다. 크게는 수천만 원까지 되는 취득세를 한 번에 납부하기 부담이 될 때가 있습니다. 이럴 때는 신용카드로 납부하고 카드사마다 각각 제공되는 무이자 할부 혜택을 이용하면 조금이나마 부담을 줄일 수 있습니다.

☑ 주택을 보유하고 있을 때: 재산세와 종합부동산세

재산세와 종합부동산세, 즉 종부세는 부동산을 보유하기만 해도 내는 세금입니다. 최근에 공시가격이 많이 상승하고 다주택자에 대한 종부세 부담이 특히 많이 늘었습니다. 따라서 본인이 종부세 대상에 해당된다면 공동명의나 증여 등을 통해 절세 방안을 고려해야 합니다. 종부세 대상자는 주택 공시가격을 합산해 6억 원이 초과하는 경우(1가구 1주택자는 9억 원 초과)입니다.

☑ 보유세는 '과세기준일'을 기억하자

재산세와 종부세의 과세기준일은 매년 6월 1일입니다. 즉 6월 1일 이전에 부동산을 매도한다면 재산세와 종부세는 나에게 부과되지 않고 매수인에게 부과됩니다. 그래서 절세를 위해서 매도할 때는 6월 1일 이전, 매수할 때는 6월 1일 이후에 해야 합니다.

이 때문에 매수인은 잔금일을 6월 1일 이전으로 앞당기려고 하고, 매도인은 6월 2일 이후에 하려는 경우가 많습니다. 그러므로 본인이 절세를 고려한다면 부동산에 물건을 내놓을 때부터 잔금일을 6월 1일 이전으로 못 박아 두는 것이 바람직합니다.

☑ 주택을 팔 때: 양도소득세

양도소득세란 부동산을 양도할 때 발생하는 수익에 세금을 부과하는 것입니다. 따라서 부동산 양도로 인하여 수익이 발생하지 않았거나 손해를 본 경우에는 양도소득세가 발생하지 않습니다. 그러므로 "세금 빼고 나면 남는 것도 없다."라는 말을 하시는 분들은 "나는 부동산에 대해서 아무것도 모른다."고 말하는 것과 같습니다.

☑ 양도세도 카드납부가 가능한가요?

지방세인 취득세뿐만 아니라 국세인 양도세도 카드납부가 가능하지만, 높은 카드수수료율(신용카드 0.8%)을 본인이 부담해야 합니다. 그렇기 때문에 카드납부보다는 양도소득세 분할납부 제도를 이용하는 편이 낫습니다.

분할납부제도란 납부할 세액이 1000만 원을 초과하는 경우, 납부할 세액의 일부를 납부기한 경과 후 2개월 이내에 나누어 낼 수 있게 하는 제도입니다. 즉, 양도세 납부기한이 '양도일이 속하는 달의 말일로부터 2개월 이내'임을 감안하면 최대 4개월 이상에 걸쳐 양도세를 나눠서 낼 수 있습니다.

구분	분할납부할 수 있는 세액
납부할 세액이 2000만 원 이하일 경우	1000만 원을 초과하는 금액
납부할 세액이 2000만 원을 초과하는 경우	납부할 세액의 1/2 이하의 금액

청약으로 내집 마련하기

내집 장만엔 청약만한 게 없다

청약은 집을 사는 가장 간편한 방법입니다. 임장을 가거나 비슷한 집들을 두고 고민할 필요도 없고, 대출을 알아보거나 가격 조정을 시도할 필요도 없습니다. 그냥 클릭 몇 번으로 청약 신청만 하면 됩니다. 요즘에는 모바일로도 가능하죠.

이런 메리트가 있음에도 불구하고 한 가지 커다란 함정이 있습니다. 바로 청약이 당첨이 되어야 한다는 것입니다. 결국에는 손품, 발품을 파는 게 아니라 운과 가점에 의지를 해야 하는데, 어쩌면 이것이 누군가에겐 더 어려울지도 모르겠습니다. 뭐, 어쨌거나 되기만 한다면 가장 좋은 청약. 한 번 알아볼까요?

청약 당첨은 왜 어려울까?

요즘 같은 시대에 청약 당첨은 하늘의 별따기나 다름이 없습니다. 공급 폭탄이 있지 않는 한 특히나 가점이 적은 젊은 세대에겐 신화 같은 이야기입니다. 추첨제가 있긴 하지만 당첨되기는 마찬가지로 어렵습니다.

신축이 대세 청약에 당첨되면 2~3년 뒤에 해당 아파트가 완공되기 때문에 내가 입주를 할 당시에는 그 주변에서 가장 최근에 지은 아파트가 됩니다. '신축은 입지를 이긴다'는 말도 있지요. 신축은 수요자의 최신 수요를 반영하여 내부 구조와 편의시설, 단지 내 커뮤니티, 주차장 등 모든 부분에서 더 나을 수밖에 없습니다.

사실 이렇게 따지지 않아도 사람이라면 누구나 새 집에 살고 싶기 마련입니다. 이제 막 지어진 깔끔한 신축은 주변 구축보다는 보통 시세가 높고 수요도 높아 주변 시세를 끌어가는 역할을 맡게 됩니다.

저렴한 분양가 새로 분양하는 아파트의 분양가는 보통 주변 시세의 60~70% 수준입니다. 그 이유는 HUG에서 분양가를 통제해서 시세보다 훨씬 저렴하게 공급하기 때문입니다. 그 때문에 청약에 당첨만 되면 수억 원의 시세 차익을 얻을 수 있습니다. 그런데 최근에는 분양가에 대한 심사가 완화되는 추세라 이런 로또 청약도 언제 사라질지는 모르겠습니다.

낮은 투자금 분양가 자체도 저렴하고 입주 전까지는 계약금의 10%만 있으면 나머지는 중도금 대출이 가능합니다. 그러므로 추가적인 금전 부담이 없습니다. 그리고 무주택자의 경우에는 상대적으로 대출규제에서 자유로워,

입주 시에도 주택담보대출을 잘 활용하면 큰 부담 없이 입주가 가능합니다.

실제로 청약을 해보자

청약통장: 청약의 첫 걸음

청약을 신청하기 위해서는 청약통장(주택청약종합저축)부터 준비해야 합니다. 나이에 관계 없이 누구나 시중 은행에서 개설이 가능합니다. 매월 2만 원에서 50만 원 이내로 납입할 수 있습니다. 하지만 민간 분양은 단순히 가입 기간에 따라서 가점이 늘어나고, 공공 분양에서 쓰이는 회차를 채우기 위해서 최대로 인정되는 금액은 매달 10만 원입니다. 그러니 그 이상 저축할 필요는 없습니다.

그리고 미성년 자녀에게 통장을 만들어 주는 경우에는 최대 2년, 240만 원까지만 납입이 인정됩니다. 따라서 미성년 기간에는 2년 동안 매달 10만 원만 납입하는 것이 가장 합리적입니다.

청약 1순위 조건

기본 신청 조건은 최초 입주자모집공고일 현재 해당 지역 또는 인근 지역에 사는 만 19세 이상 거주자입니다. 이 가운데 수도권 지역은 최초 입주자모집공고일 기준으로 청약통장 가입 후 1년, 비수도권 지역은 6개월 이상이 지나야 합니다.

또한, 민영 주택은 납입인정금액이 지역별 예치금액 이상이 되어야 1순위가 될 수 있습니다. 납입인정금액은 입주자모집공고일 전까지 필요한 금액을 한 번에 채워 넣으면 됩니다.

청약순위	청약통장	순위별 조건	
		통장 가입 기간	납입금
1순위	주택청약 종합저축	▪ 투기과열지구 및 청약과열지역 : 가입 후 2년이 경과 ▪ 위축지역 : 가입 후 1개월이 경과 ▪ 투기과열지구 및 청약과열지역, 위축지역 외 - 수도권 지역: 가입 후 1년이 경과 (다만, 필요한 경우 시 · 도지사가 24개월까지 연장 가능)	납입금액이 지역별 예치금액 이상
	청약예금		매월 약정납입일에 납입한 납입인정금액이 지역별 예치금액 이상
	청약부금 (85㎡ 이하만 청약 가능)		
2순위	1순위에 해당하지 않는 경우(청약통장 가입자만 청약 가능)		

구분	청약예금		
	서울/부산	기타 광역시	기타 시/군
85㎡ 이하	300	250	200
102㎡ 이하	600	400	300
135㎡ 이하	1,000	700	400
모든 면적	1,500	1,000	500

부동산 틈새 상식

공공주택 청약은 무엇이 다른가요?

민영주택은 예치금과 가점이 필요하지만, 공공주택의 경우는 1순위 통장(수도권 기준 가입 1년 경과, 12회 납입)을 보유하고 3년 이상 무주택 세대 구성원을 유지해야 자격 요건이 충족됩니다. 당첨자 선정도 청약통장 납입 횟수와 납입 총액을 기준으로 하게 되므로 매달 10만 원씩 꾸준히 납입하는 것이 가장 중요합니다. 다만 공공주택의 경우 일반분양물량이 15% 정도에 불과하고, 전용 60㎡ 이하 청약의 경우 자산·소득 요건이 추가된다는 단점이 있습니다.

유닛(unit)이란?

모델하우스 내부에 각 타입별로 실제 세대와 같이 구경할 수 있게 꾸며놓은 공간을 가리키는 말로, 견본주택이라고도 합니다.

우리 지역 청약 일정 확인하기

한국부동산원에서 운영하는 청약홈(www.applyhome.co.kr)에서 '오늘의 청약 일정'과 '청약 캘린더'로 오늘 또는 이번 달 1순위, 2순위 등 청약 일정을 미리 확인할 수 있습니다. 또한 관심지역 청약알리미를 활용하면 청약 일정을 빠뜨리지 않고 체크할 수 있습니다.

모델하우스 방문

청약 공고가 나면 모델하우스를 가봅시다. 요즘은 온라인으로도 e-모델하우스 관람이 가능하지만, 아무리 잘 되어 있다고 해도 실제로 가서 보는 것만 못합니다. 현장 분위기를 보면 청약의 경쟁률을 가늠해볼 수 있기도 하고요.

● 청약홈 청약캘린더

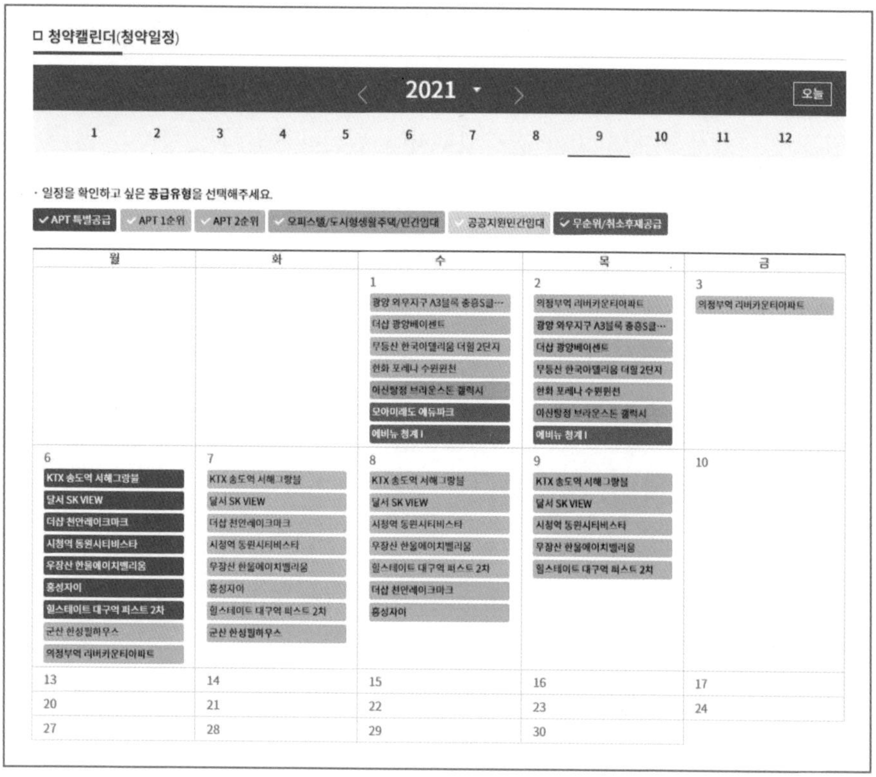

출처: 청약홈

모델하우스를 볼 때는 유닛만 관람하지 말고, 단지 배치 모형도 꼼꼼히 체크해보시기 바랍니다. 주 출입구는 어디인지, 상권을 이용하기 편리한 동은 어디일지, 로얄동과 로얄층은 어디인지도 확인해보시면 많은 공부가 됩니다. 그리고 반드시 상담석을 들러 상담도 해보시기 바랍니다. 청약과 관련된 궁금한 점도 질문하고 선물도 받을 수 있습니다.

청약 신청하기: 청약홈

실제 청약을 하는 절차는 간단합니다. 인증서만 있다면 PC 혹은 모바일 어플로 청약홈에 접속하여 안내되는 절차대로만 진행하면 됩니다. 어떤 타입을 선택할지 정도만 미리 결정해두시면 됩니다. 맨 처음 청약을 하는 분들을 위해 청약 신청을 시뮬레이션 해볼 수 있는 '청약연습'도 제공하고 있으니 처음 하시는 분들은 미리 연습을 해보시면 실전에서 좀 덜 긴장될 수 있겠습니다.

청약에도 전략이 필요하다

청약에 당첨되려면 운이 물론 따라야 합니다. 하지만 그게 전부는 아닙니다. 청약도 당첨될 확률을 높이는 전략이 필요합니다.

청약가점 관리하기 공공 분양은 통장 납입 금액이 많은 순으로 당첨자가 결정됩니다. 반면 민간 분양은 청약가점 순으로 당첨자가 결정됩니다. 그래서 점수를 잘 관리하는 것이 중요합니다. 가점은 84점 만점으로 무주택 기간(32점), 부양가족 수(35점), 청약통장 가입 기간(17점)입니다.

무주택 기간(32점)은 1년 미만일 경우 2점, 기간이 1년씩 늘어날 때마다 2점씩 가산되어 15년간 무주택을 유지하면 최고점수를 받게 됩니다. 하지만 배우자뿐만 아니라 세대원 전원이 장기간 무주택을 유지해야 한다는 어려움이 있습니다.

부양 가족 수(35점) 부양 가족은 1명이 늘어날 때마다 5점씩 올라갑니다. 배우자, 직계존속, 직계비속이 부양 가족에 해당합니다. 이때 직계존속(배우자 부모 포함)은 3년 이상, 직계비속(만 30세 미혼 자녀)은 1년 이상 동일한 주민등록등본에 등재가 되어야 합니다. 즉 위 기간 동안 직계존비속 모두가 무주택을 유지해야 부양 가족 점수를 받을 수 있게 됩니다.

청약통장 가입 기간(17점)은 상대적으로 쉽습니다. 6개월 미만은 1점이고, 1년 미만은 2점입니다. 그 이후로 매년 1점씩 추가돼 가입 기간 만 15년을 모두 채우면 최대 17점을 받게 됩니다.

택지 지구 청약하기 택지를 조성하여 공급하는 아파트의 경우에는 대체로 입지와 교통에서 불리하고, 한 번에 대량 공급을 하는 경우가 많습니다. 그래서 청약수요자들이 관심이 덜하고, 때문에 상대적으로 경쟁률이 낮은 경우가 많습니다. 이러한 지역을 유심히 지켜보다가 청약을 하게 되면 그만큼 당첨 확률이 높아집니다.

비선호 타입 공략 선호 타입은 살기에도 좋고, 나중에 팔 때도 유리합니다. 그러나 요즘처럼 청약 경쟁률이 높을 때는 현실적으로 당첨되기 쉽지 않겠지요. 그래서 확률을 높이려면 비선호 타입을 공략하는 전략도 고려해볼 만 합니다. 대형보다는 소형일수록, 4베이 판상형보다는 타워형의 인기도가 조금 더 낮습니다.

또한 1순위 공급 전에 특별 공급 경쟁률이 공지되는데, 이 경쟁률을 분석해보면 사람들이 어떤 타입에 몰리는지 알 수 있어서 이를 피해 청약을 하기도 합니다.

모델하우스 제대로 보는 법

모델하우스는 어떻게 봐야 할까?

모델하우스에 가면 어디부터 보시나요? 많은 분들이 중앙에 놓여진 단지 모형은 빠르게 넘어가고, 유닛부터 관람하시는 경우가 많습니다. 사람들에게 둘러싸여서 이 방에 기웃, 저 방에 기웃거리면서 화려한 인테리어로 잘 꾸며진 유닛을 관람합니다. "이 타입은 거실이 넓게 빠졌네." "저 타입은 펜트리가 좁아서 불편하겠네."라는 말을 하며 관람을 마치고, 휴게 공간에 있는 카페테리아에 들러서 커피를 마신 뒤 쇼핑백에 휴지와 물티슈를 받아 나옵니다. 많은 분이 하는 지금까지의 모델하우스 관람 방법입니다.

모델하우스는 아직 세상에 존재하지 않는 건물입니다. 이미 건물이 지어져 있는 기축 아파트라면, 내가 매수하고 싶은 집을 방문해서 직접 둘러보면 되니 어려울 게 없지요. 그런데 신축 아파트는 얘기가 다릅니다. 수억 원이 넘어가는 아파트를 모형만 보고 결정해야 합니다. 그래서 조금 더 꼼꼼히 살펴보는 것이 필요합니다.

모델하우스 제대로 보기

요즘 아파트의 유닛을 보면 세대마다 평면과 배치는 마치 붕어빵틀로 찍어낸 것처럼 비슷합니다. 세부적인 디자인과 자재, 옵션에만 차이가 있을 뿐이죠. 그래서 모델하우스를 볼 때는 유닛에 쏠린 관심을 단지 전체로 돌릴 수 있는 거시적인 안목이 필요합니다.

모델하우스를 방문하기 전에

잘 아는 지역이라면 상관없지만, 신도시나 잘 모르는 지역이라면, 사전 준비가 필요합니다. 물론 해당 아파트의 개요나 교통망, 주변 편의시설 등을 체크하는 것도 중요하지만 이런 부분은 모델하우스를 방문하게 되면 친절한 설명과 홍보 자료를 통해 더 정확히 알아볼 수 있습니다.

그래서 방문 전에 해야 할 가장 중요한 일은 청약 예정 단지에 인접한 단지의 시세 파악입니다. 주변의 시세를 파악하면서 현재 분양가가 적정한지, 해당 지역의 상승 가능성은 어떤지 가늠해 볼 수 있고, 향후 청약 경쟁률도 예상해볼 수 있습니다.

모델하우스에 방문하면

모델하우스에서는 숲을 먼저 보고, 나무를 보는 순서로 관람해야 합니다. 우선 단지가 도시의 어느 지역에 위치해 있는지를 보고(광역위치도) 단지 주변과 내부는 어떻게 배치되어 있는지(단지모형) 그리고 단지를 구성하고 있는 세대 내부는 어떻게 되어 있는지 확인(유닛 관람)하면 됩니다. 그리고 마지막으로 상담 창구에 들러 위 단계를 거치면서 생긴 궁금한 점과 실제 청약 전략을 문의하면 됩니다. 아래를 참고하면서 각 단계에서 파악할 내용을 살펴보겠습니다.

광역위치도 모델하우스에 들어가면 한 쪽 벽면에 큼지막한 지도가 붙어 있습니다. 이를 광역위치도라고 하는데, 분양 단지를 중심으로 해당 지역 전체가 표시되어 있습니다. 버스와 지하철역 등 대중교통은 잘 갖춰져 있는지, 백화점·마트·병원 등 주변 편의시설은 무엇이 있는지, 초등학교는 근처에 있는지 확인할 수 있고 지역의 향후 개발 호재까지도 파악이 가능합니다. 그리고 이런 정보가 모여 분양단지의 도심 내 입지를 살펴볼 수 있습니다.

단지모형 단지모형을 제대로 보는 것이 가장 중요합니다. 광역위치도나 단지배치도는 언제든지 볼 수 있지만, 단지모형은 모델하우스에서만 볼 수가 있기 때문입니다.

단지모형은 평면으로 되어 있는 단지배치도와 달리 단지를 실제 모습을 그대로 축소하여 만들었기 때문에 얻을 수 있는 정보가 많습니다. 타입에 따른 동 별 배치와 방향, 조망과 일조량, 단지 내 커뮤니티 시설과의 거리, 주변에 산이나 다른 건물들이 자리 잡고 있는지 파악 가능합니다. 특히 단지 내 지상주차장이나, 주 출입구 근처, 어린이 놀이터 등이 있는 동은 소음 문제 등이 발생할 수 있어 이 부분을 꼼꼼히 체크하시기 바랍니다.

다만, 단지 바깥의 산이나 아파트를 막고 있는 건물 등은 삭제되어 제대로 표시되어 있지 않은 경우가 있습니다. 이런 부분은 모델하우스 관람 이후 현장 답사를 통해 보완해야 합니다.

유닛 관람 유닛 관람은 모델하우스를 방문하신 분들이 가장 기대하는 부분입니다. 여기서는 착시효과를 조심해야 합니다. 유닛은 24평이라도 가족 네 식구가 넉넉하고, 편안하게 살 수 있을 것처럼 넓게 느껴집니다. 하지만, 유닛에 배치된 가구는 실제 가구 크기보다 작게 제작된 경우가 많습니다. 이를 감안하고 관람을 해야 합니다.

옵션도 눈여겨볼 부분입니다. 발코니는 물론 요즘은 시스템에어컨도 기본적으로 선택하는 추세입니다. 이와 더불어 중문, 붙박이장, 빌트인 가전, 바닥(강마루/타일), 화장대(입식/좌식)도 살피며 장단점을 알아두면 청약 당첨 후 옵션 계약을 할 때 도움이 됩니다.

그리고 각 타입을 관람하면서 사람들이 어떤 타입을 선호할지 가늠해 보시기 바랍니다. 경쟁률이 높을 것으로 예상되면 비선호 타입으로 가는 것이 맞고, 경쟁률이 낮을 것으로 예상되면 선호 타입을 넣어도 되겠죠.

분양 상담 마지막으로 분양 상담 창구를 들러 모델하우스를 관람하면서 생긴 궁금증과 청약 조건 혹은 대출과 관련하여 상담을 해보시기 바랍니다. 궁금한 점이 없더라도 일단 상담을 해보면 몰랐던 정보에 대해 배울 점이 있습니다.

특히 상담사 가운데 경험이 많고 역량이 뛰어난 사람은 분양권 프리미엄 등이 어느 정도 형성될지, 어떤 타입으로 해야 당첨 확률이 높은지도 파악하고 있는 경우가 많습니다. 다만 상담사 또한 완판을 목적으로 하는 분양대행사의 직원이기 때문에 완전히 신뢰할 수는 없다는 점을 유의하시기 바랍니다.

모델하우스를 다녀온 후에

모델하우스를 방문 후에 청약하고 싶은 마음이 생겼다면, 공사 예정 부지를 방문해보는 게 좋습니다. 현장 주변을 둘러보고 모델하우스에 본 내용과 일치하는지, 다른 부분이 있다면 무엇이 다른지 직접 확인해 보시기 바랍니다.

특히 모델하우스의 광역위치도나 단지모형에는 혐오시설, 조망을 막는 다른 건물과 같은 입지 상의 단점은 숨기고, 장점만을 표시해두었기 때문에 직접 현장을 둘러보는 것이 제일 정확합니다. 특히 지역의 낙후된 분위기 등은 직접 방문해보지 않고서는 절대 알 수 없는 것이지요.

부린이일수록 모델하우스에 직접 가보자

예전에는 인기 단지의 모델하우스를 보려면 몇 시간씩 줄을 서기도 했습니다. 사람들이 얼마나 줄을 많이 서는지를 보면서 분양의 성패를 가늠해 보기도 했죠. 그런데 요즘에는 사이버 모델하우스를 오픈하여 온라인에서 편하게 관람할 수 있습니다.

하지만 아무리 온라인 공간으로 잘 옮겨놓았다고 하더라도 실제로 보는 것에는 비할 바가 아닙니다. 그래서 기회가 된다면 모델하우스를 가급적 여러 번 방문하는 것이 좋습니다. 특히 부린이일수록 부동산의 문턱을 넘는 것을 어려워합니다. 그러나 분양 상담사의 경우엔 상대적으로 친절하게 알려주기 때문에 부담감이 덜합니다.

동시에 모델하우스를 통해 아파트 단지의 최신 트렌드도 가늠할 수 있습니다. 요즘에는 단지 배치를 어떻게 하는지, 평면은 어떻게 구성되는지, 인테리어는 어떻게 하는지도 공부할 수 있는 기회가 됩니다.

4장 정리 문제

1. 다음 서술에서 옳지 않은 것은?

① 택지개발사업이란 기존의 주택 등 부동산이 없던 지역을 신도시로 개발하는 사업이다.

② 택지개발사업은 재개발에 비해 분양가가 낮다는 장점이 있다.

③ 도심 재개발의 장점은 생활 인프라를 모두 함께 지어서 가장 깨끗하고 트랜디한 시설을 이용할 수 있다는 것이다.

④ 재개발 사업으로 신축 아파트가 들어서면 주변의 구축 아파트 시세까지 덩달아 오르기도 한다.

2. 급매물을 거래할 때 유의할 점으로 옳지 않은 것은?

① 급매물을 파악하기 위해서는 주변 지역 시세 파악이 최우선이다.

② 중개사에게 알려야 할 가장 중요한 정보는 내가 원하는 가격대다.

③ 중개수수료를 어느정도 올려주겠다고 언급하는 것도 좋은 방법이다.

④ 중개인이 재촉하더라도 직접 물건을 확인하고 등기부등본도 꼼꼼히 확인하는 게 좋다.

3. 소위 '국민평형'이라고도 불리는 ______㎡는 대략 34평 정도의 공간에 방 3칸(혹은 4칸)과 거실, 주방, 화장실 2칸이 적절히 잘 들어간 구조로 4인 가족이 거주하기에 가장 적합한 규모다.

4. 부동산 세금에 대한 설명으로 옳지 않은 것은?

① 부동산을 매수할 때 내야하는 세금으로는 상속세 혹은 증여세, 그리고 취득세가 있다.

② 취득세는 부동산이나 차량을 취득할 때 내는 세금으로, 취득한 날로부터 60일 이내에 신고와 납부를 끝내야 한다.

③ 취득세를 한 번에 내기 부담스럽다면 신용카드로 납부하고 할부 혜택을 받을 수도 있다.

④ 양도소득세는 부동산을 양도하고 난 뒤 얻은 수익 여부와 무관하게 납부해야 한다.

5. 청약에 대한 설명으로 옳은 것은?

① 청약은 입주 전까지 계약금의 10%만 있으면 나머지는 중도금 대출을 받을 수 있다는 장점이 있다.

② 미성년 자녀의 청약 통장은 최대 3년, 240만 원까지만 인정이 된다.

③ 청약가점은 90점 만점이다.

④ 신청 조건은 모집공고일 기준 해당 지역 혹은 인근 지역의 만 19세 이상 거주자다.

6. 모델하우스 방문 요령과 관련하여 옳지 않은 것은?

① 모델하우스에서 주변의 시세까지도 한꺼번에 파악할 수 있다.

② 광역위치도를 보면서 주변 대중교통이나 편의시설, 학군 등을 꼼꼼히 확인해야 한다.

③ 유닛을 관람할 때는 착시효과를 유념해야 한다.

④ 관람 후 청약을 신청하려는 마음이 생겼다면 실제 공사 예정 부지도 방문해보는 게 좋다.

정답: ③ / ② / 84 / ④ / ① / ①

5장

알아야 지킨다! 부동산 사고 피하기

전세 사기 또는 매매 사기를 예방하려면

결정은 빠르게, 확인은 천천히

부동산 가격이 급등하면서 좋은 매물을 잡으려는 경쟁 또한 치열해졌습니다. 매물이 나왔을 때 조금이라도 고민하다가는 금세 다른 사람이 계약금을 넣어버려 매물을 놓치는 경우도 생기는데요. 그래서인지 매물은 보지도 않고 일단 계약금부터 입금하는 사람들이 늘고 있습니다.

사실 매수자가 조금 고민을 하거나 물건을 꼼꼼하게 확인하려고 하면 부동산에서는 "그렇게 고민하다가는 놓친다."라거나 "이 물건이 나가고 나면 이제 비싼 물건 밖에 없다."란 식으로 은근히 압박을 주니 조바심이 나기도 합니다.

물론 맞는 말일 수도 있습니다. 그러나 부동산처럼 고가의 자산을 거래할 때는 조금 여유를 가져야 합니다. 설사 그 물건을 놓치게 되더라도 비슷한 물건을 또 찾을 수 있다는 생각으로 접근해야 현명한 거래를 할 수 있습니다.

사기를 예방하는 부동산 거래의 원칙

계약금을 입금하기 전까지는 최대한 꼼꼼하게 확인을 해야 합니다. 부동산 거래를 처음 해보시는 분들도 물론이지만, 몇 차례 경험이 있는 분들도 오히려 여태껏 문제가 없었던 까닭에 방심하시는 경우가 많습니다. 그러므로 아래의 원칙을 참고해서 안전하게 거래하시는 것이 필요합니다.

내 눈으로 확인 부동산 거래의 기본은 매물을 본인이 직접 확인하는 것입니다. 파 한 단, 고기 한 근을 사도 눈으로 확인하고 고르지요. 큰 금액이 오고 가는 부동산을 확인도 하지 않고 사는 일은 하지 않는 것이 좋습니다.

간혹 세입자가 협조해주지 않아 집을 보지 못하는 경우가 있습니다. 이럴 때에는 같은 타입의 다른 집을 보고 사도 문제가 없는 경우가 많습니다. 하지만 세입자의 비협조 자체가 이후 전세 계약이 만료될 때 문제가 될 소지가 크다는 말이 되므로 신중히 판단해야 합니다.

직거래보다 중개인 요즘은 중개수수료를 절감하기 위해 카페나 플랫폼을 통해 직거래를 하는 경우도 많습니다. 물론 비용을 절감하는 것도 중요합니다. 하지만 적은 돈을 아끼려다가 더 큰 손해를 입는 경우도 많습니다. 그렇기 때문에 가급적 공인중개사를 통해서 거래하시는 편이 낫습니다.

공인중개사를 통해서 거래를 할 때에도 명함을 받아서 정식 공인중개

부동산 틈새 상식

부동산 공제증서는 무엇인가요?

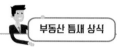

민영부동산 계약을 하면 중개사무소에서 챙겨주는 서류 중에 '부동산 공제증서'가 있습니다. 공인중개사는 최소 1억 원 이상의 한도 내에서 의무적으로 가입해야 합니다(법인 공인중개사의 경우는 최소 2억 원 이상의 한도). 이러한 부동산 공제증서는 중개사의 실수로 중개 과정에서 손해가 발생했을 때 손해배상을 받을 수 있도록 한 최소한의 안전 장치입니다.

하지만 공제증서의 금액이 1억 원이라고 해서 반드시 1억 원 전부를 보장받는 것은 아닙니다. 1억 원이라는 한도는 계약 건당 한도가 아닌 중개사무소의 1년 동안의 한도입니다. 만일 중개사가 다른 거래에서의 실수로 지급 한도인 1억 원을 전부 써버렸다면, 이후 발생한 피해에 대해서는 보상받기가 어렵습니다.

사가 맞는지, 혹시 자격증을 대여해 영업하는 것은 아닌지 꼼꼼히 확인해서 안전한 거래를 해야 합니다.

등기부등본 체크 등기부등본은 계약금, 중도금, 잔금 총 세 번에 걸쳐서 확인해야 합니다. 같은 서류를 여러 번 확인하는 이유는 부동산과 관련된 권리 관계가 수시로 변동될 수 있기 때문입니다. 그래서 입금 전에는 반드시 당일 발급 받은 등기부등본으로 확인 절차를 진행해야 합니다.

등기부등본을 볼 때는 가장 먼저 현재 소유자가 누구인지 확인합니다. 그리고 가압류, 가처분, 가등기, 경매 등의 내용 중 하나라도 있다면 해당 부분이 말소되기 전에는 매매든 임차든 계약을 하지 않아야 합니다.

특히 전세 계약을 맺을 때는 주택담보대출 등으로 근저당이 설정되어 있을 경우 소유권자가 대출을 갚지 못하면 경매로 넘어갈 수 있으므로 채권

부동산 틈새 상식

깡통전세란?

깡통전세는 전셋값이 집값보다 높은 아파트를 말합니다. 부동산 가격이 하락하여 집값이 전셋값보다 낮아지거나, 기존에 대출이 있는 주택일 경우 보증금이 주택 가격과 대출 차액을 초과하는 경우입니다.

이를 막기 위해서는 등기부등본을 확인해서 근저당액, 선순위 채권 등을 계약 전에 미리 확인해야 하고, 반드시 전세보증금 반환보증보험에 가입해 전세 만기 후 집주인이 전세보증금을 돌려주지 않을 경우를 대비하는 것이 바람직합니다.

최고액 등을 주의 깊게 살펴보셔야 합니다. 또한 주택을 매수할 때에는 근저당 설정을 잔금을 치를 때 말소한다는 조건을 넣어야 합니다.

계약서는 미리 확인 계약 당일 현장에 가면 보통은 정신 없이 도장 찍고, 서명만 하다가 오게 됩니다. 그래서 계약 전에 미리 계약서 사진을 휴대폰으로 전달받아 계약서를 확인해야 합니다. 계약서 내용을 확인하면서 틀린 부분이나 추가할 내용이 있다면, 반드시 수정을 요구해야 합니다.

매도인 확인 계약 당일 계약금을 입금하기 전에 매도인의 신분증을 전달 받아 등기권리증의 소유자와 대조하여 인적사항이 맞는지 확인합니다. 매도인 본인이 계약 장소에 나오는 것이 가장 좋지만, 대리인이 나오는 경우에도 위임장만 있다면 문제될 부분은 없습니다.

그리고 계약금을 입금할 때에는 반드시 매도인 명의의 계좌로 입금해야 합니다. 중개사나 가족 등 대리인 혹은 세입자의 계좌로 입금을 요구하는 경우가 간혹 있지만, 절대로 입금해서는 안 됩니다.

계약 기간은 짧게 자금 융통에 문제가 없다면 계약부터 잔금까지의 기간은 되도록 줄이는 것이 바람직합니다. 기간이 길어질수록 매도인이 주택담보대출이나 이중계약, 혹은 채무 등의 문제가 생길 가능성이 커지기 때문입니다. 그러므로 계약 기간은 최대 두 달을 넘지 않도록 정하시기 바랍니다.

계약은 직접 전국 단위의 투자자가 많아지면서 원거리에 있는 물건을 매수하는 경우가 많아졌습니다. 물건지가 멀리 있는 경우, 1시간도 안 걸리는 계약을 하기 위해 몇 시간을 직접 가려니 시간과 교통비가 아깝게 느껴집니다. 그럴 때는 간혹 도장과 서류를 중개인에게 등기로 보내고 위임하는 경우가 있습니다.

대리인이 계약을 하더라도 가족과 같이 믿을 만한 사람이 계약을 하는 것은 관계가 없지만, 일면식도 없는 중개인에게 계약을 맡기지는 말아야 합니다. 문제가 발생한 이후에 드는 시간과 비용을 생각하면 계약을 위한 시간과 교통비는 아무것도 아닐 겁니다.

애매할 때에는 보수적으로

부동산 거래는 여간 번거로운 게 아닙니다. 계약부터 잔금까지 여러 차례 부동산과 은행을 방문해야 하고, 확인할 서류도 많습니다. 대개의 경우 위의 절차를 몇 가지 빠뜨린다고 해서 별다른 문제가 발생하지는 않습니다.

하지만 큰돈이 오가는 거래에 있어서는 단 한 번의 실수로 큰 손실을 보기도 합니다. 그러므로 애매할 때에는 늘 보수적으로 판단해서 행동하시기 바랍니다.

내 전세금을 지키는 안전장치

전세를 구할 때 중요한 것

전셋집을 구할 때는 챙겨야 할 것들이 많습니다. 그래서 집을 보러 가기 전에 체크리스트를 준비하기도 합니다. 수압이나 일조량, 도배 상태도 물론 중요합니다.

하지만 전세는 짧게는 1~2년 길게는 4년 정도 거쳐가는 집에 불과합니다. 그렇기 때문에 내가 전세금을 온전히 돌려받을 가능성이 어느 정도 인지를 가장 주안점에 두고 유심히 체크하셔야 합니다. 그리고 전세금을 되돌려 받을 수 있는 방법을 알고있어야 하는데, 가장 기본적으로 하는 것이 전입신고와 확정일자 그리고 전세권 설정입니다.

어떻게 전세금을 보호할까?

임대인의 파산과 같이 전세금을 돌려주지 못할 사유가 발생했을 때 임차인이 전월세 보증금을 지킬 수 있는 방법은 크게 전입신고와 확정일자, 전세권설정, 전세보증보험이 있습니다.

전입신고와 확정일자

법원 또는 동사무소 등에서는 주택임대차계약을 체결한 날짜를 확인해주기 위하여 임대차계약서 여백에 그 날짜가 찍힌 도장을 찍어줍니다. 이때 도장에 찍힌 날짜가 확정일자입니다. 이는 임대차계약문서가 해당 날짜에 체결되었다는 사실을 법률적으로 인정해주는 날짜입니다. 단, 임차인이 이 확정일자로 우선변제권을 행사하기 위해선 점유(실제 거주)와 전입신고 요건 또한 함께 갖추어야 하며 이 세 가지 요건을 모두 충족해야 효력이 발생합니다.

전세권설정등기

> 민법 제303조(전세권의 내용) ① 전세권자는 전세금을 지급하고 타인의 부동산을 점유하여 그 부동산의 용도에 좇아 사용·수익하며 그 부동산의 전부에 대하여 후순위권리자 기타채권자보다 전세금의 우선변제를 받을 권리가 있다.

전세권은 법적으로 보호받는 권리입니다. 이러한 권리를 행사하기 위해서는 전세권설정등기가 필요합니다. 전세권설정은 전세를 얻은 집의 등기부등본에 전세 세입자가 누구인지, 전세금은 얼마나 줬는지 등 전세권과 관련된 내용을 표기하는 것입니다. 이렇게 전세권이 설정되면 임차인은 전셋집이 경매에 넘어가는 일이 생기더라도 후순위권리자보다 우선변제를 받을 권리가 생깁니다.

전세권설정등기와 확정일자의 가장 큰 차이는 효력 발생 시점입니다. 확정일자 경우 확정일자를 받은 다음 날부터 효력이 발생합니다. 만약 집주인이 확정일자 당일에 대출을 받는다면 나의 전세보증금은 해당 대출보다 후순위로 내려가게 됩니다. 하지만 전세권 설정은 당일부터 효력이 발생하기 때문에 확정일자보다 더욱 강력한 권리구제가 가능합니다.

그럼에도 불구하고 실제로 전세권 등기가 이루어지는 경우는 흔치 않습니다. 우선 전세권 설정은 집주인의 동의가 필요한데, 임대인의 입장에서는 챙겨줘야 할 서류도 많고 자신의 집 등기부등본에 타인의 이름이 올라가는 것이 그리 달갑지 않은 일이기 때문입니다. 그리고 만기 시 전세금을 돌려주

● 확정일자와 전세권설정등기 비교

구분	확정일자	전세권설정등기
동의여부	임대인 동의 필요 없음	임대인의 동의 필요
요건	실입주 및 전입 신고	없음
효력	전입 신고 완료 다음날 0시부터 효력 발생	신청한 당일부터 효력 발생
비용	600원	(1) 등록면허세 = 전세금 × 0.2% (2) 지방교육세 = 등록면허세 × 20% (3) 등기신청수수료: 건당 15,000원 (4) 법무사 등기수수료 (대행 시) (5) 만기 시 말소등기 비용
보상액	건물 및 토지 가격 보상	건물 가격만 보상
경매신청	보증금 반환 소송 후 가능	소송 없이 바로 경매 신청 가능

지 못할 경우에는 세입자가 경매를 청구할 수 있어 임대인에게 심리적인 부담을 안겨줍니다.

전세보증금 반환보증보험제도

전세보증금 반환보증보험은 계약 기간이 끝났는데도 세입자가 집주인에게 전세금을 돌려받지 못할 때를 대비한 제도입니다. HUG주택도시보증공사의 전세금 반환보증보험에 가입하게 되면 집주인이 계약 기간 만료 후에도 전세금을 돌려주지 못할 때 HUG가 세입자에게 대신 보증금을 주고, 나중에 집주인에게 이를 청구합니다.

전입신고 및 확정일자를 마친 뒤 보험사에서 가입이 가능하며, 전세자금 대출을 받게 된다면 은행에서 보증보험까지 함께 가입하는 경우가 많습니다. 가입 가능한 보험사로는 HUG, SGI서울보증, HF한국주택금융공사 등이 있습니다.

보증기간은 보증서발급일로부터 전세 계약 기간 만료일 후 1개월까지이며, 전세 보증보험의 비용(보증료)은 아래와 같습니다.

보증료 = 보증금액 × 보증료율 × 보증기간 해당 일수 / 365

보증보험 또한 가입조건이 있습니다. HUG를 기준으로 알아보면, 전세 계약 기간이 1년 이상일 것, 전세보증금 금액이 수도권 기준 7억 원 이하, 그 외 지역 5억 원 이하일 것 등이 있습니다. 보증료율은 약 0.1~0.15% 수준입니다.

지역주택조합 아파트는 어떨까?

청약통장 無, 원하는 동호수도 지정!

'반값 아파트 공급! 청약통장 無! 선착순 동호수 지정!' 대로변을 지나다 보면 가끔 볼 수 있는 현수막입니다. 요즘처럼 집값이 비싸고, 청약 당첨도 어려운 시기에 이런 곳이 있을까 하는 생각은 들지만, 내집 마련에 대한 강렬한 열망으로 나도 모르게 전화를 걸어 상담 예약을 하게 됩니다.

그런데 번듯하게 잘 꾸며놓은 홍보관을 찾아가서 상담을 받아보면 생각이 조금 달라집니다. 게다가 1군 메이저 건설사가 시공하고, 계약금만 내면 동호수까지 지정된다고 하니 상당히 괜찮은 조건으로 보입니다.

이런 아파트는 대개 지역주택조합에서 사업을 시행하는 아파트입니다. 조합이라고 하니 잘 모르는 분들은 재건축·재개발 조합과 비슷한 게 아닌가 하는 생각을 합니다. 하지만 이는 지역주택조합과는 완전히 다른 개념입니다.

부동산 틈새 상식

지역주택조합 아파트 구별법

일반인들이 지역주택조합과 재개발·재건축조합 혹은 일반분양 아파트를 구별하기 쉽지 않습니다. 하지만, 사용하는 용어를 유심히 보면 알 수 있습니다. 우선 지역주택조합은 '모델하우스' 대신 '홍보관' 이라는 용어를 사용합니다. 또한 시공사가 'OO건설'이라고 적혀 있지만, 옆에 보면 작은 글씨로 '시공 예정사'라고 병기된 것을 볼 수 있습니다. 그리고 애초에 일반 분양을 하는 아파트는 청약을 통해 추첨을 하기 때문에 '선착순 동호수 추첨' 자체가 불가능합니다.

계획은 계획일 뿐

조합원 모집 단계에서 안내하는 동호수 지정, 분양 가격, 시공사, 착공 예정일 등은 단지 사업 계획에 불과합니다. 진행 과정에서 얼마든지 변동될 수 있습니다. 특히 1군 건설사에서 건설하니 믿을 수 있지 않을까 생각하는 경우가 많습니다. 하지만 건설사는 단순히 건설비를 받고 시공을 해줄 뿐, 사업 자체에 대해선 아무런 책임이 없습니다.

지역주택조합이란

지역주택조합은 내집 마련을 희망하는 주민들이 조합을 결성하여 함께 땅을 사고, 건설사를 섭외하여 건축비를 주고 집을 짓는 방식입니다. 일종의 아파트 공동구매라고도 볼 수 있습니다.

사람들이 지역주택조합 아파트에 관심을 갖는 가장 큰 이유는 저렴한 분양가입니다. 일반 분양가보다 적게는 15%, 많게는 30%가량 저렴하기도 합니다. 일반 분양 아파트와 달리 조합이 직접 시행사 역할을 하면서 시행사의 이윤이나 자금 마련을 위한 금융 비용, 홍보 비용 등이 절감되기 때문입니다.

게다가 일반분양에 당첨되기 위해서는 치열한 청약경쟁률을 뚫어야 하지만, 지역주택조합 아파트는 무주택 등의 요건만 맞는다면 청약통장이 없어도 조합원으로 가입이 가능합니다.

왜 하지 말라고 할까?

일반 분양보다 저렴하고, 재건축·재개발보다 투자금도 적다니! 지역주택조합을 하지 않을 이유가 없어 보입니다. 그런데 지역조합주택이라는 말만 들어도 몸서리를 치는 분들이 많습니다. 심지어는 '지역조합주택은 원수에게만 권하라'고 말씀하시는 분들도 있습니다. 왜 이런 얘기들이 나돌까요? 지역주택조합은 사업의 성공이 어렵다는 게 가장 큰 단점입니다. 지금부터 그 이유를 하나씩 알아보겠습니다.

부지 확보가 어렵다

지역주택조합이 성공하기 가장 어려운 이유는 부지를 확보하기가 어렵기 때문입니다. 지역주택조합이 아파트를 지을 부지를 확보하려면 조합에서 일일이 사업대상부지 안의 토지 그리고 건물 소유자와 협의하여 부지를 매입해야 합니다. 그러나 애초에 땅을 매도할 마음이 없는 사람도 있고, 매도를 한다고 하더라도 비싸게 팔려는 경우가 많습니다. 그래서 부지를 매입해 나갈수록 땅값을 점점 비싸게 부르는 사람들이 많아집니다.

부동산 틈새 상식

토지사용승낙서란?

조합 설립에 필요한 토지사용승낙서는 토지소유자들이 향후 사업 추진할 때 본인들이 소유한 토지를 매각할 의사가 있다는 것을 표시하는 것으로, 소유권 이전과는 무관합니다. 따라서 토지 매수비용이 확정되어 있지 않기 때문에 조합설립인가 이후 매입 가격 상승으로 인한 추가 분담금 부담, 사업 지연의 우려가 있습니다.

사업 지연

지역주택조합에 가입을 희망하는 조합원들은 대부분 내집마련을 희망하는 분들입니다. 그러다 보니 되도록 빨리 입주하기를 원합니다. 그런데 만약 2030년 입주 예정이라고 말한다면 아무도 조합원으로 가입하려고 하지 않겠죠. 이 때문에 지역주택조합은 애초에 무리한 사업 계획을 잡게 되고, 결국 계획에 비해 사업이 지연되는 일이 빈번한 것입니다.

사업비 증액

조합원으로 가입할 때 제시되는 분양가는 예정 분양가에 불과합니다. 사업 과정 중 토지 매입 비용 상승, 금융 비용, 용적률 변경, 기부채납 등으로 인해 분양가는 높아질 확률이 높습니다. 그리고 그렇게 높아진 사업비는 조합원들이 추가 분담금으로 고스란히 부담해야 합니다.

싸고 좋은 건 없다

지역주택조합에 가입을 하는 분들은 저렴한 가격에 내집을 마련할 수 있다는 생각에 덜컥 계약을 하는 경우가 많습니다. 하지만 일단 계약을 하게 되면 해약이 어렵습니다. 설령 탈퇴한다고 하더라도 많은 위약금을 물어야 하는 경우가 많습니다.

자신들이 소유한 부지에 새 아파트를 짓는 재개발·재건축도 사업 과정에서 수많은 분쟁과 문제가 발생하여 사업이 지연되거나, 끝내 무산되기도 합니다. 그런데 타인의 토지를 매수하여 아파트를 짓는다는 계획이 성공하기는 쉽지 않습니다.

또한 조합원들이 사업 주체로서 사업 전반에 대해 적극적으로 참여하고 조합을 감시해야합니다. 그러나 조합원들 대부분 전문적 지식이 없는 경우가 많아 추진위원회와 업무대행사가 어떤 일을 하는지 이해하기 어렵습니다.

물론 지역주택조합 아파트 또한 성공하는 사례도 있기는 합니다. 하지만 그 숫자가 전체의 20% 정도에 지나지 않고, 완공한다고 하더라도 이미 너무 지연되었거나 추가 분담금이 많아 실질적으로는 크게 수익이 나지 않는 경우가 많습니다. 그러므로 계약 전에 자신이 리스크를 감수할 필요가 있는지 신중한 판단이 필요합니다.

한 꼭지 더!

지역주택조합 사업의 진행 절차

지역주택조합은 재개발·재건축 정비사업에 비해 안전진단, 관리처분 등의 절차가 생략되어 상대적으로 간소하다는 장점이 있습니다. 하지만 각 단계별 요건을 맞추는 것은 쉽지 않습니다. 우선 조합설립을 위해서 건축 예정 가구수 50% 이상을 조합원으로 확보해야 하고, 사업부지의 80%에 대한 토지 사용승낙서를 받아야 합니다.

또한, 사업계획승인단계에서 95%의 토지를 확보했어도 결국 남은 5%를 확보해야 착공이 가능합니다. 이 부분은 수용으로 가능하긴 하지만 긴 소송 과정으로 사업이 늦어지기도 합니다. 실제로 입주하기까지 10년이면 빠른 편이라는 말을 하는 이유도 그 때문이죠.

단계	절차	내용
1	추진위원회 구성	20명 이상
2	조합설립	조합원(건축예정가구 50% 이상) 및 사업부지 확보(80% 이상 토지사용 승낙서)
3	사업계획승인	사업부지 소유권 95% 이상 확보 필요
4	착공	토지 100% 확보
5	준공 및 조합 해산	

계약파기에 대비하자!

계약파기? 배액배상?

부동산 가격이 급등하는 시기에 심심치 않게 일어나는 일이 바로 계약파기입니다. 계약파기란 부동산 매매 계약을 체결한 이후 매도인이든 매수인이든 어느 한 쪽의 일방적인 사정으로 계약을 취소하는 것을 말합니다.

앞서 살펴봤듯이 부동산을 거래할 때는 '계약금-중도금-잔금' 이렇게 3단계를 거치게 됩니다. 그리고 각 단계마다 일정한 시차를 두고 진행합니다. 계약 이후 잔금까지의 기간은 짧으면 한두 달, 길게는 6개월 이상인 경우도 있는데, 이 기간은 정해진 것이 아니라 당사자끼리 협의해서 조율합니다.

그런데 계약금에서 잔금까지의 기간이 늘어날수록 계약 시점의 시세와 잔금 시점의 시세가 차이가 날 가능성이 높아지겠지요. 만약 시세가 상승했다면 매도인의 입장에서는 당연히 팔고 싶은 마음이 사라질 것이고, 이는 계약파기로 이어질 가능성이 높습니다.

예를 들어 매도인이 2억 원에 집을 팔기로 하고 계약을 했는데, 계약 후 한 달 만에 시세가 5000만 원이 상승하여 2억 5000만 원이 되는 경우가 있습니다. 그대로 매도하게 된다면 매도인의 입장에서는 무척 억울할 상황입니다. 민법 제565조에서는 이때 매도인은 '계약금의 배액(倍額)을 배상하고 그 계약을 해제'할 수 있다고 규정하고 있습니다.여기서 배액을 배상한다는 말은 무슨 뜻일까요? 계약을 체결하면서 매수인은 매도인에게 부동산 매매대금의 10%인 2000만 원을 계약금으로 지급했다고 가정해보겠습니다. 배액을 배상해야 한다는 말은 계약금 2000만 원의 두 배, 즉 4000만 원을 매수인에게 배상한다는 의미입니다.

반대의 경우에도 마찬가지입니다. 매수인이 시세가 하락했다거나 개인적인 사정 등으로 계약을 해지해야 한다면 계약금 2000만 원을 포기하고 계약을 파기할 수 있습니다.

계약파기는 무조건 손해

매도인이 계약을 해지하면 나는 배액을 배상 받을 수 있으니 이만큼 좋은 투자가 어디 있겠냐고 언뜻 생각하실 수도 있습니다. 하지만 매도인이 계약을 해지하는 데는 분명한 이유가 있습니다. 계약금을 배액으로 배상하고도 더 높은 가격에 매도가 가능할 것이라는 확신이 있기 때문입니다.

그래서 계약이 파기되면 매수인의 입장에서는 참 허탈합니다. 계약금을 두 배로 돌려받아도 다시 같은 단지의 아파트를 매수하려면 훨씬 높은 금액을 치러야 할 뿐만 아니라, 기존에 살고 있던 전세 계약이 만료되는 시점에 매수를 계획 했다면 곤란한 입장에 처하기도 합니다. 그래서 내집 마련을 할 때 어떤 물건을 매수할지만큼이나 소유권이 내 명의로 넘어오기까지 계약 절차를 잘 진행하는 것도 중요합니다.

계약 시 꼭 지켜야 할 것

계약금 계약금은 매매대금의 10% 정도로 설정하는 것이 일반적입니다. 그러나 반드시 정해진 바는 없으며 서로 합의를 통해 얼마든지 조정이 가능합니다. 그러니 꼭 잡아야 할 물건이라면 계약금을 15% 혹은 20% 정도로 하자고 제안해보는 것도 방법입니다. 계약금을 많이 지불 하겠다는데 이를 거절할 매도인은 별로 없을 겁니다.

앞선 예시에서 계약금을 2000만 원이 아닌 4000만 원(20%)으로 했다면, 매도인은 시세가 2억 8000만 원이 넘어야 배액 배상을 해주고도 수익이 남기 때문에 계약을 파기할 수가 없었을 겁니다.

중도금 계약금을 많이 넣어도 매도인이 배액배상을 하게 되면, 계약은 해지됩니다. 그래서 배액배상 자체를 원천적으로 봉쇄하려면 반드시 중도금을 치러야 합니다. 배액배상은 중도금을 지급하기 전까지만 적용되고, 매수인이 중도금을 지급하여 계약 이행 과정에 착수하게 되면 매도인의 계약해지권은 봉쇄됩니다.

예를 들어 토요일에 계약을 하게 된다면, 월요일에 중도금을 치르는 게 좋습니다. 매도인이 굳이 중도금이 필요하냐는 식으로 넘어가려고 한다면, 이 부분을 부동산에 요청해서 반드시 계약서에 삽입하는 게 바람직합니다.

부동산 틈새 상식

중도금 기간을 너무 길게 잡았을 경우

아직 중도금 기간이 한참 남았는데, 매도인이 계약을 해지하려고 한다면 중도금 기간 이전에 중도금을 입금하여 계약해지를 막을 수 있습니다.

하지만 이런 일이 발생하게 된다면 매도인과도 감정이 골이 깊어지겠지요. 그래서 잔금 전에 전세입자를 구하거나, 명의를 이전할 때 제대로 협조를 안 하는 경우가 있습니다. 그렇기 때문에 애초에 계약금을 넉넉하게 설정하고, 중도금 일정을 짧게 가져가는 게 좋습니다.

사고가 일어나지 않는 것이 가장 좋다

매도인의 피치 못할 사정으로 계약파기가 된다면 배액배상을 받고 마무리를 지으면 됩니다. 하지만 가장 좋은 방법은 애초에 문제의 소지를 만들지 않는 것입니다.

그래서 계약부터 중도금, 잔금까지의 기간은 짧으면 짧을수록 좋습니다. 매수인은 잔금까지의 기간이 길어질수록 불안정한 상태에 놓이게 됩니다. 시세 상승으로 인한 계약파기는 물론 이중매매계약이나 계약 후 매도인이 주택담보대출을 받을 수도 있고, 잔금을 치르기 전에 가압류가 들어올 수도 있는 일이고요. 이렇게 된다면 아무리 중도금을 넣었다고 해도 매수인이 피해를 피할 방법이 없습니다.

그래서 계약부터 잔금까지의 기간은 가급적 한 달 이내, 길어도 두 달 이내 정도에 마무리하는 일정으로 잡는 것이 바람직합니다.

부동산 틈새 상식

잔금 전인데 매도인이 생떼를 쓴다면?

중도금까지 치렀고, 잔금만 남았는데 부동산에서 연락이 올 때가 있습니다. 그 사이 시세가 많이 상승했으니, 매도인에게 돈을 조금 더 올려주는 게 어떻겠냐는 제안을 하려는 것입니다. 중립적으로 일을 처리해야 할 중개사에게서 이런 말이 나온다면 많이 당황스럽겠죠.

이럴 때 시세가 오른 건 맞으니 적당한 선에서 합의(?)를 하는 경우도 많습니다. 하지만 원치 않을 경우는 단호하게 거절하는 게 맞습니다. 계약 이후 가격이 올랐으니 무리한 요구를 하는 매도인이 계약 이후 가격이 떨어졌을 때, 매수인에게 그 부분을 보상해줬을 리 없기 때문이죠.

집주인이 보증금을 돌려주지 않는다면?

"보증금 못 돌려주겠는데요?"

앞서 말했던 것처럼 집 없는 설움이 가장 크다고들 하지요. 그래서인지 세입자로 살다보면 힘들고 황당한 일이 많습니다. 그중에서 가장 어려운 문제가 바로 계약 기간 만료 이후에 집주인이 보증금을 돌려주지 않을 때입니다.

정상적으로 계약 기간이 만료되고, 사전에 공지까지 했습니다. 더군다나 세입자는 이미 다른 곳에 집을 구해 계약금까지 넣었는데, 현재 살고 있는 집의 주인이 보증금을 돌려주지 않는다면, 새로 구한 집의 계약금까지 날릴 위험을 안게 됩니다.

어떻게 대처해야 할까?

전세보증금반환보증보험제도

앞서 여러 번 언급했듯이 전세보증보험은 보증금을 지킬 수 있는 가장 기본적이고 필수적인 방법입니다. 초기 비용을 부담해야 한다는 단점이 있지만, 문제가 발생했을 때 가장 빠르고 확실하게 권리를 구제받을 수 있는 제도입니다.

특히 집주인이 다음 세입자가 안 구해져서 보증금을 돌려주지 않으려고 할 경우 전세 계약 종료일로부터 한 달 이후에 보험사에서 보증금을 대신 지급하게 됩니다. 따라서 다음 세입자가 구해지는지 여부와 관계 없이 보증금을 반환받을 수 있습니다.

내용증명

계약 기간이 끝났는데도 보증금을 받지 못했다면 가장 먼저 '임대차 계약 기간 종료 통지 및 보증금 반환 요청'에 관한 내용증명을 집주인에게 보내 확실한 의사 표시를 해야 합니다. 법적인 효력은 없지만 향후 분쟁 해결 과정에서 자료로 활용할 수 있습니다.

임차권양도

임차권양도란 세입자가 직접 다른 세입자를 찾아 임차권을 양도하고 자신의 보증금을 받는 것입니다. 이때 새로운 세입자는 현재 살고 있는 임차인이 가지고 있던 집에 대한 권리를 그대로 물려받게 되므로 새로운 세입자는 이전 세입자 계약 기간의 남은 기간만 채우면 됩니다. 다만 임차권 양도를 위해서는 먼저 집주인의 동의가 필요합니다.

임차권등기명령

계약 기간이 만료되었어도 보증금을 돌려받기 전까지는 무턱대고 이사를 가면 안 됩니다. 대항력과 우선변제권을 상실하지 않기 위해서는 점유와 전입 상태를 유지해야 하기 때문입니다.

보증금을 받기 전에 이사를 해야 한다면 임차권등기명령이라는 방법이 있습니다. 임차권을 등기하여 새로운 집으로 이사하고도 예전 집에 대한 자신의 대항력과 우선변제권을 유지하게 됩니다. 임차권 등기 이후에는 임차인의 임차보증금과 주민등록일자, 확정일자 등이 부동산 등기부등본에 올라가게 됩니다.

지급명령제도

지급명령제도는 보증금반환소송에 비해 저렴한 비용과 간소한 절차로 빠르게 해결할 수 있는 방법입니다. 변호사와 같은 대리인을 선임하지 않고도 법원전자소송 사이트에서 직접 접수 가능합니다. 다만 지급명령 결정이 나오려면 이의신청이 없어야 합니다. 이의가 제기되는 경우에는 소송이 불가피합니다.

보증금 반환소송

보증금 반환소송은 말 그대로 집주인에게 보증금을 돌려달라고 소를 제기하는 것입니다. 물론 임대차 계약 기간이 종료되었음에도 보증금을 받지 못했다면 처음부터 소송을 제기할 수도 있습니다. 하지만 소송을 하는 데는 상당한 비용과 오랜 시간이 소모됩니다. 그래서 일반적으로 가장 마지막에 택하는 방법입니다.

합의점부터 찾아보자

위 수단 중에서 가장 좋은 방법은 전세보증보험을 통해 보증금을 돌려받는 것 입니다. 그러나 보험에 미리 가입하지 않았다면 불가능한 방법입니다. 그렇다고 해서 보증금 반환소송과 같은 수단은 시간과 비용이 많이 소모되고 정신적인 스트레스 또한 극심합니다.

그래서 집주인이 악의적으로 돈을 돌려줄 의사가 없는 것이 아니라 단순히 세입자를 구하지 못한 이유 등으로 보증금을 돌려주지 못하는 상황이라면 이사 일정 등을 조율하여 서로 합의점을 찾아나가는 것이 바람직합니다. 그럼에도 문제 해결이 어렵다면 앞서 언급한 방법을 순차적으로 사용하여 문제를 해결해야 합니다.

5장 정리 문제

1. 부동산 거래 시 주의사항 중 옳지 않은 것은?

① 부동산 공제증서는 중개인의 실수로 손해가 생겼을 때 손해배상을 받을 수 있도록 하는 안전장치다.

② 부동산 공제증서의 한도는 계약 건당 1억 원이다.

③ 등기부등본에 가압류, 가처분, 가등기, 경매 등의 내용 중 하나라도 해당 사항이 있다면 이 부분이 말소되기 전까지는 계약을 진행하지 말아야 한다.

④ 전세계약을 맺을 때 주택담보대출 등으로 근저당이 설정되어 있다면 집이 경매로 넘어갈 수도 있으니 채권최고액을 확인하는 등 유의해야 한다.

2. 전세가가 매매가보다 높은 아파트를 ＿＿＿＿＿＿(이)라고 한다. 부동산 가격이 하락해서 전세가가 매매가를 추월하거나 기존 대출이 있는 주택일 경우 보증금이 주택 가격과 대출 차액을 초과하는 경우다. 이를 예방하기 위해서는 미리 ＿＿＿＿＿＿을/를 확인해야 한다. 근저당액, 선순위 채권을 계약 전에 확인하고 반드시 ＿＿＿＿＿＿＿＿＿＿에 가입해 만기 후 보증금을 돌려받지 못할 때를 대비해야 한다.

3. 지역주택조합에 대한 설명으로 틀린 것은?

① 지역주택조합이란 내집을 마련하고자 하는 주민들이 조합을 만들어 함께 땅을 사고 건설사를 물색해 건축비를 지불하고 집을 짓게 하는 방식이다.

② 지역주택조합 아파트의 가장 큰 장점은 시세보다 저렴한 분양가다.

③ 지역주택조합에 조합원으로 가입할 때는 청약통장이 필수가 아니다.

④ 지역주택조합을 진행할 때 안전진단을 통과하는 것이 가장 관건이다.

4. 부동산 거래를 할 때 계약과 관련해서 옳지 않은 설명은?

① 매도인이 계약을 해지하고 싶다면 매수인에게 기존 계약금의 배액(倍額)을 배상해야 한다.

② 통상적으로 계약금은 매매대금의 10%인데, 따로 규정이 정해진 것은 아니다.

③ 신중한 거래를 위해 중도금 기간은 여유 있게 설정하는 것이 좋다.

④ 중도금 지불 이후에는 계약을 해지할 수 없다.

5. 보증금을 지키는 방법에 대한 설명으로 틀린 것은?

① 계약 기간 만료 후에도 보증금을 받지 못했다면 보증금 반환 요청을 위한 내용증명을 보내면 되는데, 이는 향후 분쟁 해결 과정에서 법적인 효력을 갖기 위함이다.

② 임차권양도란 세입자가 다른 세입자를 찾아 임차권을 양도하고 자신의 보증금을 받는 것으로, 사전에 집주인의 동의가 필요하다.

③ 보증금을 받기 전까지는 이사를 가지 말고 점유와 전입 상태를 유지해야 대항력과 우선변제권을 잃지 않을 수 있다.

④ 지급명령제도는 변호사 등 대리인을 구하지 않고 법원전자소송 사이트에서 직접 접수할 수 있다.

정답: ② / 깡통전세, 등기부등본, 전세보증금 반환보증보험 / ④ / ③ / ①

6장

내집 마련을 넘어 투자로!

드디어 내집 마련!
그다음은 어떻게 해야 할까?

1주택자가 되고 난 후

내집을 장만했다는 안도감도 잠시 또다시 고민이 이어집니다. 일단 1주택 마련에는 성공했는데, 여기서 조금 더 욕심을 내서 2주택자가 되면 어떨까, 하는 생각 때문입니다. 사실 1주택까지는 부모든 친구든 직장 동료든 다른 누군가의 영향을 받아서 매수하는 경우가 많습니다. 하지만 다주택자로의 길은 방향을 알려주는 사람이 없어 갈피를 잡기가 어렵습니다.

고기도 먹어본 사람이 그 맛을 안다고 하죠. 부동산 투자도 마찬가지입니다. 집을 사고, 가격이 오르는 것을 본 사람들이 더욱 투자에 매달리게 됩니다. 그리고 부동산 투자종목 중 주택을 매수하는 것만큼 거래가 편리한 것도 없기 때문에 많은 사람들이 내집 한 채에서 만족하지 않고, 더 많은 집을 갖기를 원합니다. 집이 집을 부르는 것입니다.

다주택은 왜 어려울까?

2019년 말을 기준으로 전국의 다주택자는 228만 명입니다. 어느 정도 숫자인지 감이 오시나요? 수원시 인구가 118만 명이니, 수원시 인구의 2배에 가까운 사람들이 다주택자인 셈입니다. 생각보다 많은 숫자의 사람들이 다주택자인데, 막상 내가 주택을 추가로 매수하기는 쉽지가 않습니다.

수익의 부담 다주택자가 되는 것이 부담인 이유는 두 번째 주택부터는 투자의 영역이기 때문입니다. 그 때문에 반드시 수익을 내야 한다는 마음으로 접근하다보니 투자가 더욱 어려워지고, 망설이게 됩니다. 사실 실거주 주택이든 투자용이든 1주택까지는 그래도 마음이 편합니다. 가격이 오르지 않아도 계속 살면 된다는 계획을 기본적으로 깔고 가기 때문입니다. 하지만 2주택부터는 그렇게 편하게 마음을 먹기가 어렵습니다.

투자지역 확장의 부담 실거주 주택을 장만할 때에는 선택할 수 있는 지역이 극히 제한적입니다. 내가 가진 돈, 자녀의 교육여건, 출퇴근 편의 등을 모두 고려하다 보면, 선택할 수 있는 곳이 몇 군데 없게 되죠.

하지만 투자로 접근한다면 전국을 투자 대상으로 삼을 수 있습니다. 수도권 읍면지역은 물론 지방 광역시부터 한 번도 가보지 않은 지방 소도시까지 모두 투자 카테고리로 고려할 수 있습니다.

투자종목의 다양화 실거주 주택을 마련할 때 사람들은 갭투자나 분양권·입주권보다는 기축 아파트를 가장 먼저 고려합니다. 다른 투자는 복잡하고 어려울 뿐만 아니라 당장 들어가 살 집을 찾는 경우가 대부분이기 때문입니다.

투자의 경우는 다릅니다. 투자는 기축 아파트보다 오히려 분양권이나 입주권 같은 권리 형태로 가지고 있는 것이 절세나, 투자금 측면에서 유리합니다. 그리고 다주택자의 경우 대출 등의 문제가 있어 갭투자와 같은 다른 투자방법도 반드시 알아야 합니다. 투자종목이 다양해지니 자연히 알아야 할 것도 많아지고 공부할 것도 많아지게 되죠.

어떻게 시작하면 될까

처음 1주택을 마련하는 과정은 순탄치 않습니다. 아무리 주변의 도움을 받았다고 해도 지난한 고민의 과정을 거치며 지역 선정부터, 시세 파악, 임장, 계약 체결 등의 과정을 마치게 마련입니다. 아무리 주변의 도움을 받았다고 해도 나름대로 많은 고민을 하고 최종 의사결정을 내렸을 것입니다. 그래서 그때의 소중한 경험을 밑천 삼아 확장해나가야 합니다.

예를 들어 경기도 안양의 평촌을 매수했다고 가정해볼까요? 아마도 지역 선정 단계에서 서울 혹은 주변의 비슷한 급지와 수 없이 저울질을 했을 겁니다. 그런데 최종적으로 평촌을 선택했다는 것은 본인이 생각하기에 이 지역이 다른 곳보다 경쟁력이 있다고 판단한 나름의 근거가 있었을 테고요. 그런데 매수 후 1년 정도 지나 보니 내가 매수한 곳보다 상승률이 높은 곳도 있고, 그렇지 못한 곳도 있습니다.

그렇다면 그 원인을 분석해봐야 합니다. '어떻게든 서울 안으로 들어가는 게 맞았다'라거나 '투자금 대비 수익률로 따지니 잘한 선택'이라는 결론이 나올 수도 있고요. 그런 나름의 답을 찾아가는 과정을 겪다 보면 이전 매수 과정에서 최종적인 결정을 내릴 때 어떤 점을 잘했고, 어떤 점이 부족했는지 파악이 됩니다.

주택시장의 큰 흐름을 보는 것은 물론 중요합니다. 하지만 그게 하루아침에 쉽게 되는 건 아닙니다. 초심자일수록 자기 주변부터 시작해서 점점 넓혀가다 보면 부동산 시장의 큰 그림을 그릴 수 있습니다. 그런 식으로 계속 지역을 확장하며 꾸준히 더듬어보면 잘 오르는 지역이나 단지는 무엇이 다른지 알게 되고 다음 번 투자 때는 더 좋은 결정을 내릴 수 있을 것입니다.

전국을 시장으로!

투자 대상을 지역에서 전국으로 확장해나가되 최종적으로는 전국의 주요 투자처를 정리하고, 업데이트하는 것을 목표로 해야 합니다. 전국을 시장으로 삼아야 하는 이유가 있습니다.

오르는 시기가 다르다 지금처럼 전국이 소위 '불장'이라고 하는 때에도 오르는 시기와 지역에는 차이가 있습니다. 대개 서울이 오르기 시작하면 수도권이 오르고, 그 다음으로 지방 광역시가 오르는 식입니다. 그런데 만약 지방 중소도시에 사는 사람이 다른 곳은 투자하기 어려워 거주지역에만 투자한다면, 언제 올지도 모르는 상승기를 기다려야 합니다. 그래서 전국을 투자 후보군에 넣어야 돈의 흐름을 정확하게 파악하고 남들보다 반 발자국 빠르게 움직일 수가 있습니다.

지역마다 규제가 다르다 지역에 따라 다른 규제가 적용이 됩니다. 특히 세금에 대한 규제를 눈여겨 봐야 합니다. 다주택자는 조정대상지역의 주택을 매도할 때만 세율이 중과됩니다. 종합부동산세는 조정대상지역과 조정대상지역이 아닌 곳에 각각 한 채의 주택을 소유하고 있다면 일반세율만 적용되죠. 그 때문에 본인이 규제 지역에 거주하더라도 비규제 지역에 대해서도 알고 투자를 할 수 있어야 합니다.

지역마다 시세가 다르다 보유 주택 수에 따라 취득세가 최대 12% 중과됩니다. 하지만 공시가 1억 원 미만 주택은 보유 주택 수 산정에서 제외하고 기본 취득세율 1.1% 만 적용됩니다. 하지만 서울에서는 눈을 씻고 찾아도 1억 원 미만 아파트는 없어, 서울만을 투자 대상으로 삼는다면 매수 자체가 불가능합니다. 그러나 지방으로 내려가면 지천에 널린 게 1억 원이 채 안 되는 아파트입니다. 이런 상황에서 본인이 옥석을 가려낼 수 있는 안목만 갖춘다면, 수익을 내는 것도 어려운 일이 아닐 겁니다.

나한테 맞는 방법은?

처음 집을 매수하고 시세가 오르는 것을 보면 주택 수를 늘리는 것에 욕심이 납니다. 그러나 현재 정책 방향은 다주택자를 규제하는 쪽입니다. 때문에 무작정 주택 수를 늘리는 것은 바람직하지 않습니다. 위에서 말한 다주택 전략은 다소 공격적인 방법입니다. 자금력이 받쳐주지 않으면 외부 충격 한 번에 무너질 수 있고, 소액 투자 역시 취득세 부분에서는 혜택을 볼 수 있지만, 양도세 부담이 커진 지금은 바람직하지 않습니다. 더구나 빠르게 돌아가는 전매 시장에서는 초보자들에게 권하기는 어렵습니다.

그래서 괜찮은 실거주를 한 채를 확보했다면, 지금과 같은 상황에서는 다소 보수적으로 투자하는 것도 괜찮습니다. 따라서 처음 투자할 때는 일시적 1가구 2주택 비과세 전략을 추천해 드립니다. 다만 현재는 개정된 임대차 보호법으로 인해 정석대로 현 주택 매수일로부터 1년 후 이사 갈 집을 미리 사놓고 현재 사는 집의 비과세 요건 충족 시 이사 가는 것이 조금 어렵게 되었습니다. 그래서 그게 안 된다면 기존 주택 2년 거주를 충족하기 3개월 이전쯤 이사 갈 곳을 계약하고 옮기는 것이 좋습니다.

이사를 가는 방향은 수도권에 거주하시는 분들은 지속적으로 서울 가까운 방향으로 계속 옮겨가고, 이미 서울이라면 다시 강남과 가까운 곳으로 계속 옮겨가시기 바랍니다.

부동산 틈새 상식

일시적 1가구 2주택 비과세 요건

1. 주택 취득 시점 1년 이후 신규 주택 취득
2. 기존 주택 2년 이상 보유 후 매도
3. 신규 주택 취득 후 3년 이내 기존 주택 매도

(단, 조정 지역일 경우 1년 이내 기존 주택 매도)

높은 양도세를 피하려면 법인투자가 답!

공시가 1억 원 미만 갭투자의 경우 1년 미만 단기보유에 대한 양도세율이 77%입니다. 하지만 법인투자는 단기세율을 적용하여도 세금이 30%에 불과하여 개인 명의에 비하여 세금 측면에서 유리합니다. 다만 법인 운영이 만만치 않을 수 있다는 문제와 향후 규제가 더욱 강화될 수도 있다는 단점도 있습니다.

한 꼭지 더!

실전 투자전략

실거주 한 채를 마련하고도 부동산 투자에 욕심이 난다면, 본인의 투자 성향과 트렌드에 맞게 포트폴리오를 다시 짤 순간이 온 것입니다. 요즘처럼 정부에서 다주택자에 대한 세금 규제를 강화하고 있는 경우에는 전략을 잘 짜는 것이 중요합니다. 특히 7·10 대책 이후 조정지역에 속한 2주택의 경우 취득세는 기존 1~3%에서 8%로, 다주택자에 대한 양도세 중과세율 또한 10~20%에서 20~30%까지 인상한 세율이 적용됩니다.

☑ 비과세 갈아타기 전략

비과세 갈아타기 전략은 일시적 1가구 2주택 비과세 요건을 충족시켜 취득세 기본세율과 양도세 비과세 혜택을 모두 누리는 전략입니다. 요즘과 같은 규제 상황에서 투자하면 수익의 50% 이상을 취득세와 양도세로 납부해야 합니다. 이런 비용을 최대한 절감하면서 갈아타기를 해야 합니다.

실거주 주택을 매수하고 1년 후 이사 갈 집을 미리 사놓고 계속 갈아타면서 자산을 불려 나가는 방법입니다. 1년 후 매수할 만한 지역은 지금보다 상급지여야 합니다. 다만 1가구 2주택 비과세 조건이 까다로워져 혜택을 받기 위해서는 세심한 전략을 짜서 움직여야 합니다. 현재 집을 매도하는 동시에 다음에 이사 갈 집의 잔금을 치러야 하기 때문입니다.

☑ 다주택 전략

이 전략은 기본적으로 투자금이 넉넉하거나 보유하고 있는 1주택이 신축 혹은 전세가가 높을 때 가능한 투자방법입니다. 이는 첫 번째 방법과는 궤를 조금 달리합니다. 첫 번째 방법은 매매가의 상승에 기반을 두고 지속적으로 상급지로 갈아타는 전략인 반면, 이 방법은 2 + 2 전세 연장법을 이용해 급등한 전세가를 기반으로 기존에 살던 집을 전세로 주고, 그 전세가를 이용해 집의 개수를 늘려가는 방법입니다.

기본적으로 물건을 팔지 않고 모으는 전략을 취하는 투자자들이 다음과 같은 방법을 씁니다.

이렇게 모으다 어느 순간에 다다르면 한 번에 중과세를 내고 물건을 정리하면서 상급지로 점프할 수 있습니다. 다만 부동산에 대한 규제가 강화되었을 때 규제 지역을 중복으로 들고 있다면 양도세와 취득세 중과에서 매우 불리합니다.

☑ 소액투자 전략

1억 원 정도면 수도권과 지방 대도시에 분양권 투자 혹은 갭투자가 가능한 곳이 있습니다. 우선 분양권 같은 경우 매도자가 납부한 계약금과 프리미엄만 있으면 매수할 수 있습니다. 매수 후에 프리미엄이 오를 때까지 일정 기간 보유하다 파는 전략입니다. 또한 분양권은 등기 시점에 취득세가 발생하므로, 등기 시점 이전에 매도한다면 취득세도 피할 수 있습니다.

공시가 1억 원 미만 갭투자도 이와 비슷합니다. 공시가 1억 원 미만의 공동주택을 매수하여 일정 시점에 양도차익을 보고 파는 전략입니다. 공시가 1억 원 미만의 물건은 규제지역 + 다주택자라 할지라도 취득세율 1.1% 기본세율이 적용되는 안전한 투자 방법입니다. 하지만 이 또한 2021년 6월 1일 이후 분양권과 주택의 1년 미만 단기세율이 77% 이상으로 올라 큰 시세 차익을 기대하기는 어려워졌습니다.

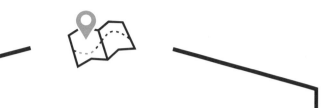

부동산 시세는 어떻게 움직일까?

이 동네에 이 가격은 말도 안 돼!

국도변을 지나다 보면 몇 ㎞ 되지 않는 짧은 구간에 많은 주유소가 늘어선 것을 볼 수 있습니다. 그런데 의아한 건, 주유소마다 리터당 가격이 거의 비슷하다는 점입니다. 1,680원, 1,689원, 1,685원…. 이런 식입니다.

이렇게 엇비슷한 가격을 보면 주유소 사장끼리 모여서 가격을 담합한 게 아닐까 하는 의심이 들기도 합니다. 그런데 흥미롭게도 주유소 한 곳에서 가격을 낮추기 시작하면, 주변의 주유소들도 따라서 가격을 내린다고 합니다. 그래서 일정한 시간이 지나고 보면 가격이 비슷하게 맞춰져 있습니다.

가격의 속성 중의 하나는 주변 시세를 따라가는 성질이 있다는 겁니다. 위의 주유소 사례처럼 비슷한 상품과 서비스를 제공한다면 남들이 가격을 올리면 나도 올리게 되고, 남들이 가격을 낮추면 나도 따라서 낮춥니다.

부동산 가격도 이와 동일하게 끊임 없이 주변의 시세와 영향을 주고 받으며 형성됩니다. 그런데 그 원리를 깨닫지 못하고, "이 동네에 이 가격은 말이 안 된다!"라고 말씀하시는 분들이 많습니다. 주변의 가격과 비교하지 못하고 본인의 주관적 인식에 의해서 현재 가격이 적정한지를 판단하는 우를 범하는 것입니다.

시세가 움직이는 원리

(원리1) 전세가가 오르면 매매가도 오른다

아파트 시세를 분석할 때, 매매가뿐만 아니라 전세가의 흐름도 유심히 살펴볼 필요가 있습니다. 전세는 전세고 매매는 매매인데, 이 둘은 무슨 관련이 있을까요? 아래의 경우를 봅시다.

a아파트: 매매가 5억 원, 전세가 2억 원

a아파트를 전세를 안고 매수할 경우, 취득세 등의 부대 비용을 제외하고도 3억 원이 필요합니다. 전세가율이 40%에 불과해 매수할 때 투자금이 너무 많이 들어 투자자들에게는 큰 매력이 없습니다.

실수요자도 마찬가지입니다. 전세가가 매매가에 비해 저렴해서 굳이 5억 원이나 주고 사려고 하지 않습니다. 저렴한 전세로 거주하는 게 유리하다고 판단하기 때문이죠. 이와 같이 생각하는 사람들이 많아지고, 사람들이 전세로 몰릴수록 전세가가 조금씩 오르기 시작합니다.

이렇게 전세가가 계속 상승하여 3억 원이 되었습니다. 이제 매매가와 전세가의 갭은 2억 원으로 줄었습니다.

a아파트: 매매가 5억 원, 전세가 3억 원

그러면 사람들은 어떤 생각을 하게 될까요? 전세를 3억 원을 내고 들어가느니 차라리 내가 가진 현금에 레버리지(대출)를 일으켜 집을 매수하는 게 더 낫다고 판단할 것입니다. 그렇게 사람들이 매수에 몰리게 되면 아파트 가격은 점점 상승하기 시작합니다.

그렇다면 아파트 가격은 언제까지 상승하게 될까요? 답은 매매가가 너무 올라서 차라리 전세로 거주하는 게 유리할 때까지입니다. 만일 매매가가 6억 원까지 치솟게 된다면 사람들은 다시 전세로 몰립니다. 이렇듯 매매가와 전세가는 갭을 두고 가격이 연동되게 됩니다.

(원리2) 하나가 오르면 지역 전체가 오른다.

앞서 a아파트의 처음 가격으로 돌아가보겠습니다.

a아파트: 매매가 5억 원

b아파트: 매매가 4억 원

a아파트는 인근에 위치한 b아파트에 비해 입지도 좋고, 지은 지도 얼마 안 된 대단지 브랜드 아파트입니다. 그래서 경제적으로 여유만 된다면 가격이 1억 원 정도 더 높더라도 사람들은 a아파트를 선호합니다. 하지만 a아파트 가격이 올라서 6억 원이 되었다면 어떻게 될까요?

a아파트: 매매가 6억 원

b아파트: 매매가 4억 원

이제 a아파트와 b아파트의 가격 차이는 2억 원입니다. 사람들이 a아파트를 선호하긴 해도 b아파트에 비해서 2억 원이나 더 비싼 가격은 받아들이기 힘듭니다. 반면 b아파트의 가격은 합리적으로 느껴져 매수세가 몰리기 시작합니다. 자연스레 b아파트의 가격이 상승하기 시작합니다.

이후 b아파트의 가격은 계속 상승하여 이제 5억 원이 되었습니다.

a아파트: 매매가 6억 원

b아파트: 매매가 5억 원

이 지역에서 아파트를 매수하려는 사람들은 a아파트와 b아파트를 비교하기 시작합니다. 'b아파트가 a아파트보다 1억 원이 싸긴 하지만, 그래도 a아파트는 초등학교를 끼고 있는 대단지 브랜드 아파트인데, 1억 원을 더 주고 a아파트를 사는 게 좋지 않을까?' 생각합니다. 오히려 a아파트가 싸고 b아파트는 비싸게 느껴지기 시작하는 겁니다. 이렇게 해서 다시 a아파트의 가격이 오르기 시작합니다.

(원리 3) 주변의 다른 지역에 영향을 미친다.

a아파트가 위치한 C지역 아파트 평균값은 4억 원이었습니다. 반면에 인접한 D지역의 아파트 평균가격은 3억 원에 불과했습니다.

C지역 아파트 평균값: 4억 원

D지역 아파트 평균값: 3억 원

사실 C지역과 D지역 아파트의 가격 차가 1억 원이나 차이가 나는 데에는 이유가 있습니다. C지역 같은 경우는 신도시로 잘 구획된 도로와 쾌적한 주거환경이 갖춰져 있어 누구나 선호하는 지역, 즉 상급지이지만 그에 반해 D지역은 도시가 노후되어 제대로 정비되어 있지 않아 주거환경이 상대적으로 열악하기 때문입니다.

그래서 사람들은 C지역에 비해 D지역의 아파트 가격이 1억 원이나 낮아도 C지역에 거주하는 것을 선호하였습니다. 그만한 값어치를 한다고 생각했기 때문이죠. 그런데 만약 C지역의 아파트 가격이 계속 상승하여 평균값이 5억 원이 되었다면 어떨까요?

C지역 아파트 평균값: 5억 원

D지역 아파트 평균값: 3억 원

이제 C지역과 D지역의 가격 차이는 2억 원입니다. 아무리 C지역이 좋다고는 하지만, D지역에 비해 2억이나 비싼 가격은 부담스럽다고 생각합니다. 사람들의 눈에는 이제 D지역의 가격이 적당하다고 생각합니다.

그러면 D지역으로 매수세 몰려 가격이 상승하게 되고, C지역과의 가격 차를 점차 좁히게 됩니다.

투자자라면 길목을 지킬 줄 알아야

위에서 보듯이 가격이라는 것은 늘 주변에 영향을 끼치기 마련입니다. 그래서 투자자라면 시세의 움직임에 관심을 갖고 다음은 어느 지역이 오를 것인지 늘 예상해보면서 움직여야 합니다. 남들보다 너무 빠르면 오를 때까지 기다림의 시간이 길어지니 딱 반 박자만 빠르게 움직이는 게 가장 좋겠지요.

대장아파트는 뭐가 다를까?

지역의 바로미터, 대장아파트

지역 분석을 직접 해보려고 지도와 실거래가를 아무리 들여다봐도 수많은 단지 중에 어디부터 알아봐야 할까요? 이럴 때는 그 지역의 '대장아파트'부터 시작하는 게 좋은 방법입니다.

대장아파트란 해당 지역의 랜드마크가 되는 아파트입니다. 실거주 여건이 뛰어나고 투자 가치도 높아 지역 주민이나 투자자들 모두 가장 선호하는 단지를 말합니다. 이런 대장아파트는 해당 지역의 가격을 선도하기 때문에 지역의 분위기와 상승 여력을 한눈에 보여줍니다.

그래서 투자자들은 늘 대장아파트의 시세에 관심을 쏟습니다. 대장아파트의 시세가 지역 전체 부동산 가격의 향방을 결정하기 때문에 이 곳의 가격이 높다면 같은 지역의 다른 아파트의 시세까지 높게 형성될 여지가 크기 때문입니다.

대장아파트는 무엇이 다를까?

탄탄한 수요 존재

대장아파트의 조건 중의 하나가 잘 갖춰진 학군입니다. 초품아는 기본이고, 학원가와도 인접한 경우가 많지요. 그렇기 때문에 대장아파트는 늘 전세를 구하려는 사람들로 붐빕니다. 나오는 전세 물량에 비해 전세로 거주하길 희망하는 사람들은 많으니 자연스럽게 높은 전세가가 형성되고, 하락기에도 비교적 그 영향을 덜 받습니다.

매매 가격 또한 탄탄한 수요로 인해 쉽게 하락하지 않습니다. 언제나 수요는 있기 때문에 가격이 조금이라도 떨어지려고 하면 바로 매수자가 나타나 매수하기 때문입니다. 부동산 경기가 안 좋다고 해서 경기 전체가 나쁜 것은 아니기 때문에 늘 돈을 쥐고 있는 사람은 있기 마련입니다.

쾌적한 주거환경

대장아파트를 보면 의외로 20~30년 차의 구축인 경우가 있습니다. 비록 건물 자체는 오래되었지만, 주변 환경과 쾌적성은 신축 못지 않은 때도 많습니다. 그리고 뛰어난 입지로 재건축 이슈가 늘 있는 곳들이어서 시세가 높게 형성되어 있는 경우가 많습니다. 이런 단지일수록 재건축 이후에는 좋은 입지에 신축이라는 프리미엄까지 더해져 더욱 선호하는 단지가 될 것은 분명합니다.

시세의 차별성

대장아파트는 부동산 상승기에는 가장 먼저, 가장 많이 오르며 하락기에 접어들면 하락세가 가장 늦게 시작되고, 낙폭 또한 상대적으로 적습니다. 단순히 생각해보면 가장 많이 오른 곳이 가장 많이 떨어질 것 같습니다. 그러나 대장아파트가 그것과는 다른 흐름을 보이는 이유는 따로 있습니다.

하락기에 집을 매도하는 사람들은 대출을 많이 일으켜 집을 샀거나, 경제적 여력이 없는 경우가 많습니다. 그래서 이자 부담이나 전세가 하락을 버티지 못하고 부동산을 매도하는 것이지요. 하지만 대장아파트를 보유한 사람들은 기본적으로 경제력이 높고, 똘똘한 한 채로 대장아파트를 선택한 경우가 많아 실거주 비율이 높습니다. 게다가 초고가 아파트는 주택담보대출이 아예 나오지 않는 경우가 많아 전액 현금으로 구매하여 대출이자 부담 또한 없을 가능성이 크기 때문입니다.

대장아파트의 벽이 너무 높다면?

대장아파트가 좋은 건 알겠는데, 가격을 보면 너무 부담스럽습니다. 하지만 앞서 말했듯이 우리 동네에서 제일 좋은 아파트만 대장아파트는 아닙니다. 동 단위, 특정 역세권에서도 대장아파트가 존재합니다. 그래서 대장아파트의 높은 벽에 지레 포기하기보다는 관심 지역에서의 대장아파트를 찾거나 대장아파트가 될 만한 곳을 찾아보시기 바랍니다.

한 꼭지 더!

시세로 대장아파트 찾아보기

대장아파트는 고정되어 있는 것이 아니라 지역에 신축 아파트가 공급되거나, 신도시가 생기는 등의 변화가 있으면 언제든지 바뀔 수 있습니다. 그리고 사람에 따라 실거주 여건에 더 가점을 주는 경우도 있고, 재개발 등의 향후 발전가능성을 중요하게 생각하는 분들도 있지요.
하지만 공통적인 기준은 바로 가격입니다. 아래를 참고하여 직접 대장아파트를 찾아볼까요? 전국의 대장아파트 목록을 부동산 어플에 표시해두고, 꾸준히 시세를 관찰하다보면 전국의 시세가 한눈에 들어오게 됩니다.

- **아실시세를 통한 대장아파트 찾기**

출처: 아파트 실거래가(asil.kr)

아실에 접속하여 상단의 '순위분석' 탭을 선택합니다. '최고가APT' 창이 뜨면 원하는 지역(ex. 서울, 강남구)과 원하는 검색조건(ex. 기준평형: 31~35평, 기간: 최근 6개월)을 설정하면 관심 지역의 최고가 순위를 편하게 확인할 수 있습니다.

호갱노노에 접속하여 대장아파트를 검색(ex. 현대 13차)하면, 종 모양의 알람설정 버튼이 있습니다. 이 버튼을 눌러 원하든 조건을 설정(거주유형: 매매, 평형: 35평 및 36평, 알림타입: 실거래가)을 설정하면 새로운 실거래가가 뜰 때마다 알림을 받을 수 있습니다.

● **호갱노노에 단지별 실거래가 알람 설정하기**

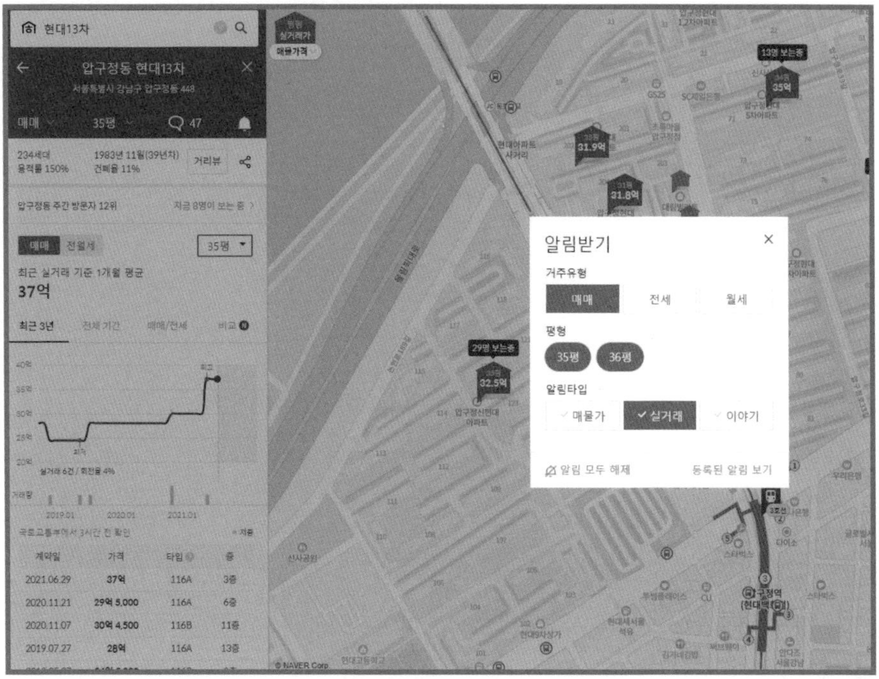

출처: 호갱노노

부동산 투자의 마지막 사이클: 매도하기

매도가 어려운 이유

'매수는 기술이고, 매도는 예술'이라는 말은 투자를 하는 사람들 사이에서 가장 자주 회자됩니다. 자산을 매도하는 것이 매수보다 어렵다는 건데, 언뜻 생각해서는 잘 이해가 되지 않습니다. 매수는 사야 할지 말아야 할지 산다면 무엇을, 어디를 사야 할지도 모르는 단계에서 시작합니다. 말 그대로 '맨땅에 헤딩'하는 격인데요. 매도는 어차피 가지고 있는 주택을 부동산에 내놓기만 하면 되는데 뭐가 그리 어려울까 하는 생각이 듭니다.

매도가 어려운 가장 큰 이유는 높은 가격에 팔고 싶은 욕심 때문입니다. 누구나 가격이 비쌀 때 매도하고 싶지만, 언제가 고점인지는 아무도 모르지요. 그래서 언제, 어떻게, 누구를 통해 파느냐에 따라 수익률의 차이는 천차만별입니다.

매도 시기를 정하자

매도에서 가장 어려운 부분 중의 하나는 바로 시기입니다. 언제 파느냐에 따라 수익률부터 세금까지 많은 부분이 차이가 날 수 있습니다. 실거주로 매수한 주택은 사람마다 직장, 학군 등의 사정에 따라 팔아야 하는 시기가 대략 정해져 있습니다. 하지만 투자로 매수한 경우에는 매도 시기를 조절할 수 있습니다.

매도는 어깨에서 가장 높은 가격에 매도하기 위해서 가격이 더 이상 오르지 않을 때까지 들고 있어야겠다고 생각하는 경우가 있습니다. 하지만 부동산은 다른 투자 자산과 달리 하락기에는 매도 자체가 불가능할 수가 있습니다. 정 안되면 '가격을 많이 깎아주면 팔리겠지'라고 생각하지만, 하락기에 접어들면 매수세 자체가 아예 끊기기도 합니다. 무주택자들은 관망으로 돌아서고, 투자자들은 추가 매수를 멈추기 때문입니다.

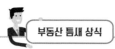

부동산 틈새 상식

하락기에 더 유의해야 할 물건

하락기가 오면 모든 부동산이 매도가 어렵습니다. 특히 요즘에 투자 수요가 많아진 1억 원 미만의 소형 주택이나, 재개발 지역의 노후 빌라와 같이 실거주 가치가 적은 투자용 부동산의 경우에는 매도가 불가능한 경우가 많아서 조심해야 합니다. 그리고 초기 재개발의 경우 침체기에 접어들면 사업 자체가 중단되어 버리는데, 이 경우 투자금이 묶인 채로 10년 이상 허송세월하는 경우도 허다하므로 각별한 주의가 필요합니다.

매수 계획도 함께 투자용이라도 우량한 자산은 가급적 길게 들고 가는 것이 좋습니다. 그리고 매도를 해야겠다고 마음을 먹었다면, 다음 투자 계획을 미리 세워놓고 매도를 하는 것이 바람직합니다. 특히 부동산 상승기는 시세가 계속해서 오르기 때문에 매도 후에 다른 물건을 사려고 보면 이미 가격이 너무 벌어져 있어 매수가 불가능해지기도 합니다.

그리고 매도를 결정했다면 매도 시점이 다가와서 내놓기보다는 최소 두세 달 이상 여유 있게 물건을 내놓아야 합니다. 정작 매도 시점에 물건이 빠지지 않아서 급매로 팔아야 하는 경우가 생길 수 있기 때문입니다.

부동산에 매물을 내놓을 때

시기를 결정했다면, 다음은 부동산에 매물을 내놓을 차례입니다. 단지 근처에 있는 수많은 부동산 중에 가장 먼저 연락하게 되는 부동산은 처음에 매수했던 부동산이 될 가능성이 높습니다. 다른 부동산을 알아보기 번거로운 데다가, 매수 단계에서부터 도움을 많이 받았다고 생각되면 더욱 그렇습니다. 매수 이후에도 수리나 세입자 문제로 연락을 주고 받아서 고마움이 있을 수도 있습니다.

부동산들 사이의 경쟁 부동산에 물건을 내놓을 때는 적어도 세 곳 이상의 부동산에는 내놓아야 합니다. 그 이상도 물론 좋습니다. 여러 부동산에 내놓아야 하는 이유는 중개인들 사이에 경쟁을 시켜야 하기 때문인데요. 언뜻 들어서는 잘 이해가 가지 않을 겁니다. 아래의 예시를 볼까요?

한 단지에 매물 ㄱ, ㄴ이 있을 때
ㄱ 매물은 A, B, C 3곳의 부동산에 내놓고
ㄴ 매물은 A 부동산 한 곳에 내놓았을 경우

손님이 A 부동산에 찾아왔을 때,
중개인은 둘 중 어떤 물건을 먼저 추천하게 될까?
(ㄱ, ㄴ의 조건은 동일하다.)

답은 ㄱ 매물입니다. 이 매물은 여러 부동산에 내놓았기 때문에 중개인 입장에서 내가 아닌 B, C 부동산을 통해서 거래가 되면 결과적으로 수익을 얻을 수 없게 됩니다. 반면 ㄴ 매물은 자신만 들고 있는 매물이기 때문에 ㄱ 매물에 비해서 시간 여유가 있습니다. 그래서 중개인은 비슷한 조건이라면 ㄱ 물건부터 추천하게 될 것입니다.

시세 파악 한 곳의 부동산하고만 소통하면 결과적으로 그 부동산의 말에 휘둘리기 쉽습니다. 특히 거래가 잘 되지 않는 시기라면 "보러 오는 손님이 전혀 없다."라는 말로 호가를 낮추도록 유도하기도 합니다.

사실 부동산 입장에서는 거래를 위해서 어느 한 쪽에게는 과장되게 말할 수밖에 없습니다. 매도인에게는 지금이 매도 타이밍이니 손님 있을 때 얼른 매도해야 한다고 하고, 매수인에게는 매물이 있는 지금이 매수 타이밍이라며 얼른 매수해야 한다고 말하는 식이죠. 그러니 매도할 때만이 아니라 매수할 때도 가급적 여러 부동산을 통해서 정보를 습득하는 것이 유리합니다.

홍보 효과 아파트 단지가 몰려있는 곳에 가면 수많은 부동산이 있습니다. 여러분은 어떤 부동산에 들어가고 싶은가요? 대중교통을 이용해서 온다면 지하철 입구에서 가장 가까운 부동산을 선호하는 경우도 있을 것이고, 여성인 매수인들 중에서는 이왕이면 같은 여성이 사장님인 부동산을 편하게 생각하기도 합니다. 또 규모가 큰 부동산을 선호할 수도 있지만, 직원이 많은 부동산보다는 사장님이 혼자 운영하는 부동산이 더 믿음이 간다고 생각해 선택하기도 하지요.

즉, 중요한 것은 매도인의 입장에서 매수인이 어느 부동산으로 들어갈지 알 수 없다는 점입니다. 각자 선택의 기준이 다르기 때문입니다. 그래서 여러 부동산에 내놓을수록 내 물건이 더 많은 잠재 매수인에게 노출될 가능성이 높습니다.

세금 문제는 미리 챙기기

별 생각 없이 집을 내놓았다가 계약금이 입금되고 나서야 부랴부랴 세금 문제를 알아보는 경우가 있습니다. 집이 한 채만 있어도 복잡한데, 여러 채라면 더욱 복잡해지겠죠.

부동산과 관련된 세금의 기본은 '어떤 물건'을 '언제' 파느냐입니다. 여기에 따라서 내야 하는 세금이 크게 차이가 납니다. 따라서 전체적으로 세금을 고려해서 매도를 결정해야 하므로 미리 스케줄을 짜두고 매도하시기 바랍니다. 특히 매도하면서 세금 관계에 따라 본인이 원하는 잔금 일정도 협의하는 게 좋으니 반드시 사전에 세금 문제도 매듭을 지어야 합니다.

조금은 과감해지자

매도할 때 조금은 과감해질 필요가 있습니다. 수억 원이 오가는 큰 계약을 진행하면서도 고작 몇십만 원 때문에 계약이 엎어지기도 하고 원하는 가격을 고집하며 매도를 미루다 타이밍을 놓치고 오히려 세금으로 더 큰 비용을 치르는 경우를 많이 봐왔습니다.

그래서 적은 돈에 너무 연연하지 말고, 보다 더 큰 그림을 그려보시기 바랍니다. 그리고 팔아야 할 시기가 되었다면 조금은 과감하게 매도 버튼을 누르시기 바랍니다.

부동산 틈새 상식

가격을 빼주기가 너무 아까운데요

매물을 내놓으면 대개 매수자들이 부동산을 통해서 가격 흥정을 제안하기도 합니다. 이럴 때는 너무 매몰차게 거절하기보다는 소액이라도 깎아주는 것을 고려해보시기 바랍니다. 깎아주는 돈이 아깝다면, 물건을 내놓을 때부터 원하는 가격보다 조금 높은 가격에 내놓고 처음 생각하던 가격만큼 빼주는 방법도 좋은 대안이 될 것입니다.

6장 정리 문제

1. 다음 중 틀린 설명은?

① 다주택을 목적으로 매수할 때라도 본인이 자주 오갈 수 있는 가까운 거리의 매물을 알아보고 구매하는 것이 가장 적합하다.

② 기존의 주택을 2년 이상 보유하다가 매도하면 일시적 1가구 2주택 비과세 요건에 해당된다.

③ 법인투자는 단기세율을 적용해도 양도세가 30%에 불과하여 개인투자보다 더 유리하다.

④ 공시가 1억 원 미만의 물건은 규제지역이나 다주택자여도 1.1%의 취득세 기본세율만 적용되는 안전한 투자 방법이었으나 2021년 6월 이후 분양권과 주택의 1년 미만 단기세율이 77%로 올라 큰 메리트는 없는 투자 방식이 되었다.

2. 대장아파트에 대한 설명으로 옳지 않은 것은?

① 해당 지역의 랜드마크로 시세를 선도하는 아파트를 대장아파트라고 한다.

② 대장아파트의 가장 중요한 요소 중 하나는 잘 갖춰진 학군이다.

③ 대장아파트는 실거주 주민의 비율이 높다.

④ 해당 지역의 최신축 아파트가 주로 대장아파트로서 자리매김한다.

3. 부동산 매도와 관련한 설명으로 틀린 것은?

① 아무리 투자용으로 구매했더라도 우량한 자산은 길게 갖고 있는 것이 유리하다.

② 최근 특히 수요가 급증한 1억 원 미만의 소형 주택은 매수와 매도가 늘 활발한 편이다.

③ 물건을 내놓을 때는 여러 부동산에 내놓아 서로 경쟁을 붙이는 것도 좋은 방법이다.

④ 원하는 날짜보다 2~3달 전에 물건을 내놓고 여유롭게 매도를 진행하는 것이 좋다.

4. 부동산 시세 형성에 대한 설명으로 옳지 않은 것은?

① 매매 가격과 전세 가격의 차이가 너무 클 때는 매매 수요가 줄고 전세 수요가 늘어나 결국 전세 가격을 상승시킨다.

② 매매 가격과 전세 가격은 서로 맞물려 끊임없이 오르고 내리기를 반복한다.

③ 가격 차이가 별로 크지 않을 때, 사람들은 조금 더 비싸더라도 환경이 좋은 매물을 선호하게 되고, 이는 다시 가격 형성에 영향을 준다.

④ 최근 대단지 아파트가 유행하면서 같은 동네라고 해도 서로 다른 단지들 사이의 가격은 별다른 연관성이 없어졌다.

정답: ① / ④ / ② / ④

7장

깊고도 넓은 부동산 투자의 세계

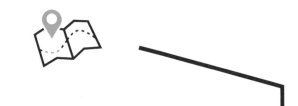

나도 법인투자를 할 수 있을까?

내가 법인투자를 한다고?

삼성전자나 현대자동차와 같이 이름만 들어도 알 수 있는 회사들의 공통점은 무엇일까요? 우리나라의 제조업을 이끄는 대기업이기도 하지만, 주식회사 형태로 설립된 법인(法人)이라는 점입니다. 부동산 법인투자를 할 때에도 이런 법인을 설립하고, 법인을 통해 부동산을 사고 팔며 투자를 합니다. 개인 명의로 투자하는 것도 힘든데, 내가 회사를 세워서 부동산 투자를 한다니…. 말만 들어서는 선뜻 엄두가 나질 않습니다.

그래서인지 많은 분들이 법인투자에 대해서 관심을 가지지만, 법인 설립과 투자로 이어지는 경우는 생각보다 많지 않습니다. 자본금을 넣었다가 수익도 못 내고 돈만 날리는 게 아닐까 하는 걱정도 되고 부동산 법인에 대한 규제가 갈수록 강해지니 손해가 날 것 같은 기분이 들기도 합니다.

누구나 할 수 있는 법인투자

법인투자에서 가장 중요한 부분은 무엇일까요? 법인 설립을 잘하는 것일까요? 아니면 법인의 회계처리를 잘하는 것일까요? 물론 이런 부분들도 중요하지만, 핵심적인 요소는 아닙니다. 법인뿐만 아니라 부동산 투자에서 가장 중요한 부분은 '어떤 물건을 매수하여 수익을 낼 것인가'입니다.

그렇기 때문에 기존에 부동산 투자를 이어오고 계신 분이라면, 법인 설립과 운영이라는 낮은 허들만 뛰어넘으면 그다지 어려울 것도 없습니다. 그러니 법인이라는 이유로 마음의 부담감을 가지고 있으시다면, 조금은 걱정을 내려놓으셔도 됩니다.

법인투자! 너무 늦지 않았을까?

규제로 인해 법인투자의 혜택이 많이 줄어들었습니다. 특히 주택을 구입할 때 대출은 사실상 불가능해졌고, 부담할 세금은 늘어났습니다. 그렇기 때문에 과연 본인에게 적합한 투자 방법인지 사전에 잘 판단해보셔야 합니다.

법인투자의 장점

단기보유에 유리 법인명의 주택은 주택 보유 기간에 따른 세율 차이가 없습니다. 따라서 오늘 등기권리증이 나온 주택을 내일 매도한다고 해도 양도차익의 약 30% 정도를 세금으로 내면 됩니다. 개인이 소유한 주택은 1년 미만 단기보유에 대해 양도세가 70% 수준인 것에 비해 법인은 여전히 메리트가 있습니다.

절세 유리 법인은 매년 벌어들인 돈의 10~25%를 법인세로 납부해야 합니다. 하지만 사업을 하면서 사용한 실비는 비용처리가 가능합니다. 예를 들면 개인 명의로 투자할 때는 임장하며 발생한 숙박비나 차량유류비, 식대를 모두 개인이 부담해야 합니다. 그러나 법인이라면 이런 부분이 모두 비용처리가 가능합니다. 따라서 실제 납부하는 법인세는 훨씬 줄어드는 셈입니다.

법인의 세금

법인 명의로 주택을 취득할 때 취득세는 12%로 높아졌지만 개인 명의로 3주택 이상을 취득해도 12%인 것은 동일합니다. 게다가 공시가 1억 원 미만의 주택을 매수한다면 개인과 마찬가지로 1%의 취득세가 부과됩니다.

종합부동산세의 경우 조정 지역 1주택은 3%, 2주택은 6%를 부담하게 됩니다. 종부세는 매년 부과되므로 부담이 큽니다. 다만 2주택 이상 매수를 원할 때 법인을 여러 개를 만들어서 법인마다 하나씩 보유하면 종부세율이 6%가 아닌 3%가 적용됩니다. 또한 종부세 기산일 이후인 6월에 매수해서 이듬해 5월 전에 매도하는 전략도 유효합니다.

양도차익에 대한 세금은 법인세와 법인추가세를 납부하게 됩니다. 법인추가세란 법인이 주택이나 비사업용 토지를 매도하는 경우 양도 차익의 20%를 부담하게 됩니다. 따라서 법인세 10% + 추가세 20%를 적용하지만, 여전히 개인이 매도할 때 부과되는 양도소득세에 비해서는 저렴합니다.

법인세는 아래와 같이 1년 동안 얼마나 수익을 냈는지에 따라 세율(10~25%)이 결정됩니다. 예를 들어 1년에 1억 원의 수익을 낸 법인이 운영비용 등으로 2000만 원을 사용했다면, 과세표준은 8000만 원(2000만 원은 비용처리)이 됩니다. 그렇다면 법인세는 8000만 원의 10%인 800만 원이 됩니다.

● 법인세율

과세표준	세율	누진공제
2억 이하	10%	-
2억 초과 200억 이하	20%	2000만 원
200억 초과 3000억 이하	22%	4억 2000만 원
3000억 초과	25%	94억 2000만 원

명의 확보 개인으로 투자할 때 단점은 명의가 부족하다는 겁니다. 특히 요즘처럼 규제가 강화되어 사실상 1가구 1주택 이상을 보유하는 것이 어려울 때 법인투자는 더욱 빛을 발하는 투자 방법입니다.

법인 명의로 매수하게 되면 주택을 추가로 보유하려고 할 때 내 명의를 사용하지 않고도 주택 수를 늘릴 수가 있게 됩니다. 심지어 개인은 무주택을 유지하면서 법인으로 주택을 보유할 수도 있습니다.

법인투자의 단점

비용발생 법인투자를 하게 되면 대개는 1인 법인의 형태로 비용을 최소화하여 운영을 합니다. 하지만 초기투자비용과 고정비용의 부담은 피할 수 없습니다.

부동산 투자법인의 경우 자본금은 1000만 원 정도로 시작하는 게 일반적입니다. 자본금은 대표자인 당사자의 주머니에서 나온 돈이긴 하지만, 법인 설립 이후에는 더 이상 자신의 돈이 아닙니다. 또한 사무실 임차료와 세무기장료와 같은 고정적인 지출이 발생하고, 1년에 한 번 세무조정료도 부담해야 합니다.

실적에 대한 부담감 법인투자에는 매달 들어가는 비용이 있습니다. 따라서 자연스럽게 실적에 대해서 부담감을 느끼게 됩니다. 고정비용이 있는데, 법인이 수익을 내지 못하면 자본금만 손실이 날 뿐이니까요. 그래서 일단 법인을 시작하면 꾸준한 투자를 통해서 수익을 내는 것이 필요합니다.

추가 규제 가능성 6·17대책으로 인해서 취득세가 12%로 높아졌습니다. 게다가 기존에 10%였던 법인추가세가 현재는 20%로 상향되었습니다. 그리고 노무현정부 시절에는 법인추가세가 30%였던 것을 감안하면, 언제든지 법인에 대한 추가 규제가 가능한 상황임을 고려해야 합니다.

한 꼭지 더!

법인 설립 빠르게 따라하기

☑ 법인은 어떻게 설립할까?

예전에는 법인을 설립할 때 법무사를 통해 설립을 대행하는 경우가 많았지만, 요즘은 인터넷을 통해 셀프설립하는 경우가 늘고 있습니다. 그리고 이런 셀프설립도 소정의 수수료를 받고 대행해주는 업체들도 많이 생겨났습니다. 그러나 중소벤처기업부 창업진흥원에서 무료로 운영하는 '온라인법인설립시스템 (www.startbiz.go.kr)'을 이용하면 법원과 세무서, 은행을 각각 한 번씩만 방문하고도 법인을 설립할 수 있습니다. 위 사이트에 접속해서 가이드라인만 따라가도 손쉽게 부동산 법인설립이 가능합니다.

☑ 법인 설립을 위해 준비하고 결정할 것들

부동산 법인 설립은 크게, 법인등기(법원 등기계) → 사업자등록(관할 세무서) → 법인 계좌 개설(은행)순으로 진행을 하게 됩니다. 그리고 이러한 법인 설립을 시작하기 위해서는 몇 가지 준비가 필요합니다. 대부분은 위에서 언급한 온라인법인설립시스템을 통해 설립하면 됩니다. 다만, 법인상호나 자본금 등 몇 가지 결정할 사항이 있습니다. 하지만, 이런 부분은 법인투자에 있어 크게 중요한 부분이 아니므로 아래의 내용을 참고해 결정하시기 바랍니다.

☑ 법인 등기 단계

- 법인 형태 정하기: 기업의 형태는 주식회사, 합자회사, 농업회사 등 다양하지만, 특별한 계획이 없으시다면 '주식회사'로 설립하는 것이 가장 편리합니다.
- 대표자 및 감사 정하기: 대표이사와 감사를 정하고 각각의 공인인증서(은행용)가 있어야 향후 절차를 편하게 진행할 수 있습니다. 그리고 감사는 굳이 해임할 필요가 없으니 그대로 두시기 바랍니다.
- 법인 주소지 정하기: 법인 주소지는 비상주 사무실을 구해서 정하는 경우도 많지만 자택으

로 해도 괜찮습니다. 다만, 자택이 과밀억제권역(서울 등 수도권 일부 지역) 내에 있을 경우에는 법인설립 시, 취득세가 중과되므로 과밀억제권역을 피해서 설립하는 것이 바람직합니다.

- 법인 상호 결정: 상호는 관할 등기소 내 지역에 동일한 상호만 피하되, 거래 상대방에게 신뢰를 주기 어려운 이름(마인츠컨설팅, 마인츠마케팅 등), 장난스러운 이름(마인츠네, 마인츠월드 등)은 피하시고, 일반적으로 쓰이는 무난한 회사명으로 하는 것이 바람직합니다. 그리고 이름은 길게 하지 마시고, 2~4글자 정도로 하시기 바랍니다.
- 법인 인감(도장) 만들기: 사전에 도장을 만들어 두면 설립이 원활하게 진행됩니다. 크게 고민할 것 없이 인터넷에서 '법인인감 흑인조'를 검색해 주문하시면 됩니다.
- 자본금 결정하기: 초기자본금은 1000만 원 정도가 좋습니다. 발행 주식 수는 주당 10,000원 × 1,000주 혹은 주당 1,000원 × 10,000주 정도로 발행하시면 됩니다.
- 법인 사업목적: 법인 사업목적은 부동산과 조금이라도 관련이 있다면 최대한 많이 써넣는 게 좋습니다. 향후에 전자상거래 등 다른 투자도 병행할 가능성이 있다면 관심을 둔 분야는 모두 기입하셔도 무방합니다.
- 법인정관 만들기: 위 '온라인법인설립시스템'에서 제공하는 정관을 그대로 이용하면 됩니다.

☑ 사업자 등록 단계

- 사업자 등록: 온라인법인설립시스템에서 연계하여 바로 진행이 가능합니다. 사업장(사무실) 임대차 계약서가 필요하며, 자가를 사업장으로 활용하시는 분들은 '무상임대차 계약서' 양식을 다운받아 작성하시면 됩니다.
- 업태와 종목: 사업자 등록을 할 때 업태와 종목을 정해야 합니다. 부동산 법인이라면 업태에 '부동산업', 종목은 '주거용 건물 임대업' '주거용 건물 개발 및 공급업'이 반드시 들어가야 하니 이 둘을 포함해 신청하시기 바랍니다.

☑ 은행 계좌 개설

이제 마지막 단계입니다. 은행 계좌를 개설하기 위해서는 필요한 서류가 있습니다. 등기소와 세무서를 방문하여 필요한 서류들을 준비해야 합니다.

- 등기소 방문: 등기소에서 법인인감카드 및 전자증명서를 수령하여, 등기사항전부증명서와 인감증명서를 발급받습니다.
- 세무서 방문: 전 단계에서 신청해둔 사업자등록증을 수령합니다.
- 은행 방문: 위에서 받은 서류를 챙겨서 은행을 방문합니다. 대부분의 은행에서는 이체 한도가 제한된 '한도계좌'로 만들어 줄 가능성이 높습니다. 하지만, 주거래 은행일 경우 한도제한을 풀어주는 경우가 많으므로 담당자와 잘 협의해보셔야 합니다. 그리고 당장은 한도제한 해제가 불가능하다고 하더라도 해당 은행에서 신용카드 발급이나 향후 거래실적을 쌓는다면 한도제한은 대부분 해제가 가능하니 너무 걱정하실 필요는 없습니다.

규제 없는 대체 투자처, 지식산업센터

지식산업센터가 뭔가요?

지하철이나 버스 광고판에 '지식산업센터' 분양 광고를 보신 적이 있으신가요? 이름만 얼핏 들으면 연구단지나 공공기관 같아 투자 대상으로는 크게 관심을 두지 않으신 적이 많으실 겁니다.

지식산업센터란 쉽게 말해 다층형 공장(아파트형 공장)입니다. 과거의 공장이 넓은 부지의 자리 잡은 굴뚝형 공장인 것에 반해 지식산업센터는 세로로 높이 쌓은 더 발전된 공장 형태라고 할 수 있습니다. 이러한 지식산업센터에는 제조업이나 정보통신산업 등 관련 산업시설뿐만 아니라 기숙사, 식당과 같은 부대시설까지 한데 모여있는 형태입니다.

부동산 틈새 상식

지식산업센터의 형태

지식산업센터는 사업을 위한 올인원(all-in-one) 복합단지라고 보면 쉽습니다. 일반적으로 건물 지하에는 주차장이 있고, 1, 2층에는 편의점·음식점과 같은 근린생활시설이 있습니다. 그리고 대략 3층부터 10층까지는 공장(사무실)이 있으며, 그 위로는 기숙사 등 지원시설이 있습니다. 옥상에는 근로자들을 위한 정원과 휴게 공간이 있는 형태를 취하게 됩니다.

지식산업센터의 종류

지식산업센터는 입주업체의 업종을 고려하여 건물을 짓게 됩니다. 이를테면 IT기업의 경우에는 단순 사무 공간만 있으면 되겠지만, 제조업체라면 기계 설비도 설치해야 하고 트럭이 무거운 자재를 싣고 드나들기 때문에 건물의 구조나 안정성이 여건에 맞게 지어야 하기 때문입니다.

제조형 제조업 공장의 경우에는 물류 이동이 잦습니다. 일반적으로는 화물이 오면 화물 엘리베이터를 통하여 물류를 직접 운반합니다. 그러나 제조형 지식산업센터는 드라이브인(drive-in)시스템을 적용하여 건물 안으로 화물차가 들어올 수 있도록 설계합니다. 램프를 통하여 건물 내부로 차량 진입이 가능해 물류를 옮기는 작업에 획기적으로 편의성과 비용절감을 도모하였습니다.

다만, 드라이브인형은 아무래도 화물차가 건물 안으로 들락날락하다 보니 건물이 빨리 낡고 관리비도 또한 높다는 단점이 있습니다. 최근에는 드라이브인 시스템에서 더 발전된 형태인 도어 투 도어(door-to-door)시스템도 각광받고 있습니다. 화물차가 건물 내부뿐만 아니라 사무실 개별 호실 내부까지 진입하여 물류를 상·하차하는 방식입니다.

업무형 업무형 지식산업센터에는 지식산업 관련 IT 벤처기업들이 주로 입주합니다. 그래서 대부분 사무실에서 오랜 시간 근무하기 때문에 조망이 좋은 높은 층을 선호합니다. 업무형은 아래의 라이브 오피스와는 다르게 업무용 공간만 제공되기 때문에 다른 휴게 공간은 공용으로 이용합니다. 그래서 업무형 오피스를 고를 때는 공용 공간을 이용하기 편리한 위치의 호실이 좋습니다.

라이브(live)형 지식산업센터에는 업무형 오피스와 같이 업무용 공간만을 제공하는 경우가 대부분이었습니다. 그런데 최근에는 사무실 안에 다락방, 화장실, 샤워실 등과 같은 생활 공간을 제공하는 형태도 있습니다. 일종의 오피스텔과 비슷한 컨셉이라고 할 수 있는데, 이를 라이브(live)형 오피스라고 합니다. 업무와 주거 기능을 같이 해결할 수 있어서 소규모, 스타트업, 1인 기업들에 인기가 많습니다.

규제 무풍지대, 지식산업센터

아파트는 거주 목적으로 개인들이 분양을 받는다면, 지식산업센터는 사업을 영위하기 위한 사업자들이 공장(사무실)을 분양 받습니다. 하지만 실수요자가 아니라도 분양이 가능하고 아파트 분양권처럼 전매도 가능하며, 상가처럼 임대 수익 또한 얻을 수 있기 때문에 투자자들이 몰리게 된 것입니다.

대체 투자처 지식산업센터는 분양권 전매제한이나 종합부동산세, 대출 규제 등을 적용 받지 않아 주택에 비해 규제에서 자유롭습니다. 특히 요즘처럼 강력한 부동산 규제 정책으로 인하여 주택에 대한 투자가 점점 어려워질 때 대체 투자처로 각광을 받으면서 투자자들이 몰리고 있습니다.

낮은 투자금 잔금대출이 최대 80% 수준까지 나오기 때문에 실투자금이 적게 듭니다. 기업체를 운영하는 실수요자의 경우 80~90% 정도의 대출이 가능하며, 일반투자자의 경우에는 70~80% 정도 대출을 받을 수 있습니다. 다만 지식산업센터 내의 업무지원시설(기숙사, 창고, 근린생활시설 등)에 대한 대출한도는 50~70% 정도로 낮은 편입니다.

안정적인 임대 수익 지식산업센터 입주 초기에는 공급이 한꺼번에 몰리기 때문에 공실에 대한 위험은 감수해야 하는 부분이 있습니다. 하지만 일단 입주 기업과 임대 계약을 맺었다면, 안정적인 임대료 수익 창출이 가능합니다. 상가의 경우에는 상권이 하향세거나 주변에 새로운 상권이 들어오게 되면 공실이 될 가능성이 높습니다.

하지만, 기업체의 경우에는 일단 회사가 자리를 잡으면 회사를 이전하기 쉽지 않습니다. 특히 제조업을 영위하는 회사라면 기계설비를 설치하고 작업환경 인프라를 구축해놓았기 때문에 이사를 하면서 드는 영업 손실과 비용이 만만치 않죠. 따라서 업체가 도산하는 등의 큰 변수가 없는 한 한 번 입주하면 오래 있을 확률이 높습니다.

좋은 지식산업센터의 요건

접근성이 좋은 곳 기업체가 들어갈 건물은 주거용 건물보다 접근성에 더 비중을 두고 고려해야 합니다. 만약 지식산업센터에 물류가 많은 제조형 공장이 들어오는 경우에는 광역도로, 공항 등과의 접근성이 우수할수록 유리합니다. 특히 최근의 지식산업센터에는 스타트업과 같은 소규모 업체들이 많이 입주하는 추세라 젊은 직원들이 출퇴근하기 편리한 도심 내 역세권 등이 더욱 중요합니다.

기업체가 많은 곳 지식산업센터는 기업체들이 주 수요층이기 때문에 기존에 기업체가 몰려있는 곳일수록 유리합니다. 현재 지식산업센터들이 들어서는 곳이 서울디지털산업단지, 경기도 성남, 안산, 시흥과 같이 이전부터 기업들이 밀집해 있는 지역인 까닭도 그 때문입니다.

지역의 공급과 희소성 지식산업센터의 시세도 주택과 비슷하게 움직입니다. 현재는 지식산업센터 공급이 많고, 실수요자 외의 투자자들이 많이 진입한 상태입니다. 따라서 입주시점에는 입주 물량이 몰려 공실 사태가 발생할 수 있기 때문에 매수를 희망하는 지역의 공급을 미리 확인해야 합니다. 그렇다고 해서 외따로 떨어진 곳의 나홀로 지식산업센터는 그리 추천하지 않습니다. 나홀로 아파트와 마찬가지로 나홀로 지식산업센터의 경우에도 주변에 상권과 같은 인프라가 형성되기 어렵고, 시세 형성 또한 더딜 가능성이 크기 때문입니다.

그리고 주변에 공급이 많더라도 다른 매물에 비해 돋보이는 매력이 있다면 경쟁력이 있습니다. 작은 평수의 사무실이 대부분이고 대형 평수가 희소성이 있다면 인기 있는 매물이 될 수 있습니다. 아파트에서 40평대 매물의 인기가 높은 것과 비슷한 원리입니다.

개발 호재가 있는 곳 지식산업센터도 결국은 부동산이고, 부동산은 개발 호재가 있는 곳이 좋습니다. 주변에 지하철 노선이 들어오는 등의 호재가 있으면 주변의 땅값이 뛰고, 자연히 사람들이 지식산업센터에도 관심을 갖게 되므로 시세가 상승하게 됩니다.

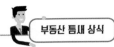

부동산 틈새 상식

렌트프리(rent-free)란?

렌트프리란 최초 입주 시 일정 기간(3~6개월) 동안은 사무실의 임대료를 받지 않고 계약하는 것으로 공실이 난 상가에서 흔히 쓰이는 방식입니다. 지식산업센터를 매도할 때 공실 상태라면, 실수요자 외에 임대 수익을 원하는 다른 투자자에게는 매도하기 어렵습니다. 따라서 처음에는 조금 손해를 보더라도 장기적인 관점에서 매도 등을 위해 렌트프리를 제시하는 경우가 많습니다. 물론 공실일 경우 임대료를 낮추는 방식도 있지만, 임대료를 낮추면 바로 매매가에 반영되어 시세를 낮추는 것과 마찬가지기 때문에 임대료를 낮추기 보다는 렌트프리 조건을 제시하는 경우가 많습니다.

돈은 길을 따라 흐른다!

길이 있는 곳에 답이 있다

건물을 짓고 싶어도 도로가 없으면 건축 허가가 나지 않습니다. 고속철이 개통되면 지방 도시에서 서울까지의 거리가 1시간이 단축되기도 하고, 지하철이 들어온다는 소문만 돌아도 하루아침에 집값이 몇 억씩 오르기도 합니다. 도로는 경제의 혈관이라고들 하죠. 길이 있어야 사람이 다니고 물류도 움직이고 모든 사회 체계가 돌아갈 수 있습니다. 그리고 길을 따라 개발 사업이 이루어집니다. 그래서 돈은 길을 따라 흐른다고들 합니다.

교통 호재에 주목하자!

교통 호재는 아무도 모르는 은밀한 고급 정보가 아닙니다. 알고는 있어도 막상 부동산과 연결 짓지 못할 뿐입니다. 많은 분들이 관심을 가지고 있는 GTX노선도 처음 구상된 것이 2010년 경이고, 제3차 국가철도망 구축계획(2016~2025)에도 반영되어 있습니다. 그러나 발표 즉시 시세에 반영되지는 않았습니다.

앞서 분양권을 설명하면서 분양권의 프리미엄(P)은 총 세 번 오른다고 언급했습니다. 아파트 분양 후 계약 시점, 중도금 대출 시점 그리고 입주 시점인데요. 교통 호재도 이와 마찬가지로 총 세 번 시세가 상승하게 됩니다.

발표 직후 정부에서 교통망 확충계획을 발표하는 시점입니다. 많은 사람들이 관심을 가지지만, 실현가능성이 미지수이고, 실제 노선 개통까지 걸리는 시간 때문에 매수를 망설이는 분들도 많은 시기입니다. 하지만 아직 상승하기 전이라 가격이 낮아 매수가 상대적으로 용이합니다. 그래서 상승률로 따지면 가장 큰 수익을 낼 수 있는 시점이기도 합니다.

착공시점 앞서 교통망 확충계획 발표 실제 착공까지는 10년 이상 걸리는 일이 허다합니다. 실제 사업을 진행하는데는 아직 수많은 절차가 남아 있고, 예산도 확보해야 하기 때문입니다. 그러다가 실제 착공시점이 되어 공사장비를 옮기고, 차량이 들락거리기 시작하면서 공사가 시작되면 많은 사람들이 매수하면서 시세가 상승하기 시작합니다.

개통 전후 도로나 지하철 노선이 개통되어 이용이 가능해지면 그 파급

부동산 틈새 상식

국가철도망 구축계획이란?

국가철도망 구축계획이란, 향후 10년간 철도망 구축의 기본방향과 노선 확충계획 등을 담고 있는 중장기 계획입니다. 국가철도공단 홈페이지(https://www.kr.or.kr)에서 열람이 가능합니다. 현재는 제4차 국가철도망 구축계획(2021~2030)까지 발표되었습니다. 이러한 국가철도망 구축계획은 투자자라면 반드시 관심을 가지고 지켜볼 부분입니다.

하지만 많은 분들이 국가 철도망 계획에 반영되었다고 곧바로 사업을 시작할 것이라 오해하지만 사실은 그렇지 않습니다. 실제 사업을 진행하기 위해서는 사전타당성과 예비타당성조사부터 시작하여 예산 확보 등 거쳐야 할 관문이 많이 남아있기 때문입니다.

효과를 몸소 느낄 수 있습니다. 이때가 실수요자들이 가장 많이 관심을 가지는 시점입니다. 이때 또 한 번 가격이 오르지만 많은 분들이 이 타이밍을 놓치곤 합니다. 이미 몇 년 동안 공사를 하는 것을 봐왔는데, 이제 와서 가격이 오를까 싶은 겁니다. 하지만 일반적으로 실수요자는 이때부터 매수에 나서기 때문에 또 한 차례 가격이 오르는 시점입니다.

주목해야 할 철도 호재

우리가 이용하는 교통수단은 다양합니다. 최근에는 BRT와 같은 버스 등의 교통 호재도 관심을 주목 받지만, 철도 교통 호재에는 비할 바가 아닙니다. 철도는 한 번에 대량 수송이 가능하고, 편의성과 정시성을 모두 갖추고 있어서 많은 사람들이 선호하는 교통 수단입니다. 아래에서 현재 진행 중인 대표적인 교통 호재에 대해서 알아보도록 하겠습니다.

GTX: 수도권광역급행철도

수도권 부동산 시장의 최대 관심사는 GTX라고 말해도 과언이 아닙니다. GTX는 수도권과 서울 도심의 주요 거점을 연결하는 수도권광역급행철도입니다. 서울 도심의 주요 업무지구와 환승거점으로 노선이 통과하니 그만큼 큰 파급효과가 기대됩니다.

GTX는 기존 지하철보다 역 개수가 적습니다. 그리고 지하 40m 이하의 공간에 건설하여 기존 건물과 지하시설물의 방해를 받지 않고 역과 역 사이를 직선으로 연결합니다. 또한 평균시속 100km의 속도로 운행해서 수도권을 30분 생활권으로 단축할 예정입니다.

현재 노선은 GTX A, B, C노선이 예정되어 있으며, 최근 D노선도 추가되었습니다. 모두 예비타당성 조사는 통과했지만, 아직 착공된 노선은 A노선이 유일합니다.

GTX-A(파주(운정)~동탄): 현재 유일하게 착공한 노선입니다. 2023년 말 개통을 목표로 사업이 추진 중이지만, 실제로는 조금 늦춰질 전망입니다. 파주에서 삼성역을 거쳐 동탄까지 이어지는 노선으로 일산부터 삼성역까지 현재

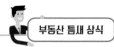

부동산 틈새 상식

예비타당성 조사제도

예비타당성 조사제도는 예산 낭비와 사업 부실화를 방지하고 재정을 효율적으로 운용하기 위해 도입되었습니다. 총 사업비가 500억 원 이상이 들거나 국고 300억 원 이상의 대규모 국가예산이 투입되는 사업에 대해서 타당성을 객관적이고 중립적 기준에 따라 사전에 검증하는 제도로 조사 결과 타당성이 인정될 때만 예산 편성이 가능합니다.

1시간 20분이 걸리던 거리가 단 20분으로 크게 단축됩니다.

GTX-B(송도~마석): 당초 송도~청량리를 잇는 구간으로 추진되었지만 예비타당성 조사를 통과하지 못했습니다. 이후 청량리~마석 구간 연장안을 내놓아 가까스로 예비타당성조사를 통과했습니다. 송도에서 서울역까지 27분, 마석에서 청량리까지 17분가량 소요될 예정입니다.

GTX-C(양주~수원): 현재 GTX C노선 추가 정차역(왕십리역, 인덕원역, 의왕역 등) 신설을 논의 중입니다. 이렇게 노선이 추가될 것으로 예상되는 지역 주변으로 아파트 시세가 폭등하는 현상이 벌어지기도 했습니다.

GTX-D(김포~부천): D노선은 서부권 광역급행철도라 불리며, 제4차 국가철도망 구축계획에 포함되었습니다. 김포 장기역에서 부천종합운동장역을 잇는 지선의 개념으로 예정되어 있습니다. 하지만 주민들의 반발로 B노선을 공유하여 용산까지 연장하는 직결하는 방안이 논의되고 있습니다.

신안산선(안산·시흥~여의도)

현재 공사 중인 노선으로 안산에서 시흥을 거쳐 여의도로 연결되며 2024년 개통이 예정되어 있습니다. 신안산선이 특히 주목받는 이유는 개통이 가시화되었다는 점도 있지만, 철도망 이용이 불편한 서울 서남권 지역에서는 서울 중심부로의 접근성이 혁신적으로 개선된다는 점이 있습니다. 개통되면 안산 한양대에서 여의도까지 기존에는 1시간 40분이나 되던 소요 시간이 25분으로 단축됩니다. 역 예정지마다 시세가 상승하고 있습니다.

● GTX 노선도

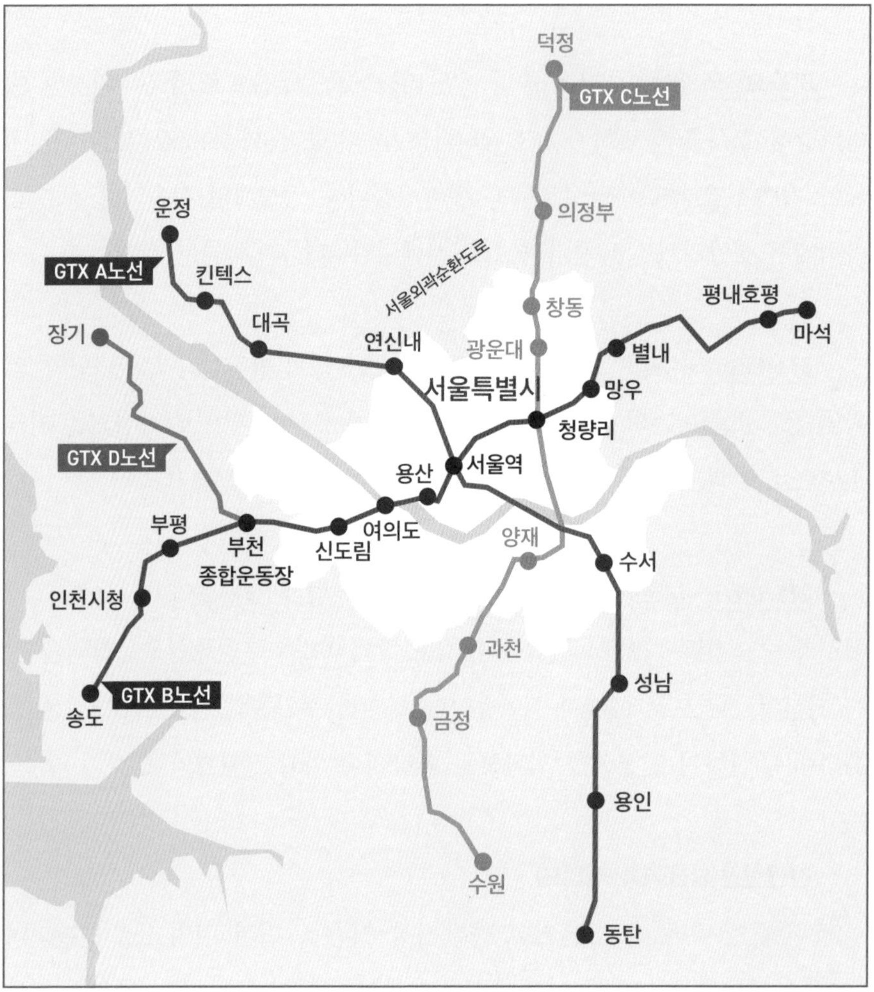

출처: 국토교통부

서해선(홍성~ 화성)

충남 홍성에서 출발하여 경기도 화성 송산역까지 이어지는 광역철도 노선입니다. 서울 방면으로 신안산선, 수도권 전철 서해선, 대곡소사선과 이어지게 되고, 남부로는 장항선과 이어질 예정입니다. 현재 공사 중인 노선으

신안산선 노선도

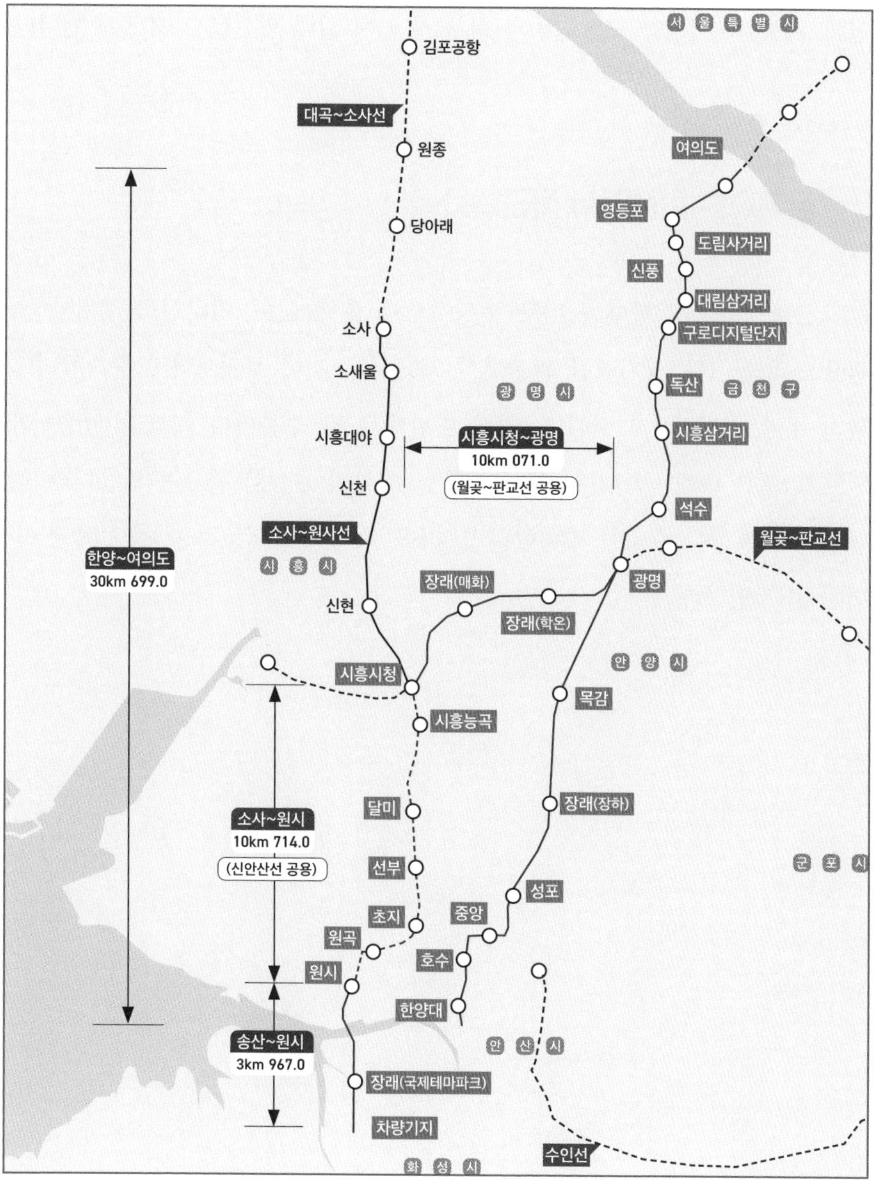

출처: 국토교통부

로 2023년 말 개통을 목표로 합니다. 준고속열차 KTX-이음도 운행할 예정인데, 개통 시 서해안축의 인력과 화물 수송에 일대 혁신을 가져오게 됩니다.

장기적인 관점에서 접근하자

교통망을 공부할때는 너무 부정적으로 볼 필요도, 지나친 환상을 가질 필요도 없습니다. 장기적인 관점에서 접근하는 것이 무엇보다도 중요합니다. 특히 투자로 진입하게 된다면, 앞서 말한대로 각 구간마다 시세가 상승하게 되므로 계획 단계 들어가서 굳이 개통할 때까지 보유할 필요는 없습니다. 각 단계마다 원하는 수익이 발생한다면, 다음 투자처로 이동하는 것도 좋은 방법이 될 것입니다.

부동산 경매에 대해서 알아보자

어려워만 보이는 부동산 경매

경매라고 하면 어떤 모습을 떠올리시나요? 영화에서 본 고급 미술품 경매라든가, 농수산물 도매시장에서 상인들이 하는 경매를 떠올리는 분들이 많을 것 같습니다. 경매 대상을 무엇으로 할지는 달라도 원하는 물건에 가장 높은 가격을 부르는 사람(입찰자)이 낙찰을 받는 것은 똑같습니다.

부동산 경매도 위에서 말한 경매와 비슷합니다. 경매로 나온 물건에 가장 높은 금액을 써내는 사람이 낙찰을 받죠. 경매를 너무 어렵게 생각할 건 없습니다. 다만 부동산 경매에만 있는 특수한 법적 절차를 숙지하고, 어떤 물건이 좋은 물건이고 나쁜 물건인지, 낙찰을 받은 후에는 어떻게 해야 하는지에 대한 부분을 채워나가면 되는 것입니다.

경매로 매수하는 이유

부동산을 매수하려면 흔히 부동산 중개인을 통한 거래를 떠올립니다. 그런데 굳이 복잡한 절차와 리스크를 떠안고 경매로 매수하려는 이유는 무엇일까요? 이 부분을 이해하려면 우선 경매에는 어떤 물건들이 나오는지를 알아야 합니다.

어떤 물건이 경매에 나올까? 집을 사거나 현금이 필요할 때 보통은 은행에서 집을 담보로 대출을 받습니다. 이를 '담보대출'이라고 합니다. 담보대출을 받으면 은행에서는 '내가 이 집을 담보로 돈을 빌려줬다'라는 것을 등기부등본에 '근저당권'이라는 형태로 기재합니다. 등기부등본에 적어두지 않으면, 집주인이 같은 집을 담보로 다른 은행에 가서 돈을 추가로 빌릴 우려가 있기 때문이죠.

이때 돈을 빌린 집주인을 채무자, 은행을 채권자라고 합니다. 그런데 채무자가 대출의 이자나 원금의 상환을 하지 않으면 채권자는 빌려준 돈을 돌려받기 위해 근저당권을 근거로 법원에 경매를 신청합니다. 그리고 경매를 통한 매각 대금으로 대출을 상환하죠. 이를 임의경매라고도 합니다.

저렴할 수밖에 없는 이유 위의 경우처럼 경매에 나오는 물건은 소위 '사연이 있는 물건'입니다. 경매에 부쳐진 집에 전세금을 돌려받지 못한 세입자가 버티고 있을 수도 있고, 공유자가 있는 지분 경매 물건이 나오기도 합니다. 이런 복잡한 권리관계를 풀어가야하기 때문에 경매 시장에 나오는 물건은 일반 매매시장에 나오는 물건보다 당연히 저렴합니다. 게다가 경매는 한 번 유찰(流札)될 때마다 가격이 20~30%씩 내려가므로 더욱 저렴하게 매수할 수 있습니다.

부동산 경매 시작하기

경매는 낯선 용어 때문에 더욱 어렵게 느껴지기도 합니다. 임의경매, 배당, 말소기준 권리, 명도, 인도명령 등과 같이 처음 듣는 법률용어로 가득하기 때문이죠.

기본적인 개념을 이해하는 건 중요하지만, 법과 절차에 대해서만 너무 깊게 공부하다보면, 법원 경매장은커녕 현장 조사 한 번 가보지 못하고 중간에 포기할 가능성이 높습니다. 경매는 개별 물건마다 상태, 조건이 다르기 때문에 모든 케이스를 익히고 공부하기란 불가능합니다. 그래서 어느 정도 기본 개념과 경매 절차에 대한 공부가 되었다면 일단 입찰을 시도해봐야 합니다.

게다가 부동산 경매는 입찰자가 물건을 사전에 확인하고, 그에 맞춰 원하는 가격을 써내는 방식입니다. 물건이 사전에 공개되므로 생각보다 쉽습니다. 다만 경매에 나온 물건의 가치를 스스로 산정할 수 있어야 하고, 다른 입

부동산 틈새 상식

경매 스터디를 활용하자

부동산에 대해 공부하는 모임들이 많이 있습니다. 부동산의 기초적 지식뿐만 아니라 토지 투자, 법인 투자와 같이 다양한 투자 모임이 활성화되어 있죠. 그런데 다른 어떤 모임보다 많은 것이 경매 투자 모임입니다. 그만큼 공부할 것도 많고, 알아야 할 것도 많기 때문입니다. 경매 스터디에 참여해서 공부를 한다면 그만큼 능률이 높습니다.

찰자들의 생각도 가늠해야 합니다. 그러므로 꾸준히 입찰을 시도하며 연습해보시기 바랍니다.

실제 입찰은 어떻게 진행될까?

집을 살 때는 공인중개사를 통해서 매수했습니다. 하지만 경매는 법원이라는 공공기관을 통해서 매수하는 방법입니다. 아무래도 관공서이다 보니, 공인중개사만큼 친절하지도 않고, 자세히 알려주는 사람도 없습니다. 그래서 많은 부분을 본인이 준비하고 결정해야 합니다. 경매의 기본적인 절차는 다음과 같습니다.

물건 탐색 → 권리분석 → 조사 → 입찰 및 낙찰 → 등기 및 명도

물건 탐색

경매의 첫 단계는 물건 탐색입니다. 초보자가 물건을 탐색할 때는 현재 살고 있는 지역이나 잘 아는 지역부터, 소액으로 매수가 가능한 물건들 위주로 탐색해야 합니다. 너무 멀어서 지역 사정을 전혀 모르는 곳이나, 투자금이 너무 높은 물건은 피하는 것이 바람직합니다.

이러한 경매물건 정보는 대법원 경매정보 홈페이지(www.courtauction.go.kr)에서 확인할 수 있습니다. 하지만 이곳에서 제공하는 정보는 기본적인 물건 정보에 한합니다. 그래서 경매 관련 유료 정보 사이트를 이용하는 투자자도 많습니다.

● 법원경매정보 웹사이트 화면

출처: 법원경매정보

권리분석

권리분석을 통해 인수해야 할 권리(채무)가 있는지, 있다면 해결이 가능한지 검토하고, 이를 통해 입찰을 할지 말아야 할지 결정하는 과정입니다. 매각물건명세서와 등기부등본은 권리분석을 할 때 반드시 확인할 서류입니다.

특히 매각물건명세서는 권리관계, 감정평가액과 같이 경매에서 중요한 정보를 법원에서 정리한 서류로, 법원 경매 정보 사이트에서 확인할 수 있습니다. 매각물건명세서의 비고란에 '해당사항 없음' 혹은 공란이라면 권리관계에 특별한 문제가 없는 물건입니다.

부동산 틈새 상식

초보라면 시세파악이 용이한 소형아파트를 눈여겨보자

경매에서 가장 어려운 부분 중 하나가 시세 파악입니다. 사실 소액 경매 투자를 하려면 대부분 토지 지분 투자나 자투리 땅 혹은 빌라인 경우가 많습니다. 하지만 이런 물건들은 시세를 파악하기 어렵고, 잘못 매수할 경우 매도가 어려워 소액이지만 돈이 묶이기도 합니다. 그래서 초보자일수록 소형 아파트를 눈여겨보는 편이 낫습니다. 아파트는 정확한 시세 파악이 가능합니다. 그리고 토지나 상가처럼 감평가의 절반 정도로 싸게 낙찰받기는 어렵지만 감평 시점과 경매 시점 사이의 차이로 일반 매수보다는 저렴하기 때문입니다.

유료 사이트를 활용해보자

사이트 별로 제공되는 정보는 조금씩 차이가 있습니다. 따라서 바로 연회원을 결제하기보다는 무료 쿠폰을 이용하거나, 한 달 정도만 결제해서 여러 사이트를 이용해본 후 본인에게 맞는 사이트에 가입하는 것이 바람직합니다.

- 굿옥션: http://www.goodauction.com
- 스피드옥션: http://www.speedauction.co.kr
- 지지옥션: https://www.ggi.co.kr
- 탱크옥션: https://www.tankauction.com
- 부동산태인: http://www.taein.co.kr

현장조사

경매도 발품이 중요합니다. 특히 아파트나 빌라 같은 주택은 현장 조사를 통해 점유자를 파악하고 물건의 상태도 알아봐야 합니다. 그리고 입찰 대상이 아파트일 경우에는 연체된 관리비가 얼마인지까지 확인해야 합니다. 법적으로 체납된 관리비는 낙찰자가 인수(납부)하는 것으로 되어 있기 때문에 입찰하기 전에 이 부분은 반드시 확인해야 합니다. 다만 관리비는 공용부분과 전용부분으로 나뉘게 되는데, 낙찰자는 2년 이내에 발생한 공용부분의 관리비만 인수하면 됩니다.

입찰 및 낙찰

이제는 실제 입찰을 해볼 단계입니다. 입찰은 법원에서 진행하며 현장에 반드시 참석해야 합니다. 평일에만 열리는 경매에 참여하기 어려운 직장인은 가족이나 입찰 대행업체의 대리인을 통해 입찰을 할 수도 있습니다.

법원에 도착하면 원하는 물건의 입찰표와 입찰 보증금을 제출해야 합니다. 특히 입찰표 작성에 유의해야 하는데, 입찰 가격을 제대로 기재하지 않거나 실수로 높게 기입할 경우 입찰 보증금을 몰수당하기도 합니다. 입찰 마감 직후에 곧바로 개찰이 되는데, 패찰 시에는 보증금을 즉시 돌려받을 수 있습니다.

등기 및 명도

낙찰 후 법원에서 매각 결정을 내리고, 이해관계인의 이의가 없다면 매각 허가가 확정됩니다. 이후 잔금을 납부하고 소유권을 취득할 수 있습니다.

이후에는 명도를 진행해야 합니다. 명도란 낙찰 받은 물건에 거주하고 있는 소유자나 임차인을 내보내는 과정입니다. 그리고 원활한 명도 진행을 위해서는 사전에 법원을 통해 '인도명령'을 신청해야 합니다. 인도명령이란 법원에서 집을 비우라고 명령하는 행위인데, 명도를 위한 심리적 압박수단으로 자주 활용됩니다.

부동산의 끝판왕, 토지 투자

나도 토지에 투자할 수 있을까?

부동산 자산 시장에 발을 딛고 나면 상가, 지식산업센터, 아파텔과 같은 부동산 투자에도 관심이 갑니다. 하지만 유독 토지 투자에는 발을 들이기 어려워하는 분들이 많습니다. 토지의 특성상 시세를 파악하기 어렵고 용어도 낯선 데다가 복잡한 법률과 규정에 대한 이해도 필요하기 때문입니다.

토지 투자가 어렵긴 하지만 아파트든 상가든 재개발이든 결국 토지라는 하나의 줄기에서 나온 파생상품입니다. 즉 토지라는 원재료를 가공해야 아파트도 만들고, 상가도 만들어 내는 것입니다. 그렇기 때문에 저평가된 토지라는 원석을 골라내는 안목을 갖추게 된다면 아파트나 상가와는 차원이 다른 수익을 낼 수 있습니다.

매수 목적 정하기

전망 좋은 강변이나 호수 주변의 너른 땅을 보고, 저기에 카페나 식당을 하면 어떨까 하는 생각을 해보신 적이 있을 겁니다. 하지만 그런 곳은 대개 상수원보호구역으로 지정되어 있어 오염물질을 배출하는 음식점이나 카페, 숙박업소 등의 영업이 불가능한 게 보통입니다.

토지는 소유자 마음대로 원하는 건물을 짓거나 원하는 용도로 사용할 수 없습니다. 모든 땅은 용도가 정해져 있기 때문입니다. 그래서 토지를 매수할 때는 매수하려는 목적을 분명히 정하고 그 목적에 맞는 땅을 사야 합니다.

시세 차익을 노린 투자가 목적이라면 향후 개발 호재 등이 예상되는 지역을 매수해야 하고, 건물을 지으려면 건축허가를 받을 수 있는지부터 확인해야 합니다. 주말농장으로 사용한다면 접근성과 농지 규모를 고려해야 합니다. 그렇지 않고 토지를 살 때 막연히 좋아 보여서 혹은 누군가의 추천으로 덜컥 매수를 하게 되면 나중에는 팔 수도 없는 땅이 되어버려 평생 세금만 내야 하는 애물단지가 될 수도 있습니다.

여유 자금 확보하기

부동산 투자는 주식, 외화, 채권 등 다른 투자 대상에 비해 환금성이 현격히 떨어집니다. 그 중에서도 토지의 환금성이 가장 낮습니다. 한 번 매수하면 다음 매수자가 나타날 때까지 오래 보유하게 되니 자연히 돈이 묶이게 됩니다.

그래서 토지를 매수할 때는 최소 5년 정도는 보유할 생각으로 여유 자금을 이용하여 매수해야 합니다. 물론 2~3년 만에 수익을 보고 나온다면 그만큼 좋은 일이 없겠지만, 실제로는 그 이상 자금이 묶일 가능성이 훨씬 높기 때문입니다.

부동산 틈새 상식

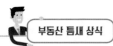

가진 돈이 부족할 때, 소액 투자와 지분 투자

많은 분들이 경매나 공매를 통해 소액 토지 투자에 뛰어듭니다. 그리고 시세보다 저렴한 가격에 낙찰을 받는 경우도 많습니다. 하지만 토지의 활용 방안이나 매도 전략 등은 고려하지 않은 채 막연히 소액으로 매수하는 것에만 집중하여 이용 가치가 없는 땅을 매수하기도 합니다. 가치가 없다면 내가 매수한 가격보다 높은 가격에 사줄 사람이 없을 것이고, 투자로서의 의미는 없어집니다. 그래서 소액으로 투자하더라도 활용 방안과 매도 전략을 세워놓고 접근하는 것이 필요합니다.

그리고 가진 돈은 부족한데, 욕심이 나는 토지가 매물로 나올 때가 있습니다. 이럴 때 지분 투자를 고려하게 됩니다. 지분 투자는 주로 가족이나 지인과 하는 경우가 많습니다. 한 필지의 땅을 두고 돈을 낸 만큼 지분을 나눠 갖게 되므로 소액으로도 투자가 가능합니다. 그런데 투자가 잘 되어 수익이 나면 괜찮지만, 반대의 경우에는 큰 갈등을 빚기도 합니다. 그리고 시세가 상승해도 매도 시기 등을 조율하기가 어려운 경우가 많아 신중하게 접근해야 합니다.

개발 호재 파악하기

개발 호재를 보고 미래 가치가 있는 땅을 매수해야 합니다. 하지만 개발 호재라는 이름으로 포장된 매물은 하루에도 수없이 쏟아지고 있습니다. 심지어는 이런 것도 호재가 되나 싶은 수준의 매물도 많습니다. 그래서 개발 호재를 판단할 때는 이 호재로 교통망이 개선되는지, 인구 유입이 가능한지를 중점적으로 검토해야 합니다.

교통망 개선 철도나 고속도로가 생기면 호재라고 하지만 정확히는 기차역이나 고속도로 IC가 생겨야 호재로 판단합니다. 단순히 내 땅 근처로 철길이나 고속도로가 통과한다면 주어지는 실익은 별로 없으면서 철길과 고속도로로 발생하는 소음과 분진 등의 피해만 보고, 공간이 분절되어 길 건너편 접근성까지 떨어져 오히려 악재로 작용하게 됩니다.

인구 유입 인구가 유입되려면, 일자리와 주거지가 필요합니다. 산업단지와 같은 대규모 일자리나 택지 또는 신도시가 예정되어 있다면 자연히 유동인구와 상주 인구가 증가하겠지요. 따라서 주변 지역이 점점 발전하고 이는 지가를 상승시킵니다.

부동산 틈새 상식

국토종합개발계획이란?

효과적인 국토개발사업을 위한 종합적이고 기초적인 장기 계획입니다. 국토종합개발계획을 바탕으로 각 자치단체에서도 새로운 개발 계획을 발표하므로 늘 관심을 가지고 지켜봐야 합니다. 1972년부터 10년을 주기로 수립·시행되고 있으며, 현재는 제4차 국토 종합 개발(2011~2020)이 추진되고 있습니다.

토지 임장하기

임장을 하는 것은 비슷하지만 토지만은 조금 예외입니다. 그래서 토지를 임장하기 전 부동산을 방문할 때에는 몇 가지 유의할 사항이 있습니다.

투자금 정하기 토지매수를 위해서는 투자금을 확실히 정하고 부동산을 방문해야 합니다. 토지는 같은 면적과 같은 모양의 땅이 하나도 없고 모두 제각각입니다. 그래서 막연히 땅을 보여달라고 하면 1000만 원짜리 땅부터 20억 원짜리 땅까지 모두 대상에 포함 됩니다. 그러므로 대출을 고려하여 본인의 예산을 정확히 말해야 예산에 맞는 토지매물을 소개받을 수 있습니다.

임장이 어렵다 토지는 매물이 멀리 떨어져 있는 경우가 많습니다. 그래서 부동산을 방문한 후 매물을 보러 중개인의 차를 타고 한참을 가야 하거나 울릉도 같은 섬 지역은 실제 임장이 어려운 경우도 있습니다. 그래서 중개소에서 매물 소개를 받고 실제 방문은 개별적으로 진행하기도 합니다. 그리고 막상 간다고 하더라도 지적도 한 장 가지고는 어떤 땅이 내가 사려는 물건인지 확인이 어려운 경우도 있습니다.

시세 파악하기

토지 투자에서는 가장 어려운 부분이 적정 시세 파악입니다. 앞서 말했듯이 토지는 아파트처럼 비슷한 매물이 거의 없고 거래도 활발하지 않아 시세 파악이 어렵습니다.

● 화성시 송산면 인근 토지거래 내역

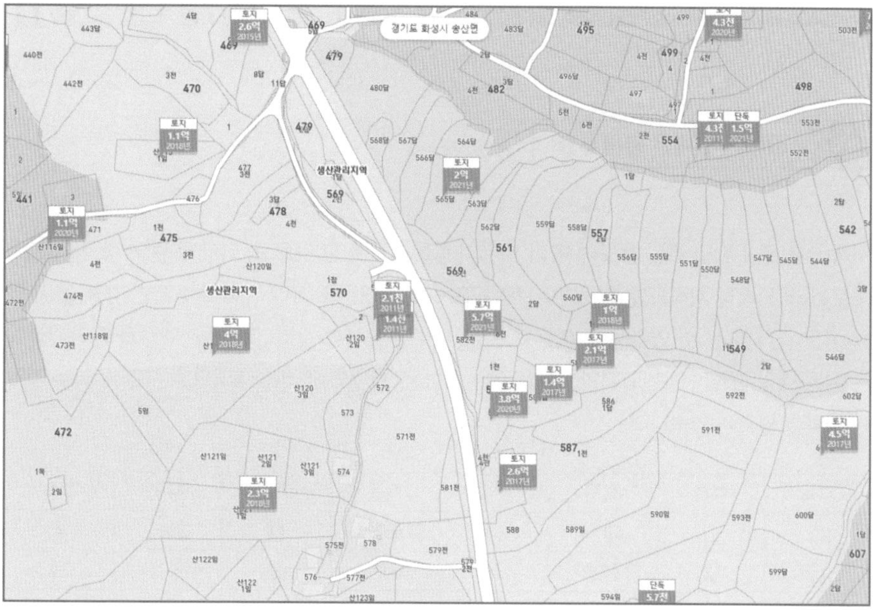

출처: 밸류맵

토지의 경우 크기, 모양, 주변환경이 모두 다릅니다. 그래서 모든 필지는 조건이 다르고, 가격도 다를 수밖에 없어 상대적으로 시세를 파악하기 어렵습니다. 부동산 사기 중 토지 사기의 비중이 높은 것은 그러한 이유입니다.

그래서 적정 시세를 파악하려면 우선 주변 시세를부터 알아야 합니다. 특히 최근에는 프롭테크의 발달로 토지 투자에도 새바람이 불기 시작했습니다. 밸류맵, 디스코 등의 토지 거래 어플을 이용하면 국토부의 실거래가 자료와 연계하여 관심 있는 지역 주변의 토지 거래 현황을 바로 볼 수 있으니 예전보다는 시세 파악이 한결 수월해진 셈입니다.

한 꼭지 더!

중요한 지목은 알아두자

지목(地目)은 토지의 주된 용도에 따라 토지의 종류를 구분한 것으로, 아래와 같이 총 28가지로 구분됩니다. 특히 지적도를 발급받아보면 '281-2 전' '521 답' '815-1 구'처럼 지번 옆에 붙어 있는 작은 글자를 볼 수 있습니다. 이는 지목을 부호로 표시한 것입니다. 토지대장과 임야대장에는 지목 명칭 전체가 기재되지만, 지적도에는 부호만 나와있습니다. 그러므로 자주 쓰이는 지목은 기억할 필요가 있습니다.

지목	부호	지목	부호	지목	부호	지목	부호
전	전	대지	대	철도용지	철	공원	공
답	답	공장용지	장	하천	천	체육용지	체
과수원	과	학교용지	학	제방	제	유원지	원
목장용지	목	주차장	차	구거	구	종교용지	종
임야	임	주유소용지	주	유지	유	사적지	사
광천지	광	창고용지	창	양어장	양	묘지	묘
염전	염	도로	도	수도용지	수	잡종지	잡

전(밭): 물을 상시적으로 이용하지 않고 곡물·원예작물·약초·묘목·관상수를 재배하는 토지

답(논): 물을 상시적으로 이용하여 벼·미나리·왕골 등의 식물을 재배하는 토지

과수원: 사과·배·밤·호두·귤나무 등 과수류를 재배하는 토지

목장용지: 축사 혹은 축산업 및 낙농업을 하기 위하여 초지를 조성한 토지

임야: 산림 및 자갈땅, 모래땅 습지를 포함하며 주로 산지를 말함.

대지: 주택·사무실·점포 등을 지을 수 있는 부지

공장용지: 제조업을 하고 있는 공장시설물의 부지

창고용지: 물건 등을 보관하거나 저장하기 위한 부지

구거: 용수(用水) 또는 배수(排水)를 위한 수로·둑을 말함.

조물주 위의 건물주 되기, 상가 투자

멀고도 가까운 상가 투자

아파트 단지에 있는 편의점에 갔을 때 이 정도 상가는 월 임대료가 얼마나 될까 생각해본 적이 다들 있을 겁니다. 주택도 어려운데, 이런 상가를 매수하면 어떨까 싶다가도 회사 근처 식당가에 몇 달째 공실 안내판이 붙어 있는 상가를 보면 덜컥 겁이 나기도 하지요.

누구나 임대료를 받는 건물주가 되고 싶어합니다. 하지만 아무나 건물주가 될 수는 없습니다. 발품을 팔아 입지와 상권을 분석하고 은행에 대출도 알아봐야 하고, 공실이 발생했을 때 리스크도 책임져야 합니다. 하지만 이러한 어려움을 이겨내고 잘만 투자한다면 임대료를 통해 제2의 월급을 만드는 것은 물론 시세 차익까지 챙길 수 있습니다.

교통과 배후 수요

교통이 편리한 곳 명동, 강남역, 홍대, 건대와 같이 거대 상권이 발달한 곳의 특징은 교통이 편리하다는 점입니다. 대개 두 개 노선 이상의 지하철역을 끼고 있는 경우가 많습니다. 그리고 교통이 편리한 곳은 지금은 상권이 좁은 곳일지라도 미래에는 확장 가능성이 있기 때문에 아직 상권 발달이 더딘 곳도 접근성을 잘 살펴보시기 바랍니다.

배후 수요가 풍부한 곳 상가가 안정적으로 운영이 되려면 해당 상가를 정기적으로 이용할 고객이 필요합니다. 아파트 주민들을 배후 수요로 하는 상가라면 기본적으로는 1,000세대 이상의 대단지 아파트일수록 좋겠지요. 그리고 업무 지구에 있는 상가라면 회사가 많을수록 유리한 것이 당연합니다.

그리고 이러한 배후 수요의 특징을 분석하여 업종을 골라야 그 수요를 누릴 수 있습니다. 예를 들어 대학교 주변의 상가라면 자취하는 대학생들이 자주 이용할 만한 편의점이나 저렴한 음식점, 술집, 드러그스토어에 대한 수

부동산 틈새 상식

변화하는 상권의 범위

코로나19 유행으로 배달 산업이 활성화하면서 상권의 범위가 확장되고 있습니다. 배달은 반경 1.5~3㎞ 거리를 대상으로 상권을 형성합니다. 이는 도보 상권에 비해 훨씬 넓어 아파트 상권과 오피스 상권 등 여러 상권을 아우를 수 있게 되어 각 상권 사이의 구분이 희미해지고 경쟁은 더욱 심해지는 양상을 보이고 있습니다. 동시에 배달에 집중하여 입지적 불리함을 극복하고 수익을 내는 상가 또한 늘어나는 추세입니다.

요가 높을 것입니다. 또 대학생들은 자가용보다는 도보나 대중교통을 이용한다는 점도 고려해야 합니다. 또한 장년·노년층들이 많은 상권이라면 분식집이나 패스트푸드점보다는 국밥, 국수, 한식 등의 업종이 더 좋겠지요.

어떤 상가가 좋을까?

아파트 상가 아파트 단지 내 상가는 아파트 주민들이 주요 고객입니다. 따라서 생활과 밀접한 편의점, 세탁소, 빵집, 학원 등이 자리를 잡습니다. 아파트 상가는 상주하고 있는 아파트 주민들의 수요를 확보할 수 있어 비교적 안정적인 임대료를 받을 수 있습니다. 하지만 아파트 주민들이 주요 수요 계층으로 오히려 아주 큰 매출을 올리기는 어렵습니다.

아파트 상가는 배후 아파트의 영향이 가장 큽니다. 때문에 아파트의 특성에 따라 잘 되는 업종은 달라집니다. 해당 아파트가 고급 아파트인지 아니면 서민층 아파트 혹은 임대 아파트인지, 가족 단위의 중장년층이 많이 사는 아파트인지 혹은 신혼부부나 1인 가구가 많이 사는 아파트인지에 따라서 선호 업종에는 차이가 있습니다.

근린 상가 근린 상가는 일반 생활의 편의를 제공하는 업종이 많다는 점에서 단지 내 상가와 비슷한 점이 있습니다. 그러나 보통은 아파트에서 도보로 10~15분 정도 떨어진 도로 쪽에 있어 아파트 상가보다는 더 넓은 수요층을 가지고 있으며 매출 역시 훨씬 큽니다. 출퇴근길 혹은 버스정류장, 지하철역 주변 등 유동 인구가 많고, 주차 공간도 확보될수록 좋습니다.

하지만 근린 상가는 독점적인 고객층을 갖기 어려워 주변에 다른 상권이 어떻게 들어오느냐에 따라 영향을 많이 받습니다. 예를 들어 주변에 대형할인점이나 백화점 등이 들어온다면 손님을 빼앗기기 때문에 매출에 치명적입니다. 또한 굳이 큰 점포가 아니더라도 임차인의 업종이 잘 돼서 주변에 비슷한 업종이 우후죽순 생기면 심한 경쟁으로 인해 언제든지 사정이 나빠질 수 있다는 위험이 있습니다.

상가주택 상가겸용 주택은 일반적으로 1~2층은 상가로 임대를 주고, 3~4층에는 주인이 살고 있는 형태의 상가입니다. 상가이지만 주거 공간이 함께 있다는 특징을 갖고 있습니다. 그래서 상가를 마련하면서 동시에 주거까지 해결할 수가 있지요. 완전히 같진 않지만, 쉽게 말해서 저층 주상복합빌딩이라고 이해하면 쉽습니다. 상가주택은 동네 골목 초입이나 상가주택들이 모여있는 곳이 좋습니다.

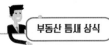

부동산 틈새 상식

상가주택의 양도세

상가주택의 특징 중 하나는 양도세 부과 기준입니다. 상가주택의 양도세는 상가 면적과 주거 면적의 비율에 따라 결정됩니다. 상가주택에서 주거 면적의 비율이 높은 경우(주택 면적 > 상가 면적)에는 건물 전체를 주택으로 봅니다. 따라서 1세대 1주택과 같은 주택 비과세 요건이 충족되면 양도세를 면제받을 수 있습니다.

그런데 2022년부터는 양도가액이 9억 원을 초과하는 상가주택에 대해서는 주택 면적이 상가 면적보다 크더라도 주택 면적과 상가 면적을 따로 산출합니다. 그래서 주택 면적만 주택으로 생각해 양도세 비과세를 적용하고, 상가 면적에 대해서는 양도세를 계산하니 이런 점은 미리 체크해야 합니다.

잘 되는 상가는 뭐가 다를까?

1층이 좌우한다 상가 주인들이 상가 1층에 유명 프랜차이즈 음식점이나 은행 등을 두려고 하는 이유는 무엇일까요? 그 이유는 바로 상가 1층이 그 상가의 이미지와 매력을 좌우하기 때문입니다. 스타벅스가 들어온 상가는 가치가 올라가는 것도 그 이유입니다.

유명 체인점이나 은행은 보증금은 높고 월세는 적게 내기 때문에 수익률 측면으로만 따졌을 때는 오히려 큰 이득을 못 볼 수도 있습니다. 그러나 해당 업종을 1층에 둠으로써 상가 전체 이미지와 가치가 올라갑니다. 임대료 또한 밀릴 가능성이 없어서 상가 주인들이 매우 선호합니다.

눈에 잘 띄는 상가가 좋은 상가 상가는 눈에 띄고 찾기 쉬워야 많은 손님이 방문하게 됩니다. 그래서 가시성이 좋지 않은 상가는 피해야 하는데, 1층 상가라면 입구가 좁고 긴 평면인 상가보다는 가로로 긴 형태의 상가가 좋습니다. 상가 앞에 큰 가로수나 주차장이 자리 잡아 길에서 상가가 바로 보이지 않는 경우가 있습니다. 이런 상가는 눈에 잘 띄지 않아 좋은 상가라고 할 수 없습니다. 그래서 상가 주인이 몰래 나무를 베어버리기도 해서 문제가 되기도 합니다.

동선이 편리한 곳 비슷한 조건이라면, 사람들은 조금이라도 더 동선이 편한 곳으로 발길이 갑니다. 또한 상가는 자동차의 진입과 주정차가 편해야 좋은 곳이라고 할 수 있습니다. 그래서 상가와 도로 사이에 펜스나 도로봉이 있어서 잠깐 정차하여 용무를 보고 오기가 어렵다든지, 진입로가 높아 건물 옆에 주차하기가 어렵다면 동선이 편한 곳이라고 보기 어렵습니다.

부동산 틈새 상식

상가 수익률 분석하기

월세가 많다고 해서 수익률이 높다고 장담할 수는 없습니다. 투자는 항상 '투자금 대비 아웃풋'을 고려해야 합니다. 총 투자금 대비 임대료 수익을 얼마나 챙길 수 있는지 당연히 따져봐야 합니다. 예전에는 상가 수익률이 7% 정도 되어야 잘 된다고 볼 때도 있었지만, 최근에는 4%~6%만 되어도 괜찮은 상가로 보고 투자를 고려하는 경우가 많습니다.

수익률(%) = [연 임대료(월 임대료 × 12) - 대출이자 / 매매가 - 보증금 - 대출금] × 100

상가 투자 첫 단계에 대부분 목표 수익률을 정해 놓고 시작할 것입니다. 위와 같이 수익률 식을 정해본다면, 목표 수익률을 수익률 값에 대입하고, 월 임대료는 미지수로 놓아서 내가 원하는 수익률을 가져다 줄 임대료를 계산할 수 있습니다. 식을 변형하면 아래와 같습니다.

월 임대료 = [(목표 수익률(%) / 100) × (매매가-보증금 - 대출금) + 대출이자] / 12

상가 체크리스트

임차인 확인하기 상가는 시세 차익을 노리기도 하지만, 기본적으로는 월 임대 수익이 주 수입원입니다. 따라서 유망한 사업 아이템을 가지고 영업을 하여 임대료를 밀리지 않고 잘 낼 수 있는 임차인을 들이는 게 매우 중요합니다. 계약 후에 자꾸 월세를 미루고 제때 내지 못한다면, 그 피해는 임대인에게 고스란히 돌아오기 때문입니다.

상가관리단 방문하기 매수를 희망하는 물건이 각 호실 별로 따로 구분하여 등기할 수 있는 구분상가라면 상가관리단에 방문하여 상가관리규약, 업종 규제 여부, 간판 설치 가능 여부 그리고 관리비 등을 확인해야 합니다.

상가 내에 업종 규제가 있다면 임차인이 잘 구해지지 않을 수도 있습니다. 반대로 업종 규제가 임차인에게 좋은 조건이 되기도 합니다. 그리고 간판 설치가 가능한지도 확인해야 합니다. 건물 밖에 간판을 붙일 수 없다면 해당 상가의 가치는 훨씬 떨어지겠지요. 이런 사소한 부분도 임차인을 구할 때 결정적인 요인이 될 수 있습니다.

매도할 때까지 생각하자 단기 투자든 장기 투자든 결국에는 매도를 통해 투자가 완성됩니다. 따라서 매수 이후에는 매도 타이밍에 대해서 계속 관심을 기울여야 합니다.

특히 주변 환경과 경기 상황이 중요합니다. 주변에 경쟁 상가가 들어오거나 새로운 상권이 형성되어 상권이 이동하게 된다면 유입 인구가 많이 줄어들 수 있습니다. 그리고 지금처럼 경기가 나쁠 때에는 가게들의 폐업이 많아집니다. 상가는 사두기만 하면 임대료가 저절로 들어오는 것이 아닙니다. 꾸준히 주변 시세를 확인하고 주변 상황을 체크해야 합니다.

7장 정리 문제

1. 법인투자에 대한 설명으로 옳지 않은 것은?

① 법인투자는 주택을 단기로 보유할 때 유리하다.

② 공시가 1억 원 미만의 주택을 법인이 매수했을 때 법인은 개인과는 달리 3%의 취득세를 납부해야 한다.

③ 법인세는 1년 동안 얼마나 수익을 냈느냐에 따라 10~25% 사이에서 세율이 결정된다.

④ 요즘은 '온라인법인설립시스템'을 이용하여 혼자서도 법인 설립이 가능하다.

2. 교통 호재와 관련된 서술 중 틀린 것은?

① 교통망 확충 계획이 발표된 직후에도 가격 상승폭이 가장 크다.

② 국가철도망 구축계획은 향후 10년 동안 철도망 구축의 기본 방향과 노선 확충 등에 대한 계획을 갖고 있는 중장기 플랜이다.

③ 국가철도망 구축계획은 사전타당성 조사 등을 아직 거치지 않은 것이다.

④ 수도권광역급행철도 GTX는 기존 지하철보다 역 개수가 적고 모든 노선이 직선으로 연결되어 수도권을 30분 생활권으로 단축할 전망이다.

3. ____________________은/는 예산 낭비와 사업 부실화를 방지하고 재정을 효율적으로 운용하기 위해 도입된 제도로, 총 사업비가 500억 원 이상 들거나 국고가 300억 원 이상 투입되는 사업에 대해 시행한다.

4. 부동산 경매에 대한 설명으로 잘못된 것은?

① 주택을 담보로 돈을 빌려준 채권자는 채무자가 대출의 이자나 원금을 상환하지 않았을 때 이를 돌려받기 위해 근저당권을 근거로 법원에 경매를 신청할 수 있다.

② 경매에 나온 물건은 한 번 유찰될 때마다 가격이 20~30%가량씩 떨어진다.

③ 부동산 경매는 입찰자가 물건을 먼저 확인하고 그에 맞춰 원하는 가격을 써내는 방식으로 진행한다.

④ 법원에서 실제로 입찰을 진행할 때는 반드시 입찰자 본인이 참석해야 한다.

5. 토지 투자에 대한 설명으로 맞지 않는 것은?

① 지분 투자는 한 필지의 땅을 놓고 돈을 낸 만큼 지분을 나눠 갖는 투자 방식이다.

② 최근에는 프롭테크 기술의 발달로 토지 거래와 관련한 어플도 활성화되어 있다.

③ 국토종합개발계획이란 효과적인 국토개발사업을 위한 장기 계획으로 1972년부터 5년 주기로 수립, 시행되고 있다.

④ 지목은 토지의 용도에 따라서 종류를 구분한 것으로 총 28가지가 있으며 토지대장, 임야대장, 지적도를 보면 확인할 수 있다.

정답: ② / ① / 예비타당성 조사제도 / ④ / ③

이렇게 쉬운데 왜 부동산 투자를 하지 않았을까

1판 1쇄 발행 | 2021년 11월 10일
1판 4쇄 발행 | 2023년 1월 13일

지은이 마인츠
펴낸이 김기옥

경제경영팀장 모민원
기획 편집 변호이, 박지선
마케터 박진모
경영지원 고광현, 임민진
제작 김형식

디자인 최우영
인쇄 · 제본 민언프린텍

펴낸곳 한스미디어(한즈미디어(주))
주소 04037 서울특별시 마포구 양화로11길 13 (서교동, 강원빌딩 5층)
전화 02-707-0337 | 팩스 02-707-0198 | 홈페이지 www.hansmedia.com
출판신고번호 제 313-2003-227호 | 신고일자 2003년 6월 25일

ISBN 979-11-6007-743-8 (13320)

책값은 뒤표지에 있습니다.
이 책은 저작권법에 따라 보호받는 저작물이므로 무단 전재와 무단 복제를 금합니다.
잘못 만들어진 책은 구입하신 서점에서 교환해 드립니다.